ISTVÁN FEKETE · LUTRA

István Fekete

LUTRA

Die Geschichte eines Fischotters

CORVINA VERLAG

Titel des Originals: Lutra · Móra Ferenc Könyvkiadó, Budapest 1961

Aus dem Ungarischen von
HENRIETTE UND GÉZA ENGL

Zeichnungen von
PÉTER BALOG

Zweite Auflage

ISBN 963 13 6402 x

Vertrieb nur in der DDR
Printed in Hungary, 1975

Druckerei Athenaeum, Budapest
EVP 9,60 M

Wann der Fluß seinen Lauf einstmals begann, kann niemand mehr sagen. Wenn im Frühling der Schnee in den Bergen schmilzt und die Bäche brausend von Fels zu Fels stürzen, nehmen sie so viel Unrat mit in den Fluß, daß ihm übel wird und er den Abfall über die Ufer schleudert. In dieser Jahreszeit steigt das Wasser zwischen den breiten Uferbänken, und in dem Geschiebe, das es mitführt, kann man lesen wie in einer Zeitung; denn das Wasser ist ein Briefträger. Die alten Bäume auf den Bergen schicken Nachrichten an ihre Verwandten im Tiefland, meistens Blätter, zuweilen aber nur Holzsplitter, die wie eine Traueranzeige sind mit der Mitteilung, der Absender sei gefällt worden. Manchmal bringt das Wasser auch Haufen von faulendem Heu mit, wenn irgendwo oben im Gebirge ein Bach auf die Wiesen hinausgelaufen ist, ein paar Heuschober mitgerissen und sie dem Fluß übergeben hat.

Der Fluß steigt, grollt, wirft sich hin und her, beißt in die Ufer, wirbelt an einer Stelle den Schlamm auf und setzt ihn an einer anderen ab, höhlt Grotten aus, als wüßte er, daß die zentnerschweren Welse tagsüber in solchen Grotten liegen und nur nachts auf Raub ausgehen. Doch der Fluß gräbt auch Höhlen im Ufer, zu denen zwei oder drei Meter lange Unterwassertunnel führen. Sie steigen schräg aufwärts und erweitern sich hoch über dem Wasserspiegel zu Höhlen, die verborgen und trocken bleiben.

In den Bergen verschwindet der Schnee, die Bäche werden wieder stiller und eilen hurtig, doch nicht mehr zügellos in die Täler hinab.

Der Fluß fließt jetzt langsamer, klärt sich und streichelt wie ein alter Herr die Ufer, als bitte er sie, ihm sein Ungestüm vom Frühjahr zu verzeihen.

Das Wasser nimmt ab, und der Sommer setzt Blumen ans Ufer, läßt das Heu duften und holt das gefiederte Volk aus den Wiesen herbei, das zum Teil noch schweigsam in den Eiern wohnte, als der Fluß im Frühling ausbrach.

Die Eierschalen öffneten sich, aus einem Ei steckte ein Teichrohrsänger den Kopf hervor, aus dem anderen eine kleine Wildente, ein Reiher, wenn nicht gar eine Sumpfohreule.

Indessen hält das Wasser nicht still, es fließt wie die Zeit, die keinen Anfang und kein Ende hat, es fließt und bringt nacheinander die Tage, die Wochen. Und wenn die alte Espe ihr erstes goldenes Blatt in den Fluß fallen läßt, dreht der es um, besieht es sich genau und sagt dann leise plätschernd: „Der Herbst ist da."

Die alte Espe nickte auch in diesem Jahr zustimmend zu der Ankündigung des Flusses und beugte sich über ihn, als wolle sie, die Eitle, sich im Wasserspiegel betrachten.

„Du wirst noch einmal auf mich fallen, alte Espe", neckte der Fluß. „Macht nichts, ich halte dich aus."

„Was redest du für Unsinn", sagte die Espe zitternd, wie es ihre Art ist. „Ich stehe nur etwas unsicher auf den Füßen. Unter mir ist die gewisse Höhle, die es mir unmöglich macht, mich mit meinen Wurzeln so gut festzuhalten, wie ich es müßte, und schuld daran bist eigentlich du."

„Alte Geschichte mit dieser Höhle", antwortete der Fluß. „Damals warst du noch ein winziges Bäumchen, und vergiß nicht, daß ich dich hergebracht habe. Hat vielleicht Lutra unter dir gewühlt?"

„Nein. Lutra hat zwar einen Ausgang ins Gebüsch gegraben, aber das hat nichts zu sagen; von dort hat er nur ein bißchen Gras in die Höhle geschleppt, mit ihm habe ich keine Schwierigkeiten."

„Ich eigentlich auch nicht, nur fängt er zuweilen mehr Fische, als er sollte. Aber das mag er mit den Fischern ausmachen, die werden ihm, glaube ich, bald den begehrten Pelz ausziehen."

„Glaube ich nicht", lispelte die Espe, „mit Lutra werden die Fischer nicht fertig, nicht einmal der Jäger. Lutra kommt unter Wasser und geht unter Wasser. Auch ich sehe ihn nur selten, ich weiß gar nicht, ob er zu Hause ist."

„Hör mal zu", rief der Fluß einer kleinen Welle zu, „geh und sieh nach, ob der große Lutra zu Hause ist!"

Die kleine Welle tauchte unter, schlüpfte in den Tunnel und rannte auch schon zurück.

„Ja, er ist zu Hause", gluckste sie eifrig. „Er hat aber nur die Nase bewegt, ich glaube, er schläft."

„Lutra ist auch dann wach, wenn er schläft", flüsterte die Espe, „ich aber bin um diese Zeit schon ziemlich müde."

Eine Antwort wartete der alte Baum nicht ab, er schlief ein, und mit ihm schlief die ganze Flur. Nur Lutra nicht. Eigentlich schlief Lutra nie. Und wenn er doch schlief, war er im Schlaf wacher als der Fuchs, der Marder oder der Luchs auf der Lauer, und die sind bekannt für ihre scharfen Ohren, empfindlichen Nasen und guten Augen; allerdings jeder von ihnen nur für eins der drei Organe. Vollkommen im Hören, Sehen und Wittern ist nur der Fischotter. Eigentlich ein Landtier, schwimmt er besser als der flinkste Fisch, sieht im Wasser besser als die Tauchvögel und hört besser als jeder andere Wasserbewohner, der zwar keine Ohren hat, aber die Töne mit dem ganzen Körper durch die unsichtbaren Schwingungen des Wassers vernimmt.

Lutra aber, das größte und prächtigste Ottermännchen, das jemals seine schwimmhäutige Spur im Uferschlamm zurückließ, hörte jedes Geräusch. Er hörte alles, obgleich er seine Ohren schloß, wenn er untertauchte, um die feinen, mit Aderantennen ausgerüsteten Ohrmuscheln vor dem Eindringen des Wassers zu schützen.

Und Lutras Nase! Die war nicht von Tabakrauch verdorben wie die Nase des Menschen und auch nicht vom Stallgestank wie die der Haustiere; nahm man seine wunderbaren Augen hinzu, mit denen er besser sah als eine Wildkatze, konnte man getrost sagen, daß kein Mensch je seinen prächtigen Pelz als Ottermütze oder Otterkragen besitzen würde.

Wenn aber doch, dann durch einen Zufall. Daß Lutra irgendwann einmal seinen wunderbaren Pelz und damit sein Leben hergeben würde – dies lag so fern, daß es sich gar nicht lohnt, jetzt schon davon zu reden. Bis dahin würde noch viel Wasser den Fluß hinabfließen und manches Fischlein seine Schuppen zwischen Lutras Zähnen lassen müssen.

Jetzt ruhte der große Fischotter, den mächtigen, fast anderthalb Meter langen Körper leicht zusammengerollt, mit geschlossenen Augen, nur die Nase bewegte sich von Zeit zu Zeit und die Ohren zuckten; sie berichteten ihrem Herrn über alles, was in der Außenwelt geschah.

Die Höhle war größer, als sie bei Ottern sonst zu sein pflegt, sie war ein Werk des Wassers zur Zeit einer Überschwemmung; Lutra hatte nur den Tunnel zum Wasser ausgebaut und dessen Boden durch das viele Kommen und Gehen glattgetreten. Der Tunnel mündete in die mit trockenem Heu und Moos gepolsterte Höhle, auf deren Lager sich jetzt Lutra von den Mühen der nächtlichen Jagd ausschlief.

Die Höhle hatte noch einen zweiten Ausgang, der in die entgegengesetzte Richtung führte und von Lutra selbst angelegt worden war, einen Notausgang, der aber mehr als Luftschacht diente, im dichten Gebüsch endete und obendrein mit trockenen Blättern so gut zugedeckt war, daß kein Mensch ihn aufspüren konnte.

Der Fußpfad am Ufer, der einen kleinen Bogen um die Espe machte, verlief gerade über Lutras Höhle; aber Lutras Herz schlug nicht rascher, wenn er Schritte hörte, es trennten ihn ja drei Meter Erde von dem Menschen, der nicht ahnen konnte, daß ein Otter unter seinen Füßen lag. Das Dröhnen verklang, die Erde vermittelte das leise Beben aus immer größerer Entfernung.

Die Höhle war trocken und sauber. Der Otter bringt seine Beute nicht in den Bau wie der Fuchs, außer wenn er Junge hat. Die kleinen Fische frißt er schwimmend, die großen am Ufer. In sein Haus bringt er sie nicht.

Zuweilen allerdings rührten sich die wachsamen Ohren lebhafter, etwa wenn ein Boot auf dem Wasser vorbeifuhr und die kleinen Wellen das Plätschern der Ruder in die Höhle leiteten. Der Mensch ist gefährlich. Bei ihm weiß man nie, was er vorhat, seinetwegen öffnete Lutra auch die Augen, und er blickte nach dem kleinen grünen Fenster am Ende des Tunnels. Schwaches Licht dämmerte unter Wasser, und auch in der Höhle leuchtete es bald heller, bald dunkler, je nachdem, ob die Sonne schien oder der Himmel bedeckt, das Wasser klar oder trübe, ob es Vormittag oder Nachmittag war. Die Öffnung des Tunnels, das kleine grüne Fenster, ging nach Osten hin, in Richtung des anderen Ufers, und vom frühen Nachmittag an lag die Tunnelmündung im Schatten. Lutra hätte das kleine Fenster als Uhr verwenden können, aber er wußte nicht, was eine Uhr ist, ihm zeigte sein Magen den Zeitablauf an. Verspürte er Hunger, waren gewöhnlich schon der Abend und die Zeit der Jagd gekommen.

Auf dem Wasser fuhren indessen nicht nur kleine Boote, sondern auch schwere Lastschiffe. Erst vor kurzem war ein Schlepper mit großem Getöse vorbeigefahren und hatte einen gewaltigen Lastkahn hinter sich hergezogen. Im Tunnel brausten die Wellen, beruhigten sich aber bald wieder, denn das Schiff fuhr schnell, und der zerfurchte Rücken des Flusses heilte bald wieder zu. Kein Grund für Lutra, auch nur die Augen aufzuschlagen, solch ein Getöse barg keine Gefahr für ihn, nur die leisen verstohlenen Geräusche waren zu fürchten.

Im Sommer kam es aber auch vor, daß ein Boot gerade hier über der Tunnelmündung anlegte und vielerlei Geräusche aus nächster Nähe Lutras ganze Aufmerksamkeit erforderten. Gesprochen wurde auch, und die Unruhe nahm kein Ende bis zum Abend, so daß Lutra schon mit einem Auge zum Notausgang blinzelte, den er sonst nie benutzte.

Menschen angelten. Als sie die Angel ausgeworfen hatten, wurde es zwar stiller, aber das leise Gespräch hörte den ganzen Tag nicht auf. Lutra horchte gespannt, die Töne schienen jedoch keine böse Absicht zu verraten. Dennoch vermeldeten ihm seine berühmten Ohren jede Regung, und wenn es lebhafter zuging, spannten sich seine Muskeln. Die Angeln wurden oft ausgeworfen und eingezogen, und Lutra hörte das Zappeln der Fische.

„Was ist das für einer?", fragte ein Kind.

„Eine Karausche", gab ein Mann Auskunft. „Guter Fisch, man muß nur verstehen, ihn zuzubereiten. Steck ihn in den Behälter!"

Der Junge zog das Fischnetz aus dem Wasser, ließ die Karausche hineinrutschen und versenkte das Netz wieder im Fluß. Das Seil war an eine Dolle gehängt, das Netz mit den gefangenen Fischen hing tief ins Wasser hinab.

„Gib mir einen Egel her."

„Ich mag ihn nicht anfassen."

„Bist ein Feigling", brummte die tiefe Stimme.

„Den Wurm faß' ich an."

„Jetzt brauch' ich aber einen Egel. Hier gibt es Welse, und die sind scharf auf Egel. Sieh mal her, so zieht man ihn auf den Angelhaken. Das hier ist seine Saugscheibe, die schneide ich mit der Schere ab."

„Warum? Damit er blutet? Dann kommen die Fische eher?"

„Nicht darum. Wenn ich ihm seine Saugscheibe ließe, würde er sich an einem Stein oder an einer Wasserpflanze festsaugen und sich nicht rühren. Ohne Saugscheibe aber bewegt er sich, sucht nach Halt und lockt durch sein Zappeln den Fisch an, besonders den

Wels. Voriges Jahr habe ich hier einen zehn Kilo schweren gefangen."

Der alte Fischer warf seine Angel aus, setzte sich, und nun schwiegen sie wieder.

Der Otter zuckte anfangs jedesmal, wenn das Gespräch einsetzte; später ließ die Spannung nach, die Geräusche da draußen ängstigten ihn nicht mehr: Der Mensch hatte es nicht auf ihn abgesehen.

„He!" schrie plötzlich der Junge so laut, daß der Otter erschrokken aufsprang. „Da hat einer gebissen!"

Draußen gab's ein großes Poltern und Plätschern, der schaukelnde Kahn stieß kurze Wellen in den Tunnel, und dann erklang wieder die tiefe Männerstimme.

„Setz dich ans Heck, Junge. Muß ein großes Biest sein; wenn nur die Schnur ausreicht! Jetzt könnten wir gut zweihundert Meter brauchen. Was wird, wenn die achtzig Meter abgelaufen sind und ich ihn nicht zum Stehen bringe . . . Mach den Kahn los. Löse den verdammten Knoten oder reiß den Pflock heraus, paß auf, paß auf!"

Stille. Ein tiefer Seufzer.

„Ist er weg?"

„Dummkopf, siehst du's denn nicht? Weg ist er und hat die Schnur mitgenommen. Hättest du schnell genug den Strick losgemacht, hätte er den Kahn gezogen."

„Du hast ihn zu fest verknotet, Onkel Gyula, und den Pflock hab' ich nicht herausbekommen."

Wieder große Stille. Lutra beruhigte sich, das Wasser brachte nur noch die gewohnten Geräusche heran. Einmal oder zweimal ein stärkeres Plätschern, wenn das Fischnetz herausgezogen und wieder hineingelassen wurde, und als es zu dunkeln begann, das Klatschen sich entfernender Ruderschläge . . .

An diesem Abend schlüpfte Lutra viel später durch den Tunnel ins Wasser als sonst, denn mit dem Menschen mußte man vorsichtig sein. Lutra schwamm unter Wasser ans andere Ufer, dort tauchte er wieder auf, zuerst nur für einen Augenblick, dann für längere Zeit. Die Gegend war still und leer, kein verdächtiger Ton, kein Geruch. Da erst begann Lutra die Jagd.

Dies aber war im Sommer geschehen. Jetzt beunruhigten die Geräusche der Angler den großen Otter nicht mehr. Auch sonst kannte er keine Sorgen. Der Fluß war groß, Fische gab es genug und keinen Konkurrenten. Gefährlich wird ihm allein der Mensch, aber der Mensch ist im Vergleich zum Otter blind und kann bei

Nacht mit seinem berüchtigten Schießprügel nichts anfangen – höchstens im Winter, wenn Schnee die Ufer bedeckt und der Mond scheint. Dann heißt es aufpassen. Aber bis dahin ist es noch weit.

In der Höhle war es dunkel geworden. Auf der alten Espe krächzten die Krähen ihr Korax-korax. Lutra streckte sich, richtete sich dann auf und horchte. Am Ufer gingen Menschen. Die Schritte kamen näher.

Lutra riß jetzt die Augen weit auf. Er sah nach dem Wasserfenster, an dem Schatten vorbeihuschten und dann still standen. Die Schritte hielten über der Höhle an.

„Hier irgendwo muß es sein, verdammt noch mal, was bist du für ein Jäger, daß du ihn nicht kriegen kannst."

„Da ist er nicht", sagte die andere Stimme. „Ich hab' das Ufer abgesucht. Keine Spur von einem Otternest."

„Ja, wenn du ein Nest suchst . . ."

„Hier kann er sich nicht unter dem Ufer verstecken, so eine Höhle gibt es in dieser Gegend nicht. Manchmal haust ein Otter in einem hohlen Baum, und im Notfall schläft er in einem Heuschober."

„Im Turm nicht?"

„Laß den Unsinn." Der Jäger stampfte mit dem Fuß auf. „Kannst du denn gar nicht ernst sein?"

„Das ist mein voller Ernst, und ich sage, er wohnt im Turm, vielleicht hat er dort auch die Uhr gestellt."

„Wie kann man bloß so reden?"

„Du hörst es doch, solange der alte Szalai noch lebte, verkaufte er jedes Jahr ein oder zwei Otterfelle. Du aber hast, seit du hier bist, keinen einzigen gefangen, weder mit der Flinte noch mit dem Eisen."

„Fünf Hamster habe ich gefangen und acht Füchse geschossen, was willst du noch mehr?"

„Otter! Ich bin Fischer. Der Fuchs interessiert mich nicht, noch weniger der Hamster. Mich macht es wütend, wenn ich bald hier einen angefressenen Karpfen, bald dort einen halben Wels finde. Der Schweinekerl frißt sie nicht auf einmal, tötet sie nur, beißt sie an und läßt sie liegen. Willst du vielleicht bezweifeln, daß der Otter uns die Fische vertilgt?"

„Ach wo, will ich nicht", sagte der Jäger ziemlich verstimmt. „Hier muß er irgendwo sein." Und wieder stampfte er mit dem Fuß auf, ein paar Meter über Lutra. „Aber wir haben es mit einem alten

Burschen zu tun, mit einem schlauen Halunken, den uns nur der Zufall in die Hand spielen kann."

Lutra blickte zur Höhlendecke hinauf und kratzte sich, obgleich er keine Flöhe hatte. Das Getrampel behagte ihm gar nicht und menschliche Stimmen, so nahe, noch weniger.

Der Fischer drehte sich eine Zigarette und drückte den Tabakbeutel dem Jäger in die Hand.

„Rauch auch eine, Miklós; der Teufel soll den Otter holen! Übrigens sagt der Müller, der Otter hole ihm seine Gänse. Am hellichten Tag habe er eine ins Mühlenwehr gezerrt."

„Das ist nicht wahr. Es war ein Wels. Die Geschichte mit dem Otter ist erfunden. Das erzählt der Müller nur, weil ihr ihm neuerdings keine Fische gebt."

„Der Fischermeister hatte Krach mit ihm. Beide waren sie betrunken."

„Seid nicht kleinlich. Der Müller ist ein ordentlicher Kerl. Wozu soll er euch sagen, daß ein großer Wels im Fluß herumstrolcht, wenn ihr ihm nichts gebt vom Fang. Es muß ein Riesentier gewesen sein, denn als die Gans verschwand, schlug das Wasser hoch, als wäre ein Wagen auf den Grund des Flusses gefahren. Ich hab's gesehen."

„Donnerwetter!"

„Und um den Otter macht euch keine Sorgen, den nehme ich auf mich."

„Und ich werde nach dem Wels sehen. Wäre ein guter Fang, meinst du nicht?"

„Von dem würde ich gern mitessen."

„So meine ich's ja", sagte der Fischer. „Komm morgen früh zum Fluß, wir machen einen großen Fischzug."

Unterdessen starrte Lutra in die Finsternis seiner Höhle. Dann legte er sich bequem auf die Seite, denn Schritte und Stimmen verloren sich in der Ferne. Später begann eine Saatkrähe auf der Espe zu krächzen, und das beruhigte den Otter völlig. Die Krähe sagte zwar nichts als krah-krah, aber in ihrer Sprache hieß das: „Die Menschen sind fort. Hat ein Verwandter Lust zu einer kleinen Unterhaltung? Die Zweige der Espe sind frei, bieten eine gute Aussicht. Die Gefahr ist vorüber."

Nun aber wurde es dunkel, nur die Krone der hohen Espe glühte noch über dem weiten Wiesengrund. Herbstlicher Nebel schwebte heran, ein kühler Hauch. Die Sonne stand am Horizont, ihr roter Teller wurde kleiner und versank rasch. Die Wolken im Westen leuchteten noch eine Weile, dann erloschen auch sie. Nur die silberne Schlange des Flusses wand sich hell schimmernd in die Nacht hinein.

Es war die Stunde, in der die nächtlichen Jäger antraten.

Am Rande des Röhrichts saß Karak, der Fuchs. Wann er auf die Wiese geschlichen war, hatte niemand bemerkt. Irgendwo am Himmel stieß ein verspäteter Zugvogel einen langgezogenen Schrei aus, was den Rotfrack nicht interessierte. Seine Augen glühten grün, und seine steil aufgerichteten Ohren sortierten die Töne der Finsternis. Manchmal rümpfte er die feuchte Nase, und da ihm weder Nase noch Ohren etwas meldeten, kratzte er sich des längeren. Keine Gefahr, aber auch keine Nahrung. Der Fuchs war hungrig. Sein Magen schien ihm zu sagen: Vom Herumsitzen bekommst du keinen Hasen.

Daraufhin lief der Fuchs auf die Finsternis los und verschwand in ihr. Plötzlich duckte er sich flach ins Gras, denn auf dem Pfad näherte sich etwas von der alten Espe her. Es war noch weit, aber nicht groß, folglich ungefährlich.

Der Fuchs drehte sich und versuchte, auf dem Bauch rutschend, dem anderen den Weg zu verstellen. Am Ufer war ein kleiner Strauch, den wollte er erreichen, denn dort mußte jeder vorbeikommen.

„Das kann nur eine Katze sein", sagte sich der Fuchs und schluckte, denn Hauskatzen gelten unter Füchsen als delikater Bissen. Eine Wildkatze ist der zischende Blitz selbst, ihre Krallen sitzen auf Stahlfedern, und der unsichere Wildkatzenbraten kostet zumindest ein Auge.

Die Hauskatze indessen schritt zimperlich auf dem Pfad, schüttelte ihre taufeuchten Pfoten und verschwand zwischendurch ein paarmal, was den Fuchs nicht beunruhigte. Sie glaubt wohl, daß es noch Frösche gibt, deshalb kommt sie ans Wasser, wo doch Frösche um diese Zeit schon erstarrt im Schlamm schlafen.

Die Katze war grau, mit verräterischen weißen Flecken an den Flanken. In der Wildnis lebende Tiere sind bei uns selten weiß, bekommen höchstens im Winter ein weißes Fell wie das Hermelin, sonst aber ist die weiße Farbe eine böse Verräterin. Im Sommer trägt das Hermelin einen braunen Pelz, in der Farbe trockenen Laubs, er wird jedoch weiß, sobald der erste Schnee fällt. Der Habicht schlägt zuallererst die weiße Taube, und ein weißer Spatz ist kurzlebig, denn bald eräugt ihn der Sperber.

Die weißen Flecken wurden der Katze zum Verhängnis. Der Fuchs wartete hinter dem Strauch wie ein gespannter Bogen. Er kniff die Augen ein wenig zu, denn auch Augen können Verräter sein. Als der weiße Fleck vor der Öffnung des Strauches erschien, stürzte sich der Fuchs auf die Katze. Die Überraschung gelang nicht vollkommen. Vielleicht hatte sich ein Halm zu schnell gerührt, vielleicht stieß der Fuchs an einen Zweig – die Katze erwartete ihn jedenfalls vorbereitet und biß ihn mit wildem Haß in die Schnauze.

„Tschuk ... zuck ... krrr ...", röchelte die Katze. Wenn auch in tödlicher Umklammerung an den Boden gedrückt, schlug sie mit den Vorderpfoten wie mit Dreschflegeln, und wäre es hell gewesen, hätte man sehen können, daß dem Fuchs Blut vom Kopf troff.

„Miauuuu!" schrie die Katze. „Miauuu, miauuu", und mit letzter Kraft drückte sie ihre spitzen Zähne in die Fuchsnase.

Der Fuchs brach ihr das Rückgrat, hob sie auf und warf sie von sich, lief ihr aber gleich nach, denn eine Katze – so heißt es – hat sieben Leben. Sie war bereits tot.

Der Kampf war zu Ende, und wenn der Fuchs sich auch nicht sagte: Den Fall merk'ich mir!, so würde er doch an die nächste Katze vorsichtiger herangehen, sie anders packen. Ihm würden die bei diesem Kampf begangenen Fehler bei der nächsten Gelegenheit instinktiv zu Hilfe kommen. Er leckte sich die blutende Nase, schüt-

telte den Kopf, denn auch seine Ohren waren in kläglichem Zustand. Zornig sah er den niedergestreckten Feind an, schnaubte leise, als sagte er: Das war kein guter Kampf!

„Kuwitt! Kuwitt!" rief in diesem Augenblick ein Kauz auf dem Ast über dem Strauch, und der Fuchs fuhr erschrocken in die Höhe.

„Daß dich die Läuse zerfressen!" knurrte er den Kauz an. „Was erschreckst du mich?"

Doch das Käuzchen nickte höflich: „Kuwitt, kuwitt, mit Miau ist's aus, aus, aus."

„Geh zum Teufel, du Eule, sag ich dir", schimpfte der Fuchs.

„Kuwitt, kuwitt", wiederholte der Kauz. „Deine Schnauze ist voll Blut, voll Blut, voll Blut. Miau war tüchtig, aber sie rührt sich nun nicht mehr, kuwitt, kuwitt!"

Der Fuchs schüttelte nervös den Kopf.

„Hör mal, mußt du unbedingt hier Krawall machen? Hast du keinen Hunger?"

Die kleine Eule drehte den runden Kopf, ließ sich vom Ast fallen und flog schwankend davon. Ein Mensch näherte sich vorsichtig vom Fluß her. Der Fuchs flüchtete ins hohe Gras, drehte sich aber gleich um. Er fühlte sich geborgen vor den Blicken des Menschen, und auf keinen Fall wollte er die Katze preisgeben.

Auf dem Pfad kam der Jäger, blieb immer wieder stehen, lauschte, ließ die Augen vom Fluß zur Wiese und wieder zum Fluß wandern. Der Mond stand schon ziemlich hoch, der Fluß schaukelte sanft sein silbriges Wasser. Und das weiße Fell der Katze leuchtete im Mondlicht.

Was ist das Weiße dort? fragte sich der Jäger. Er ging hin und blieb stehen. Sieh mal an, das ist doch die Katze der Müllersleute. Was mag ihr zugestoßen sein?

Die Katze gab keine Auskunft mehr.

Ist schon gut, daß sie tot ist, gut für die Rebhuhnküken und die Lerchen. Ich werde am Morgen nachsehen. Es ist doch kein Wilderer hier vorbeigekommen . . . ?

Dummkopf, schalt er sich gleich darauf. Ein Wilderer schießt keine Katze, außerdem habe ich keinen Schuß gehört. Und am Tag lag die Katze noch nicht hier.

Der Jäger dachte nach. Dabei schob er seinen verwitterten Hut in den Nacken, kratzte sich den Kopf, als krame er zwischen den Gedanken.

Ein Fuchs?

Unsinn. Ein Fuchs läßt die Beute nicht liegen. Warum sollte er auch. Fängt der Fuchs eine Katze, schleppt er sie fort. Was war es aber dann?

Bei Tage will ich nachsehen, tröstete sich der Jäger, jetzt kann ich ohnehin nichts unterscheiden.

Und was ist, wenn sie mir bis dahin irgend jemand wegträgt? Ein streunender Fuchs konnte vorbeikommen.

Na, gegen einen Fuchs gibt es ein Mittel, entschied der Jäger, zog ein Taschentuch aus der Tasche und warf es auf die Katze. So, nun mochte der Fuchs kommen.

Er ging auf die alte Espe zu. Dort machte der Fluß eine Biegung, und an dieser Stelle war das Ufer am höchsten – sommers und winters ein geeigneter Platz, um ungesehen zu sitzen und zu warten, in der Hoffnung, den geheimnisvollen Otter doch noch zu erwischen, zumal seine großen Trittsiegel verrieten, daß er hier herumstrolchte und Fische vertilgte. Wo sich aber sein Bau befand, das zeigten die Fußspuren nicht. Oft genug hatte er diese starken Abdrücke schon betrachtet, einmal versonnen, ein andermal zornig: diese Tritte, die mit der Spur keines anderen Vierfüßlers zu verwechseln sind, weil nur beim Otter die fünf Zehen mit einer Schwimmhaut verbunden sind.

Der Jäger schlenderte am Ufer entlang, blieb zwischendurch immer wieder stehen, spähte und freute sich über den Mondschein, denn der aufsteigende Mond zog ein blitzhelles Band über das Wasser ... Wenn der Otter es kreuzte ...

Das Mondlicht sickerte durch das Tor des Tunnels. Es war für Lutra Zeit aufzubrechen, zum Fischfang oder zur Jagd, je nach Belieben. Er beroch das Wasser und ließ sich dann im fahlen Licht wie ein Stück Blei hinabsinken. Im gleichen Augenblick schlossen sich seine Ohren, und kleine Blasen der in den Haaren des Pelzes festgehaltenen Luft hüllten seinen Körper ein. Der Otter ist viel im und unter Wasser, trotzdem bleibt sein Pelz stets trocken und daher auch warm, sogar im kältesten Wasser unter der Eisdecke, in dem das Herz des Menschen innerhalb von Augenblicken stehenbliebe.

Lutra schwamm unter der Mondlichtbrücke hindurch, und, von seinem Schatten erschreckt, sprang ein großer Hecht über den Wasserspiegel.

Der Jäger hörte das Plätschern. Gerade war er unter dem Baum angekommen, hatte sich aber noch nicht gesetzt. Er wandte den Kopf in die Richtung, sah aber nur die Ringe auf dem Wasser.

Der Fisch treibt sein Spiel, dachte der Jäger. Könnte er aber den Hecht fragen, und der Hecht ihm antworten, würde der ihm sagen, daß hier von Spielen keine Rede sei, mit dem Otter solle man nicht spielen.

Lutra kümmerte sich nicht um den Fisch. Er hatte es seit langem im Gefühl, daß er in der Nähe seines Baues nicht fischen, keine Spuren hinterlassen durfte. Er hütete den Umkreis der Höhle wie sich selbst. Niemand sollte ihn erblicken, niemand den Zugang zur Höhle entdecken.

Das andere Ufer war von Wasserpflanzen bedeckt, auch flacher als das diesseitige, und es wuchs Riedgras in der stillen Bucht. Lutra steckte die Nase heraus, witterte und schob sich dann wie ein Schatten auf den grünen Teppich. Sogleich erblickte er etwas, das nicht zur Umgebung gehörte: die an den Baum gelehnte Flinte des Jägers. Der Lauf war ein blanker, kalter Strich an dem alten Baumstamm, und nun sah Lutra das Gesicht des Menschen. Da sich aber nichts regte, regte sich auch der Otter nicht. Bewegung bedeutet Gefahr. Der Otter war jetzt ein Teil der Finsternis und der Stille, und er fühlte das Leben der Finsternis in sich. Unter ihm bewegte sich sanft das Wasser, über ihm zogen Nebelschwaden.

Lutra lauschte. Weiter oben, in der Biegung des Flusses, geschah etwas. Wellen kamen, wie von einem Kahn. Aber Lutra wußte, daß es kein Kahn war. Irgendein großer Fisch bewegte sich dort, das

Wasser klatschte – und wieder war es still. Der Jäger und seine Flinte waren nicht mehr beim Baum. Lutra kroch an den Rand der Wasserpflanzen, legte sich rücklings aufs Wasser und schwamm, immer im Schatten bleibend, gegen den Strom. Es sah aus, als betrachte der Otter die Sterne, obgleich er nicht das geringste astronomische Interesse aufbrachte. Dann steuerte er zurück zur alten Espe, sein dicker Schwanz bewegte sich träge. Lutra spürte, daß der Wels sehr groß war, das Plätschern oben in der Biegung war zu stark gewesen. Mit so einem Riesen konnte er nichts anfangen. Lutra fand es klüger, das Feld zu räumen; er hatte seinen vorjährigen Kampf mit einem viel kleineren Wels noch nicht vergessen. Zwar hatte er sich tüchtig in ihm verbissen, doch riß ihn der Fisch in die Tiefe und streifte ihn auf dem steinigen Grund ab wie eine Laus. Lutra war damals nur mit Mühe wieder aufgetaucht, wie konnte er dieses Abenteuer je vergessen!

Auch der Jäger dachte, allerdings ohne Angst, an den Wels; er lauerte dem Otter nicht länger auf und ging sehen, wo der Riesenfisch sein Unwesen trieb. Am Morgen würde er es den Fischern sagen.

Der Mond stand schon über den Baumwipfeln. Lutra rührte sich, tauchte unter und steuerte auf eine kleine Bucht zu, in der das Wasser leise wirbelte. Dort gab es Schilf, in dem sich bekanntlich Fische gern aufhalten. Das wußten auch die Hechte, die an dieser Stelle Jagd auf friedliche Karpfen und Karauschen machten.

Der Hecht lag reglos wie ein Stück Holz. Doch Lutra konnte er damit nicht irreführen. Der Otter ließ sich hinabsinken wie ein Schatten, gab sich dann einen Stoß, schoß nach oben und packte den Fisch von unten, der nur wenig zappelte. Als er ihn auf dem Ufer niederlegte, schlug er nur noch zwei-, dreimal mit der Schwanzflosse, und aus war es mit ihm. Der Otter fraß rasch das Rückenfleisch, hob bei jedem Bissen den Kopf und horchte. Es blies kein Wind, der ihm eine Witterung hätte zutragen können, doch unten im Wiesengrund sah er eine Bewegung. Obwohl erst halb gesättigt, hielt er es für besser, den Hecht liegenzulassen. Er ließ sich am Ufer hinab, und schon hatte ihn das schwarze Wasser verschlungen.

Eine gute Weile später schlich Karak aus dem Gras hervor, schnüffelte mit schief gehaltenem Kopf; dann setzte er sich, leckte sich die wunde Nase und duckte sich sofort wieder, weil er Witterung vom Otter bekam, eine Witterung, die nicht zu verwechseln war, die klar sagte: Ich bin's, der Otter.

Doch da die Witterung nicht frisch war, erhob sich der Fuchs, denn seine Nase sagte ihm zweierlei: erstens, daß der Otter schon weg war; zweitens, daß er am Ufer Fischreste zurückgelassen hatte.

Diese Wahrnehmung beruhigte den Fuchs, trotzdem rührte er sich zunächst nicht von der Stelle, der Otter könnte ja zurückkommen, und mit Lutra anzubinden wäre Selbstmord. Der Fuchs hatte den großen Otter schon einigemal gesehen, war ihm aber aus dem Weg gegangen, obgleich er dessen kalte Fährte gern verfolgte, weil darauf fast immer etwas Eßbares zu finden war. So auch jetzt. Mit gespannten Sehnen, sprungbereit, rutschte er dorthin, wo der Fischgeruch herkam, und riß den Hecht an sich. Er biß und schluckte, schluckte und biß, und bald glitzerten nur noch die Schuppen wie kleine Silbermünzen im Mondlicht, die bescheidenen Überreste des schönen Zweipfundhechtes. Nach der Mahlzeit leckte sich der Fuchs ausgiebig die Lefzen – dabei fiel ihm die Katze ein, die er überwunden hatte, aber nun nicht mehr anrühren durfte, da der Mensch sie gezeichnet hatte. Gezeichnet mit einem Tuch, mit Menschengestank.

Als der Jäger über der Katze grübelte, hatte ihm der Fuchs zugesehen, sich aber lange nicht gerührt, auch dann nicht, als der Mensch gegangen war und seinen fürchterlichen Stock mitgenommen hatte, dieses Ding, das aus der Ferne mit Blitz und Knall tötet. Da schlägt der Hase einen Purzelbaum, der leichte Flug des Vogels zerbricht in der Luft, und er fällt herunter wie ein Stein. Der Fuchs verabscheute den Jäger, nützte ihn aber auch aus, denn wenn die Flinte schwieg und die Luft wieder rein war, durchforschte er vorsichtig das Jagdrevier, in dem sich oft ein angeschossener Hase oder eine flügellahme Wildente fanden.

Die Katze aber durfte er nicht anrühren. Sie lag zwar friedlich da, aus dem Taschentuch des Jägers jedoch strömten Tabakgeruch, Menschengeruch. Der Fuchs erstarrte vor Schreck, als er das Zeichen erblickte. Das Fell sträubte sich ihm, und er wich zurück wie ein Fuhrmannspferd, das der Kutscher am Zügel zurückreißt.

Als seine Sinne ihm sagten, daß er in Sicherheit war, legte er sich und lugte aus der Ferne noch lange zur Katze hin, aber da nichts mehr geschah, lief er davon.

Später hatte er dann den Hecht gefunden, der ihn einigermaßen tröstete und seinen leeren Magen füllte. Jetzt horchte er wieder. Der Mond stand hoch, das Wasser floß still in seinem Bett, über der Wiese lag feuchte Kühle, nur vom Dorf her klang ab und zu verschlafenes Hundegebell herüber, und die Hähne verkündeten: Die Mitternacht ist schon vorbei.

Der Fuchs hob seinen mißhandelten Kopf und schlug den Weg zum Dorf ein.

Lutra war inzwischen weit gekommen. Er hatte sein Sommerquartier besichtigt, denn ein Otter hat zwei Wohnungen. Sein bevorzugtes Quartier war die Höhle bei der Espe, wenn er sich aber so weit herumgetrieben hatte, daß ihn der Morgen im Gelände überraschte, verkroch er sich in der Höhle einer alten Weide, die nur vom Wasser aus zugänglich war. Auch diese Wohnung hatte er mit Gras und Moos ausstaffiert, und er konnte sich auch hier ungestört ausruhen, trotz des kleinen Lochs im Baum, nicht größer als eine Taschenuhr, das wohl ein Specht auf der Suche nach Würmern geschlagen hatte. Das Loch ersparte ihm die Mühe, für Belüftung unter der Erde zu sorgen, andererseits aber erreichten ihn durch die Öffnung die Töne von außen zu stark. Manchmal steckten kleine Meisen ihre runden Köpfe in das Loch und blickten ängstlich in die Finsternis.

„Zirr-zirr, tscherre-tscherre, ist da jemand?"

Lutra wäre an sich geneigt gewesen, den kleinen Vogel zu schnappen, doch das Loch war viel zu hoch, so machte er der neugierigen Meise zuliebe nicht einmal die Augen auf. Bei einer anderen Gelegenheit sprang er sofort auf die Pfoten, als nämlich nach einem kurzen Gespräch eine lange Weidenrute durch die Öffnung hereinfuhr und um die Höhlenwand kreiste.

„Spürst du nichts?" fragte eine Kinderstimme.

„Nichts. Ich komme nicht bis auf den Boden."

Lutra stand fluchtbereit, doch die Weidenrute wurde hinausgezogen. Die Kinder gingen fort, und Lutra legte sich wieder auf sein Mooskissen, aber danach mied er diese Wohnung einige Tage lang.

Auch jetzt war er schon fast an dem Baum vorbeigeschwommen, als ihm plötzlich etwas einfiel. Er machte kehrt, tauchte unter und kam unter der Höhle wieder hoch, zog aber schon im gleichen Augenblick den Kopf zurück, weil ein fürchterlicher Gestank ihm in die Nase stieg und jemand durch die obere Öffnung hinausflüchtete. Lutra war mit einem Satz aus dem Wesser, den Iltis konnte er aber nicht erreichen. Die großen Otteraugen blitzten, und Lutra schnaubte zornig. Angewidert schnüffelte er: Der erschrockene Iltis hatte sein Drüsensekret ins Nest gespritzt, und diesen Gestank verträgt kein Tier und kein Mensch. Es ist die letzte Waffe des Iltisses, die den schärfsten Hund für einen Augenblick zurückhält, und dieser Augenblick genügt dem Iltis zur Flucht.

Lutra war der Gestank auch zuwider. Er schnaubte noch einmal, blickte sich um und ließ sich ins Wasser fallen. Es war ihm klar, daß er eine ganze Weile nicht hierherkommen konnte. Nicht wegen des Iltisses, denn der suchte sich jetzt schon ein neues Quartier, er mußte aber warten, bis die abgenagten Knochen und die Tierleichen, die der Iltis zusammengetragen hatte, ausgetrocknet waren. Allerlei hatte dort gelegen: Rattenkopf, Vogelbein, Eierschalen, eine halbgefressene Schlange, ein Froschkopf, Fischgräten. Der Iltis ist ein großer Jäger zu Lande und zu Wasser. Der Otter haßt ihn und wäre ihm gern an den Kragen gegangen, doch der Iltis weiß sich zu schützen, und ihre Wege kreuzen sich selten.

Lutra schwamm flußabwärts und steckte dabei noch einigemal die Nase ins Wasser, um den fürchterlichen Gestank des Iltisses loszuwerden. Erst als er wieder frei atmen konnte, begann er sich umzusehen. Zuerst hielt er den Kopf ganz über den Wasserspiegel, zog ihn dann aber ein, so daß nur Nase und Augen überstanden. Gleich darauf hielt er an, denn er sah etwas. Etwas Sonderbares. Wäre Lutra ein Mensch, hätte er jetzt gesagt: „Was hat um diese Zeit ein Reiher am Ufer zu suchen? Er muß krank sein. Vielleicht kann ich ihn fangen."

Nichts dergleichen sagte Lutra, obgleich er all das genausogut wußte wie der Mensch. Er tauchte unter und schwamm langsam und vorsichtig zum Reiher hin, der – man weiß nicht aus welchem Grund – diesen ungewöhnlichen Schlafplatz gewählt hatte. Natürlicherweise nächtigt ein Reiher auf einem Baum. Man wird ja sehen. Die paar Bissen Hecht hatte Lutra längst verdaut, und wenn ihm schon dieser leichtsinnige Reiher über den Weg kam, warum sollte er ihn nicht ein bißchen erschrecken? Bißchen erschrecken? Das ist viel zuwenig, denn ein Erschrecken durch Lutra war meistens eine derbe Angelegenheit mit tödlichem Ausgang.

Das Wasser am Uferrand war seicht, und der Otter rutschte wie ein Schatten über den sanft ansteigenden Grund. Das Auge des Reihers leuchtete kalt wie das einer Schlange, und nicht einmal Lutra hätte sagen können, ob es etwas sah, ob es überhaupt irgendwohin schaute.

Leichte Beute, entschied Lutra und stand mit einem Satz am Ufer. Im selben Augenblick versetzte ihm der Reiher einen solchen

Hieb auf den Kopf, daß Lutra schmerzgekrümmt zurückwich. Der Reiher stieg auf in die Lüfte.

Der lange Schnabel des Reihers ist wie ein Dolch, und er schlägt damit schneller zu, als es das Auge wahrnehmen kann. Lutra durfte froh sein, daß der Hieb nicht das Auge, sondern eine Kleinigkeit daneben die Stirn getroffen hatte. Er ließ sich schnell auf den Grund des Flusses hinab, das kühlere Wasser milderte den Schmerz.

Die leichte Beute saß jetzt wahrscheinlich wohlgeborgen auf einem Baum, und der Otter war maßlos zornig. Er gab sich einen Ruck, steckte den Kopf aus dem Wasser, schnappte Luft und nahm Richtung auf ein Plätschern, das er hörte, ein ziemlich starkes Plätschern, und dem paßte Lutra den Grad seiner Vorsicht an. Nach bewährter Art ließ er sich tief ins Wasser hinab und griff den Karpfen von unten an, der sich nicht so leicht ergab wie der Hecht. Er schleppte seinen Angreifer mit und zappelte wild. Der Otter packte ihn aber so fest, als habe er es mit dem Reiher zu tun, und ließ den armen Fisch büßen, was ihm der große Vogel angetan hatte. Schließlich ergab sich der Karpfen.

Lutra schleppte ihn ans Ufer und widmete sich – Reiher und Mißerfolg vergessend – der Mahlzeit.

Mitternacht war längst vorbei, höchste Zeit für das Ottermahl.

Der Fisch war groß, und so gierig Lutra auch schlang, den ganzen Fisch konnte er nicht bewältigen. Sein Bauch war gespannt wie ein Trommelfell, und in seinen Gliedern verbreitete sich ein gutes Trägheitsgefühl, das ihn an die Höhle denken ließ. Er erhob sich auf die Hinterpfoten und horchte lange.

Auf dem Fluß klatschten Ruderschläge wie regelmäßige Schritte, und dazwischen waren leise Menschenstimmen zu hören.

Lutra warf einen Blick auf seinen Karpfen, verspürte aber keine Freßlust mehr. Er roch an dem Fisch, als ob er sich zu einem Nachtisch überreden wollte, verzichtete endgültig und glitt ohne Hast am Ufer ins Wasser. Er platschte nicht einmal, als er sich ihm anvertraute.

Nun stand der Mond schön tief am westlichen Himmel. Im Osten begann der Morgen zu grauen. Die Schatten flossen ineinander. Nebel ließ sich herab, und die zwei Kähne glitten langsam vorwärts auf dem Wasser.

„Kommt Miklós?“ fragte jemand.

„Er hat's versprochen.“

„Dann kommt er auch. Er hält Wort. Und wenn er sagt, er hat den Wels rauben sehen, dann hat er ihn gesehen."

Der eine sagte noch dies, der andere das, aber es war nicht mehr feststellbar, wer gerade an der Pfeife im Mund vorbeisprach. Dann wurde es wieder für lange Zeit still. Nur die Ruderschläge bewegten das Wasser. Im Osten hellte sich der Himmel mehr und mehr auf.

„Wenn der Miklós nur endlich diesen verdammten Otter erledigte."

„Er ist mächtig hinter ihm her."

„Jäger und Fischer gehen nie auf sicher."

„Halt aufs Ufer zu, mir scheint, Miklós steht da."

Von der großen Espe her erklang ein Pfiff.

Das Boot steuerte den großen Baum an, der Jäger kam ans Ufer.

„Steig ein, Miklós. Na?"

„Guten Morgen! Ich hab' ihn zweimal Beute machen sehen. Ein verdammt großes Biest muß das sein!"

„Was über dreißig Kilo ist, fresse ich."

„Schenkt ihr mir, was darüber ist?"

Darauf blieben ihm die beiden die Antwort schuldig. Das Boot stieß ab, und der Fischermeister drückte dem Jäger eine kleine Flasche in die Hand.

„Probier mal, Miklós."

Der Jäger trank und gab die Flasche zurück. „Das hat mir die ganze Nacht gefehlt. Ist schon hübsch kalt um diese Jahreszeit."

„Noch einen Schluck?"

„Erst wenn der Wels am Ufer mit dem Schwanz wedelt."

Es wurde nicht mehr gesprochen. Die Riemen bewegten sich langsamer, jeder dachte an den großen Wels, den geheimnisvollen Räuber, der um diese Zeit schon in einer der Höhlen unter Wasser ruhte und sicherlich das Plätschern der Ruder hörte.

Als die beiden Boote beim Fischerhort anlegten, streckte die Sonne ihren roten Scheitel über den Horizont. Die Fischer machten das Boot fest, nahmen alles Überflüssige heraus, und die beiden jüngsten zündeten ohne ein Wort Feuer an. Es war ein sehr alter Fischerhort. Viele berühmte Fischer waren hier schon gewesen, alles stand auf seinem Platz. Der alte Fischermeister nahm die Pfeife aus dem Mund.

„Wer mag, kann noch einen Schluck bekommen."

Keiner mochte. Die Fischer sahen nach dem Wasser.

„Recht habt ihr. Nun denn – ihr wißt alles."

„Gehen wir also.“

„Jani, heut bist du der Netzmann.“

„Ich hab's schon in der Hand.“

Das Grundnetz lag scheinbar in einem unordentlichen Haufen im Boot, aber alles daran stimmte genau. Das hundert Meter lange und drei bis sechs Meter tiefe Netz war oben und unten eingefaßt. Am unteren Rand hingen verschiedene Gewichte aus Blei, Knochen und Stein, die das Netz auf den Flußgrund hinabzogen. Den oberen Rand hielten Korkstücke auf dem Wasserspiegel. Ein Ende des Netzes hielt der Netzmann in der Hand, das andere Ende war noch verborgen. Der Netzmann blieb mit dem einen Ende am Ufer, das andere kam erst zum Vorschein, wenn das ganze Netz im Wasser lag und das Boot, nachdem es eine Runde im Fluß gemacht hatte, wieder ans Ufer stieß. Dann kam die harte und spannende Arbeit: das Netz ans Ufer ziehen.

„Los geht's!“

Jani nahm den Gurt über die Schulter und damit das eine Ende des Netzes. Das Boot stieß ab, und die Netzwand versank surrend in der Tiefe.

Es wurde nichts gesprochen.

Das Boot fuhr flott, die schwankenden Korkstücke zeigten seinen Weg an.

Der alte Fischer betrachtete Boot und Wasser und nickte.

„Ist er drin, kommt er nicht mehr 'raus.“

Das Boot machte die Runde und stieß wieder ans Ufer. Das Netz war geschlossen. Bleiklumpen und Steine fegten den Grund, die Korkstücke tanzten auf dem Wasser.

„Zieht!“

Das Netz wurde immer enger zusammengezogen, manch schlauer Karpfen warf sich schon über den Rand.

„Die Biester flüchten schon!“

Jetzt spannte sich das Netz, und an einer Stelle begannen die Korkstücke heftig zu tanzen. Der alte Fischer hatte den Blick auf diese Stelle gerichtet.

„Mir scheint, es ist etwas drin“, sagte ein Fischer.

„Ich seh's, zieht nur!“

Das Netz spannte sich, irgendeine Gewalt riß daran, so daß ein Fischer vornüber ins Wasser fiel.

„Schnell, hilf uns“, rief Jani schwer atmend. „Miklós, leg die Flinte weg!“

„Er ist drin, nicht wahr, er ist drin?“ wollte der aufgeregte Jäger wissen.

„Red nicht, zieh!“

Der Halbkreis des Netzes wurde enger, kam näher ans Ufer heran, das Wasser begann zu brodeln vor lauter Fischen, aber eine gewaltige Kraft riß bald hier, bald dort so stark am Netz, daß die Männer strauchelten.

„Den Bootshaken!“

Einer sprang zum Boot, holte das spitze Gerät mit dem Widerhaken am langen Stiel und schleuderte die Stiefel von sich.

„Warte noch, Anti“, ermahnte ihn der Fischermeister. „Erst wenn er weniger Raum hat. Ist ein großer Kerl, wie ich sehe. Er stößt dich um.“

„Mich?“

„Und ob!“

„Festhalten, festhalten, verdammt noch mal!“

„Brüll mir nicht ins Ohr, Miklós, das ist keine Jagd.“

Der Fischermeister winkte dem drahtigen Anti. „Jetzt probier's!“

Anti stieg vorsichtig ins seichte Wasser, den fast anderthalb Meter langen Bootshaken in der Hand. Als ihm das Wasser bis über die Knie reichte, winkte er vielsagend. Dann stieß er den Haken in den Gegner, aber im gleichen Augenblick riß der die Stange mit solcher Kraft weg, daß Anti mit einem Purzelbaum im Wasser landete.

„Ein verdammt großes Biest!“ schrie er, nachdem er reichlich Wasser gespuckt hatte, und ging dem Hakenstiel nach, der bald hier, bald dort auftauchte.

„Paßt auf! Er ist riesig. Langsam, ganz langsam!“

Die Rundung des Netzes war jetzt nur noch so groß wie ein kleiner Hof. Und in diesem Hof kochte das Wasser. Anti landete noch dreimal bäuchlings im Fluß, aber kalt war ihm nicht. Beim viertenmal fing er den Stiel. Die Adern an seiner Stirn schwollen an. Der Fischermeister sah, daß der Fisch ermüdete, und seine Augen leuchteten.

„Na, Anti, noch nicht genug vom Baden?“

Anti hielt den Stiel mit angespannter Kraft, war aber glücklich.

„Zum Teufel!“ rief er und drängte, immer wieder zurückgerissen, zum Ufer. Im Wasser zuckte ein riesiger Körper. Bei jedem Schwanzschlag spritzte das Wasser hoch auf, alle wurden naß.

„Der entgeht uns nicht mehr.“

Und dann tauchte endlich der Kopf vom Wels auf, und schon der war so gewaltig, daß der Fischermeister die Pfeife aus dem Mund nahm. Alle sahen gespannt zu, wie Anti den drei Meter langen Fisch ans Ufer zog. Der Wels gab sich noch nicht geschlagen. Mit einem Schlag warf er den alten Fischer um wie die Kugel einen Kegel.

„Dein verdammter Fisch!“ brummte der Alte. „Der Teufel soll ihn holen! Übrigens wäre es mir recht, wenn mich jeden Tag so einer umwirft. Na, wer ißt, was er über dreißig Kilo wiegt?“

Der Jäger lief aufgeregt um den Fisch herum. „Na, hab' ich's nicht gesagt? Der wiegt gut seine zwei Zentner.“

Die Sonne war über die Bäume gestiegen. Im Netz wimmelte es von kleineren Fischen, ein silberner Strudel. Über dem Fluß lärmten Dohlen. Unter dem Kessel flammte das Reisigfeuer auf.

Schön war dieser Morgen! Die Sonnenstrahlen begannen Wärme zu spenden, und die Flammen, die den Kessel beleckten, verloren ihr Leuchten in der strahlenden Helle. Das Feuer krachte, und die neugierige Elster schnatterte aufgeregt im Wipfel einer Espe. Der aufsteigende Rauch zeigte ihr Nahrung an, auf die sie – leider – warten mußte, warten, bis die Menschen weggingen, das Feuer erlosch. Erst dann konnte sie den Lagerplatz vorsichtig nach abgenagten Knochen, Fischköpfen und Brotresten durchstöbern. Nicht ausgeschlossen, daß sie im Uferschlamm auch noch einige verletzte zappelnde Fische fand, die von den Fischern „Mistfische“ genannt werden, weil sie wertlos oder auch schädlich sind, da sie die Brut der Edelfische vertilgen.

„Schieß die Elster ab“, rieten die Fischer dem Jäger, „sie bringt uns sonst noch einen Gast!“

Im Volksmund heißt es, Elstergeschnatter kündigt Gäste an. Jedermann weiß das, nur die Elster nicht! Sie war einfach hungrig, und der Jäger würdigte sie keines Blickes. Ihr Geschrei verriet ihm, daß sie zu weit weg war.

Anti erwärmte sich nackt am Feuer, drehte sich immer mal um, weil die dem Feuer zugekehrte Seite schon brannte, die andere aber kalt blieb. Sein Zeug hing am Baum und dampfte.

„Habe ich nicht gesagt, daß sie uns einen Gast bringt?“ ließ sich die Stimme von vorhin vernehmen. „Der Müller kommt.“

Eine kleine Pause trat ein, denn alle überlegten, ob der Müller eigentlich Feind oder Freund war. Der Fischermeister machte ein mürrisches Gesicht. Er dachte an böse Worte, die er mit dem Müller gewechselt hatte, an ärgerlichen Streit. Eigentlich wollte er aber nur die Versöhnung glatt hinter sich bringen.

Der Müller war heran. Sein Anzug, seine Hände, sein Gesicht, alles sah grau aus vom Mehlstaub. Die Augen waren wie Eulenaugen; er hatte die ganze Nacht gemahlen. Jetzt stockte ihm der Atem beim Anblick des Riesenfisches. Er nahm den Hut ab, ungewiß blieb, ob er den Fischern oder dem Wels Ehre erwies. Der Wels wußte es auch nicht, denn mit einem letzten Zucken versetzte er dem Müller, der sich über ihn beugte, einen heftigen Stoß. Der Müller fiel um. Er schnaufte, suchte seine verlorene Pfeife. Der Fischermeister reichte ihm die Hand, um ihm aufzuhelfen. Und damit war denn auch aller Streit beigelegt.

„Schöner Empfang für einen Gast“, brummte der beleibte Müller, lachte aber.

„Die Flasche her!“ kommandierte der Fischermeister. Der Müller setzte die Flasche an wie ein Musikant die Klarinette, nur mit etwas mehr Andacht. Dann reichte er dem Fischermeister die Hand. Kein Wort fiel. Aber jeder wußte, der Ärger war vom Pflaumenschnaps weggespült.

Der Wels rührte sich immer noch. Ein Fischer ging hin und versetzte ihm mit dem Beil einen Schlag auf den Schädel; denn ein anständiger Fischer läßt den Fisch nicht leiden. Das Wetter war schon kühl, und in ein paar Stunden würde der Fisch auf dem Markt sein, verderben konnte er nicht. Es war deshalb unnötig, ihn am Leben zu halten. Der Wels streckte sich endgültig aus.

Der größte Teil des Netzes lag bereits am Ufer, nur der Sack mit den wimmelnden Fischen blieb im seichten Wasser zurück. Die Fischer suchten schnell die größeren heraus und solche, die im Fischkasten weiterleben sollten. Die Zander und die empfindlichen Karauschen gehen in der Enge bald ein, die kamen also gleich in den Korb. Inzwischen holte der Fischermeister einen schönen Zander hervor und hielt ihn dem Müller hin.

„Der gehört dir, Kálmán.“

Der Müller zierte sich anstandshalber. „Ich hab' ja nichts dafür getan.“

„Auch für das Mehl arbeitest du nicht, das tun die Räder und die Steine, und doch steckst du die Gebühr ein . . . Deine Frau kann ihn euch zum Mittagessen braten, zum Frühstück mußt du aber zurück sein; wir laden dich zur Fischsuppe ein.“

„Schönen Dank“, sagte der Müller zögernd, „ich werd's schon vergelten.“ Er ging zur Mühle.

Es war still geworden. Die Fische plätscherten noch im Wasser, und die Menschen dachten alle das gleiche: So ist es in Ordnung. Sanfte Wellen schlugen ans Ufer, und der Duft bräunender Zwiebeln im Kessel breitete sich aus.

Früher, als die Fischer auszogen, kam Lutra nach Hause. Im Tunnel schüttelte er sein Fell, und das Wasser fiel ab wie Sandkörner. Er schnüffelte ein wenig, verzog die Nase, der Reiherhieb schmerzte noch immer. Dann streckte er sich auf seinem Lager aus. Er stieß den Atem heftig aus, daß es fast wie ein Seufzer klang, leckte sich die Sohlen, rekelte sich und schloß die Augen. Aber einschlafen konnte er nicht; die Kopfwunde hinderte ihn daran.

Als die Fischerboote an der Höhle vorbeifuhren, wußte der große Wels nicht, daß er noch an diesem Tag auf den Markt kommen werde. Freilich nicht als Ungeheuer der Gewässer, das einen Zweipfundkarpfen packt wie die Schwalbe eine Fliege, sondern als Stolz der Fischer und zerstückelt.

Kaum hatte sich der Wellenschlag im grünen Wasserfenster der Höhle beruhigt, als das Wasser bereits wieder eine ferne und ungewohnte Bewegung verriet. Durch den anderen Ausgang drangen das Geschrei von Menschen und das Geschnatter einer Elster in die Höhle. Die Menschenstimmen verrieten Aufregung, das Geschnatter der Elster Hunger.

„Soviel Fische, soviel Fische", schnatterte die Elster und lockte sogleich zwei Saatkrähen herbei, die nun ihrerseits die Lage gründlich in Augenschein nahmen.

„Krahkrah, schade, daß man nicht hinfliegen kann."

Dann saßen sie untätig, krächzten aber jedesmal, wenn im Netz ein größerer Fisch zum Vorschein kam.

So erfuhr Lutra, daß draußen etwas vorging. Er wußte aber auch, daß diese Unruhe keine Gefahr für ihn bedeutete. Der Lärm kam immer von derselben Stelle und näherte sich nicht. Lutra hätte also, seine Sinnesorgane alarmbereit, ruhig schlafen können, aber die Wunde schmerzte zu sehr. Der große Otter tat nur so, als schlafe er.

Das Wasserfenster wurde heller, in der Höhle dämmerte gedämpftes grünliches Licht. Die Wassernebel brachten den Geruch des Herbstmorgens; durch den Ausschlupf an Land drangen Geräusche.

Vom Sumpf her kam lautes Geschrei, an dem sogar die Meisen beteiligt waren; den größten Lärm aber machten die Saat- und die Nebelkrähen und ein Eichelhäher. Dieser Vogel schrie, als risse man ihm die Federn aus.

„Dort ist er! Dort geht er! Schleppt die Katze weg! Dort versteckt er sich! Nehmt sie ihm weg! Schlagt ihn tot!“

Der Eichelhäher lärmte auf einer Weide und redete dem aufgebrachten Vogelvolk zu, Karak, den Fuchs, anzugreifen. Er selbst jedoch tat keinen Flügelschlag, denn sein Mut war erheblich kleiner als seine Frechheit.

„Ich seh's, ich seh's, krahkrah“, krächzte Toro, die alte Saatkrähe, kummervoll und schüttelte ihr Trauergefieder.

Die Nebelkrähe hingegen ist ein gewalttätiger Vogel, der auf das nützliche Kleinwild Jagd macht; der Schaden wird allerdings einigermaßen aufgewogen, da sie auch dem Mäusevolk den Garaus macht, was übrigens auch die Saatkrähe tut. Nebelkrähen sind stramme Vögel, ihre Stimmen schallen wie Trompeten.

Karak sollte das sogleich erfahren und sich beeilen, seinen Sommerschlupfwinkel im dichtesten Ginstergestrüpp aufzusuchen.

Während also Toro, die Saatkrähe, auf einem trockenen Zweig hockte und nur jammerte, nahm sich Rah, die Nebelkrähe, die Aufforderung des Eichelhähers zu Herzen und stieß auf Karak herab, so daß er eingeschüchtert ins Röhricht huschte.

„Der Sturm soll dich zausen, gemeiner Dieb“, rief Karak mit blitzenden Augen. Er befürchtete, Rah könnte die ganze Gegend aufschrecken und vielleicht sogar den Jäger herbeiholen.

„Dort ist er! Dort schlüpft er durch!“, schmetterte Rah, „trägt die Katze fort und frißt sie, er frißt sie auf!“

Der Fuchs verschwand, und es wurde allmählich wieder ruhig. Die Meisen unterhielten sich weiter; die Krähen lauerten noch eine Weile und flogen dann auf die Äcker, wo sie hinter dem Pflug immer einen aus dem Schlaf aufgeschreckten Käfer, einen Regenwurm, zuweilen auch eine Maus fanden. Der Wind suchte sich einen Ruheplatz auf einer warmen Lichtung im Röhricht.

Karak betrachtete zufrieden die Katze, die er schließlich doch zurückerobert hatte. Eine abenteuerliche Nacht lag hinter ihm. Es hatte mit den Katzenohrfeigen angefangen, die ihm die Schnauze blutig kratzten. Er war zwar Sieger geblieben, aber da hatte der Jäger sein Zeichen auf die Beute gelegt. Verärgert und bescheiden fraß sich Karak am Hecht, den Lutra zurückgelassen hatte, satt. Satt eigentlich nicht, denn diese Mahlzeit genügte bei weitem nicht und veranlaßte ihn zu einem Streifzug am Dorfrand, wo es bei den Hühnerställen für einen verwegenen Fuchs immer etwas zu holen gab.

Und Karak war verwegen, wenn der Hunger ihm die spitzen Krallen in die Eingeweide schlug. Verwegen schon, doch niemals leichtsinnig. Besonders scharf paßte er dort auf, wo kein Hofhund kläffte, der sich ehrlos an den Menschen verkauft hatte. Am gefährlichsten waren die Hunde, die nicht bellten, und man konnte nicht wissen, auf welchem Hof, hinter welchem Hühnerstall sie lauerten.

Karak schlich an den Gehöften entlang, schätzte die Entfernungen, aus der die Hundestimmen kamen, und den Zustand der Zäune ab. Ihm waren die großen Hunde – meistens schlechte Läufer und Großmäuler – mit der ölig tiefen Stimme lieber; gefährlich waren die langbeinigen mageren Köter, die gute Renner, immer hungrig und wild waren. Drahtzäune verabscheute Karak; er suchte sich die aus Sonnenblumenstengeln aus, die hatten Lücken, durch die sich ein Fuchs wohl, ein größerer Hund aber nicht durchzwängen konnte.

An einem Zaun stieg Karak ein stärkerer und wärmerer Hühnergeruch in die Nase, als ihn ein hungriger Fuchsmagen ertragen konnte. Nach kurzem Überlegen schlüpfte er hindurch. Er suchte gerade den Weg zu den Hühnerställen, als er heftig erschrak. Der Hund vom Nachbarhof hatte sich ebenfalls eingeschlichen. Wehe dem Fuchs, dessen Spur der Hund hier entdeckte!

Obwohl für Karak feststand, daß der Köter ebenfalls auf verbotenen Pfaden wandelte, wünschte er keine Begegnung mit dem Abenteurer. Als der Hund hingegen den starken Fuchsgeruch spürte, vergaß er, daß er sich unerlaubterweise auf einem fremden Hof befand.

„Da ist er! Da ist er!“ bellte er wütend und rannte die Fuchsfährte entlang, wobei er in die Nähe des großen Hofhundes geriet.

„Fuchs! Fuchs!“ rief er, sein Eindringen rechtfertigend, doch der Hofhund wollte nichts davon wissen vor Entrüstung, und bis sich die beiden Hunde müde gebalgt hatten, war Karak längst entwischt und lief weit draußen über die Felder, hungriger denn je.

Mitternacht war schon vorbei. Langgezogene Nebelschwaden hingen im Westen vor dem Mond, und Karak dachte mit soviel Sehnsucht an die im Dorf konzertierenden Hähne wie ein durchfrorener Wanderer an eine warme Stube. Er schnürte durch Gräser und Kräuter, auf denen zwar noch kein Reif, aber kalter Tau lag, der wenigstens den Schmerz linderte, den die tiefen Kratzer verursachten.

Der Wiesengrund war so still, als wären alles Leben und jede Nahrung, die den grimmigen Hunger hätte stillen können, ausgestorben.

Ja, wenn es Frühjahr wäre! Aber um diese Zeit gab es keine auf der Erde nistenden Vögel mehr, keinen ahnungslosen Frosch, kein Nest voller Eier, die ein leichtes Frühstück abgegeben hätten. Der Sommer war zu Ende, und in dem zerschlissenen Ranzen des Herbstes fanden sich nur Erinnerungen, von denen ein verträumter Dichter vielleicht leben konnte, ein geohrfeigter, hungriger Fuchs nicht.

Karak kam ans Flußufer und schaute sich um. Im Osten zeichneten sich schon die sanften Hügelrücken ab, im Westen sank der Mond hinter den Horizont. Es war finsterer als in der Nacht. Schweigend schob sich der Fluß zwischen den steilen Ufern dahin. Plötzlich stieg dem Fuchs ein süßer warmer Duft in die Nase. Wie immer verharrte er, bevor er eine riskante Sache wagte, dann aber ließ er sich, auf die Finsternis vertrauend und von Hunger getrieben, am Steilufer hinab zum unterirdischen Stock der wilden Bienen. Nur ein kleines Loch, durch das der süße Geruch von Wachs und Honig strömte, verriet den Eingang. Innen aber summte es leise. Karak steckte vorsichtig die Pfote hinein und begann das Loch zu erweitern.

„Au!“ Er riß die Pfote blitzschnell zurück. Eine Biene hatte ihn gestochen. Erbost vergaß der hungrige Fuchs jede Vorsicht. Hier half nur Schnelligkeit. Er sprang die Öffnung an, zerriß die dünne Kruste, steckte den Kopf hinein und riß ein großes Stück Wabenhonig heraus. Hätte ihm jemand dabei zugesehen, würde er gedacht haben, ist der Fuchs aber gut gelaunt! Doch dem war gar nicht so. Drei Bienenstiche hatten Karaks empfindliche Nase getroffen, und eine entrüstete Biene suchte in seinem Ohr Platz für ihren Stachel.

Karak winselte und sprang in die Höhe wie ein Gummiball, er wälzte sich, warf sich hin und her, rannte in den taufeuchten Kräuterwald, immerzu den Kopf schüttelnd, mit dem Schwanz schlagend, aber die herrlich schmeckende Wabe ließ er nicht aus dem Maul.

Der brausende Bienenschwarm kreiste ratlos in der Dunkelheit, der Honiggeruch brachte ihn bald auf die Spur des schmatzenden Fuchses, der sich kurz darauf wieder in einen tanzenden Fuchs verwandelte. Eine Ordnung gab es in diesem Tanz freilich nicht, und als Morgengymnastik sah er auch ziemlich regellos aus, jedenfalls entbehrte er jeder Fröhlichkeit.

Karak, den Honig nun schon im Bauch, schüttelte wild die noch verbliebenen rachedurstigen Bienen aus seinem Pelz und rannte davon. Als er sich endlich, befreit von den lästigen Verfolgern, allein auf weiter Flur befand, war das Hungergefühl geschwunden, nicht aber das Schmerzgefühl in den zu Haselnußgröße angeschwollenen drei Bienenstichen auf seiner Schnauze. Ob er mit den Waben zusammen auch einige Bienen geschluckt hatte, bleibt unklar, gestochen hatten sie, offenbar aus Zeitmangel, nicht.

Es war die Stunde, in der die Boote zur Jagd auf den großen Wels ausfuhren, und Karak machte sich auf den Heimweg, unwillkürlich schlug er jedoch einen Bogen in Richtung der toten Katze; es konnte ja inzwischen etwas mit ihr geschehen sein. – Er schluckte: Fleisch ist eben Fleisch.

Und seine Standhaftigkeit trug in dieser glücklosen Nacht endlich doch Früchte!

Eine alte Bauernfrau war nicht lange zuvor den Pfad entlanggegangen, einen Korb auf dem Kopf, einen zweiten und dritten an den Armen, alle voller Äpfel für den Markt, die schönen roten obenauf, fürs Auge der Kunden. Die Frau überschlug im Kopf, was sie für den Erlös der Äpfel kaufen könnte, und war in die Zahlen vertieft. An einer Stelle jedoch verlangsamte sie den Schritt, da lag etwas Weißes.

Was mag das sein? Sie blieb stehen, nur für einen Augenblick, aber der Teufel der Neugier hatte sich bereits in ihren Röcken festgesetzt.

Ein Brief vielleicht? Ein Liebesbrief? Oder ein anderes Geheimnis?

Ach was, Geheimnis! rügte die Vernunft. Zeitungspapier! Wirst noch zu spät zum Markt kommen.

Trotzdem sollte man nachsehen, das kostet ja nichts. Und sie stakte durch das taufeuchte Gras, nieste auch schon herzhaft. Ich werde mich obendrein noch erkälten . . . Oh! Eine tote Katze, aber darauf – sieh mal an! – ein Taschentuch!

Sie hob das Taschentuch auf, sah sich um und roch daran. Stinkt nach Tabak, ist aber sonst ein schönes Tuch. Und da sie ein zweites Mal niesen mußte, wischte sie sich gleich die Nase damit ab.

So kam es, daß Karak die Katze ohne das Zeichen des Menschen fand und sie nach langem Sichern in den Fängen davontrug. Da war es aber schon hell, und der Häher, ein Frühaufsteher, verkündete den Einwohnern von Feld und Au: „Karak trägt die Katze fort. Entreißt sie ihm, nehmt sie ihm weg!“

All dies lag schon eine Weile zurück. Die Meisen waren auseinandergestoben. Rah, die Nebelkrähe, und Toro, die Saatkrähe, betätigten sich eifrig auf dem Acker, und der Häher wollte nachsehen, weshalb die Elster Lärm schlug. Aber ein kurzer Knall lenkte seinen Flug in eine andere Richtung. Nun schwieg die Elster, und der Häher ließ sich auf die große Espe herab, den altbewährten Aussichtspunkt. Auf den trockenen Knall hin hob auch Lutra den Kopf, Karak hielt inne beim morgendlichen Schmaus, für kurze Zeit herrschte überall Stille, und nur zwei Krickenten flogen mit rauschenden Flügelschlägen über den Fluß.

„Gefehlt, Miklós", sagte ein Fischer.

„Die hintere hat was abgekriegt, Federn flogen."

„Gewiß, mit der Ente davon!" Alle lachten.

Dem Kessel entstiegen Düfte, die selbst einen Gerichtsvollzieher freundlich gestimmt hätten, erst recht die zur Fröhlichkeit ohnehin aufgelegten Fischer. Anti, dessen Kleider zum Teil schon getrocknet waren, beobachtete aufmerksam die brodelnde Fischsuppe. Das Boot mit dem Fischkasten war schon weg, die Beute sollte rechtzeitig auf dem Markt sein. Nun schnatterte wieder die Elster, wenn auch etwas gedämpfter. Sie kündigte den Müller an, gegen den jetzt niemand mehr etwas einwendete, zumal er in der Hand eine Korbflasche von beträchtlicher Größe schwenkte.

„Ein kleiner Beitrag zum glücklichen Fischfang", sagte der Müller und stellte die Flasche neben den Fischermeister.

„Schön von dir, Kálmán. Verdammt der Fisch im dritten Wasser! sagen die Alten, und das stimmt auch."

„Im dritten?"

„Na ja. Das erste ist das Wasser, in dem er lebt und wächst; das zweite, in dem er gekocht wird; das dritte, das man hinterher trinkt. Sofern es einen Narren gibt, der zum Fisch Wasser trinkt!"

„Teil die Teller aus, Jani, und die Löffel!"

Nur das Eßgerät klapperte leise. Sogar die Elster schwieg. Die Kelle tauchte unter im roten Saft, vorsichtig gehandhabt, damit die Fische nicht zerbröckelten. Zuerst bekamen die Gäste ihren Teil, und Anti stand mit der großen Kelle in der Hand neben dem Kessel wie ein Schauspieler, der nach seiner großen Szene auf den Applaus wartet.

„Gut!" erklärte der Fischermeister. „Schmeckt mir!"

„Bist ein Künstler, Anti", stimmte der Müller bei, „keiner kann das besser machen!"

„Und du, Miklós, sagst nichts dazu?"

Der Jäger winkte nur mit der Hand. Er hatte den Mund voll und wollte sich beim Fischessen nicht stören lassen.

Die Sonne stand hoch und spendete mehr Licht als Wärme. Aber auch diese spärliche Wärme tat wohl. Dazu der Duft der Fischsuppe, die Stimmen der Vögel, das Plätschern des Flusses – das alles rundete sich zu einem wunderbaren Herbstvormittag. Alles lag darin: Der dem Winterschlaf entgegendämmernde Wald, die dampfenden Felder, der in der Luft schwebende Altweibersommer, das satte Krähengekrächz, der Erdgeruch frischgepflügter Äcker, der bitterliche Duft des Fallaubs, die bläulichen Seidenschleier des Reisigfeuers, das ferne Wagenrattern und Dröhnen von Weinfässern – der ganze milde ungarische Herbst.

Der Auenwald stand schweigend, und der Fluß streckte sich müde in seinem Bett. Die Pfeifen der Fischer waren ausgeraucht, irgendwo in einem fernen Turm schlug die Glocke. Der Fischermeister erhob sich behäbig.

„Also los, nehmt die Geräte, Jungs!"

Dunst stieg über den Fluren auf. Die im mittäglichen Sonnenschein erwärmte Luft trieb die Nebel so hoch, daß sie sich in silbrige Lämmerwölkchen verwandelten; aber diese Lämmer hatten eine Wolle aus Eiskristallen. Kalt war es dort oben in der dünnen Luft. Unten auf dem Acker aber dampften die Furchen, die Pflugscharen blinkten, und die Drillmaschinen schwammen geradezu in der mürben Erde. Die Bauern brachten das Saatgut ein, Brot für das nächste Jahr. An den Kräutern der Raine hingen die weißen Seidenfäden des Altweibersommers. Und zwischen den Furchen schritten stumm die Gratistagelöhner, die Krähen. Sie suchten vor allem nach Mäusen, dem guten Futter, das niemals ausging. Hat doch ein Mäusepaar während eines Sommers gut zweihundert Nachkommen, die die Erde in ein Sieb verwandeln und alles zernagen, was sich zernagen läßt. In einem trockenen Sommer vermehren sich diese Vierbeiner besonders stark, weil kein Regenwasser in die Löcher fließt, das die Brut ertränkt, und im selben Sommer auch schon die Jungen Nachwuchs haben. Vier- oder fünfmal wirft die Mutter sechs bis acht Junge, und am Ende des Sommers wimmeln bereits die Enkelkinder. In einem solchen Jahr haben die Krähen dicke Bäuche und senden durch irgendeinen Krähensender weithin Nachrichten, und innerhalb weniger Tage tauchen neue Krähenvölker in den mäusereichen Gegenden auf und helfen die Saat, das Futter für die Tiere und das Brot der Menschen, retten. Solch einen Sender haben alle Vogelarten, denn es kommen Bussarde, Habichte, zuweilen auch Falken;

ja, sogar die Reiher lassen sich zu einer kleinen Mäusejagd herbei, vermischt mit der rotbeinigen Storchsippe.

Um diese Zeit sind die Fluren voller Bewegung. Störche und Reiher schreiten gemessen einher, halten inne, schlagen zu und schlukken die ahnungslose Maus, wobei sie nicht fragen, ob es ein Großpapa oder ein Enkel ist. Bis zum Abend fressen sie sich den Magen voll, wenn sie nicht schon tagsüber eine Geheimbotschaft erhalten haben, es sei an der Zeit, südwärts aufzubrechen.

Bussard und Habicht sind an solchen Nachrichten nicht interessiert. In ihrem Kalender ist der Aufbruch für später angesetzt, sie rütteln unbesorgt über den Feldern und schlucken die Beute nicht einfach hinunter, sondern fliegen mit ihr auf einen trockenen Ast, ein Schoberdach oder einen Grenzstein und halten gemütlich Mahlzeit, ohne die Gegend aus den Augen zu lassen. Jede Art Mäusevertilger ist um diese Zeit nützlich, sogar die Nebelkrähe. Allerdings haben es diese Gratistagelöhner nicht leicht, denn ihnen lauert der größte Feind auf, die Unwissenheit der Menschen.

Die Krähen wurden immer weniger, vertilgt durch Flinte, Gift, Falle und Schlinge. Auch die Wissenschaft forderte zahlreiche Opfer. Tausende von Saatkrähen, Habichten, Bussarden wurden geopfert, ihre Mägen aufgeschnitten, Berichte über Nützlichkeit und Schädlichkeit verfaßt, bis es schließlich ein Gesetz zu ihrem Schutz gab. Nun konnten die Bussarde, Saatkrähen, Habichte wieder ruhig ihrem Geschäft nachgehen, aber das Vertrauen zu den Menschen kehrte nicht zurück, und wenn sich Miklós, der Jäger, mit seiner Flinte von einem Wagen mitnehmen ließ, wichen die Vögel in weitem Umkreis dem Gefährt aus, bis der Bauer schließlich sagte: „Versteck doch endlich diesen stinkigen Schießprügel, Miklós, du vertreibst mir ja die Vögel, oder willst du selbst mir die Mäuse fangen?“

„Nebelkrähen sind schädlich, das wissen Sie ja auch, Vater András.“

„Nicht jetzt! Im Frühling kannst du kommen und die Gänseküken hüten und meinetwegen die Krähen schießen. Aber dann kommst du nicht, schießt lieber jetzt, wenn du nicht sollst.“

Miklós versteckte beleidigt die Flinte im Wagenkorb. Er hatte sich doch eigens deswegen mitnehmen lassen, weil die Nebelkrähen nicht vor dem Wagen davonflogen. Schießen konnte er nun also nicht, denn der alte András machte keine Umstände, er würde ihn absetzen, und wenn er zu Fuß war, ließ ihn kein Vogel heran. Vor

dem Wagen flogen selbst die mißtrauischen Bussarde nicht davon, die ihre Beute im windigen Speisezimmer, dem Wipfel eines Baumes, verzehrten.

Es ging auf den Nachmittag zu. Einige Wagen schaukelten, mit Maiskolben beladen, heimwärts. Sie rumpelten, weil die Feldwege ausgefahren waren; sogar die Pferde stolperten, wenn ein Mäusenest unter ihrem Huf einbrach.

In den Niederungen fand sich der Nebel wieder ein, und die Vogelvölker verschwanden nach und nach. Ein Saatkrähenschwarm schwang sich auf, flog über die alte Espe hinweg, auf der bereits die Nebelkrähen ihre abendliche Besprechung abhielten, die gewöhnlich in Zank ausartete, der so lange anhielt, bis sich ein Bussard oder Habicht in den Baum verirrte. Dann fielen sie über den Bussard oder Habicht her und ließen ihn nicht ausruhen auf der alten Espe.

Die Nebelkrähen sind eine zänkische Bande, die auf jeden Vogel losgeht, ihn jagt und scheucht, solange es geht. Doch jede Unverschämtheit hat ihre Grenzen. Verirrt sich nämlich einmal ein Wanderfalke oder ein Rotfußfalke zu ihnen, fallen sie auch den an. Manchmal geht er ihnen dann angewidert aus dem Weg, aber nicht immer! Es kommt auch vor, daß er einen oder zwei der grauen Schreihälse für immer verstummen läßt. Dabei könnten die Krähen den fremden Raubvögeln dankbar sein, weil diese ihnen oft die geschlagene Beute zurücklassen. Der Falke erwürgt seine Beute nicht wie der Sperber oder der Habicht, sondern „streift" sie nur in der Luft, das heißt, er trifft sie wie eine Gewehrkugel, so daß das Opfer mit gebrochenem Genick tot herunterfällt. Deshalb läßt sich jeder Vogel, so schnell er kann, auf die Erde hinabgleiten, wenn ein Falke auftaucht, denn dort kann der nicht angreifen, er würde sich mit seiner unglaublichen Geschwindigkeit selbst zerschmettern. Nebelkrähen und Elstern vergessen schnell den verunglückten Bruder, erscheinen bald an der Stelle, wo der Falke über der geschlagenen Beute sitzt, und lärmen, betteln, fordern so lange, bis der vornehme Fremde sie mit einem verächtlichen Blick mißt, als wolle er sagen: Na, da habt ihr es, Pack, freßt euch satt und verreckt! Und mit einem eleganten Schwung verläßt er die lärmende Versammlung, um weiterzuwandern oder nach neuer Beute Ausschau zu halten. Eigentlich sind Wanderfalken und Rotfußfalken selten in dieser Gegend, sie tauchen nur im Herbst und Frühjahr auf, wenn sie in wärmere Gegenden ziehen oder wieder zu ihren Nistplätzen zurückkehren.

Jetzt war kein Falke in der Luft, und die Grauen beschimpften nur einander oder krächzten höchstens zu den über den großen Baum friedlich hinwegfliegenden schwarzen Saatkrähen hinauf: „Krahkrah! Laßt es euch nicht einfallen, hier aufzubaumen, der Platz gehört uns!"

Die Schwarzen verschwanden mit gleichmäßigen Flügelschlägen hinter dem Wald, wo ihr über hundert Jahre alter Schlafbaum auf sie wartete.

Auf dem höchsten Zweig der alten Espe wippte eine Elster mit dem Schwanz und vermeldete der unter ihr krächzenden Gesellschaft: „Ein Mensch! Ein Mensch!"

„Krahkrah!" erwiderten nicht allzu laut die Grauen und beobachteten das Boot, in dem die Fischer heimwärts ruderten. Die Riemen bewegten sich leise wie Vogelschwingen. Eine junge Krähe wollte sich den geheimnisvollen Menschen genauer ansehen und flog hin.

„Krahkrah! Kommt, hacken wir ihnen die Augen aus!"

Die Riemen standen still, der Jäger legte die Flinte vorsichtig an.

Mit kurzem Knall streute der Lauf die Schrotladung aus, und die Krähe fiel mit gespreizten Flügeln und Füßen ins Wasser.

„Krahkrah!" lärmte eine andere. „Hab' ich's nicht gesagt!" Gesagt hatte sie es, aber jetzt schwang sie sich doch eilig über das Wasser, um nachzusehen, was der Neugierigen passiert war.

Wieder knallte die Flinte, und die zweite Krähe fiel ebenfalls herunter.

„Tüchtig, Miklós!", sagte der Fischermeister, „jetzt glaub' ich dir schon, daß du den Otter treffen würdest."

„Treffen ist leicht", meinte der Jäger und holte die Patronenhülsen aus dem Lauf. „Ihn zu Gesicht bekommen ist schwer. Im Winter bei Schnee, da geht es noch, aber jetzt und dazu nachts . . ." Er zuckte resigniert die Schultern.

Das Boot machte kehrt, um die Krähen aufzulesen, und setzte dann seine Fahrt fort.

Die alte Espe war schon leer, und es war still am Fluß. Miklós stieg aus und suchte die Katze, die zum Teil bereits in Karaks Magen lag. Der Fuchs schlief, er hörte die Verwünschungen des Jägers nicht, die eigentlich weniger dem Räuber der Katze als dem Dieb des Taschentuchs galten.

Der Jäger schlenderte heimwärts, an seiner Jagdtasche baumelten die zwei Krähen und beschmierten ihm mit ihrem Blut die Hose. Aber dieser Hose konnte nichts mehr schaden, denn Fett, Blut,

Dreck und sonst noch alles mögliche hatten sie feuer- und wasserfest gemacht, sie ließ weder Dorn noch Wind durch, weder Kälte noch Wärme und wurde mit der Zeit immer dicker und fester. Mit einem Wort, es war eine echte Jägerhose, die man nicht zu schonen, an die man überhaupt nicht zu denken brauchte. Miklós tat das auch nicht; seine Gedanken waren anderswo. Sie tasteten das ganze Ufer ab, verweilten bei jeder eingerissenen Stelle, jedem ins Wasser gestürzten Ast, jedem Röhricht und jeder Biegung, überall dort, wo der große Otter sein Lager haben konnte. Vielleicht in der Nähe der Mühle? Nein. Der Otter liebt die Menschennähe nicht. Oder war er abgewandert und die Tritte schon alt? Nein. Jani hatte doch gestern einen angenagten frischen Fisch gefunden. Wo, zum Kuckuck, mochte dieser Otter stecken?

Lutra hatte sich nach den Schüssen bereits wieder beruhigt. Zwar waren die Krähen in der Nähe seiner Höhle ins Wasser gefallen, aber der Warnruf der Elster hatte ihn darauf vorbereitet, daß ein Boot auf dem Wasser fuhr. Das an sich hätte ihn nicht besonders aufgeregt. Beim Knall der Schüsse war er aber doch auf die Beine gesprungen. Er hörte das Aufklatschen der Krähe im Wasser, dann das klagende Gekrächze, den neuerlichen Schuß, der schon viel näher knallte. Lutra schnüffelte zum Notausgang hin, als das Boot genau bei seiner Höhle umdrehte; er konnte wirklich nicht wissen, ob es nur wegen der Krähen oder seinetwegen war. Der alte Otter war entschlossen, seine Haut zu hüten, mehr als Miklós seine Hose, denn der Jäger Miklós ohne Hose blieb immer noch der Jäger Miklós, aber Lutra ohne Haut – dafür gab es keinen Namen mehr.

Gespannt sah er zur Tunnelmündung hin, die ihm Licht- und Tonzeichen vermittelte; aber die Geräusche wurden leiser, die Ruderschläge plätscherten aus immer größerer Entfernung. Lutra legte sich wieder auf den Bauch. In seinen Gedanken spukte der Reiher, denn die Wunde zwischen den Augen begann zu brennen. Sie hatte sich entzündet, und der Wundgeruch drang zum Hinterausgang hinaus, wo Zu, der Aaskäfer, auf der Lauer lag.

Mit einem Schlag wurde Zu hellwach. Er flog in die aus der Höhle strömende warme Luft und kroch so lange zwischen den dürren Blättern herum, bis er den hinteren Schacht fand. Schon schwirrte er in der Höhle.

Lutra öffnete die Augen. Der alte Otter duldete keinen Fremden in seiner Wohnung, keinen großen und keinen kleinen. Er lag wie ein Stein, paßte aber auf.

Zu wollte einen Bogen fliegen, schaffte aber nur einen halben. Als er an Lutras Nase vorbeischwirrte, schlug dieser ihn mit einer teuflisch schnellen und treffsicheren Bewegung tot.

Die Höhle versank im Dunkel. Der herbstliche Nebel über den Feldern vermischte sich mit dem Rauch brennenden Maisstrohs und Kartoffelkrauts, das die Bauern verbrannten, um Asche als Dünger in die Erde pflügen zu können. Aber auch sonst zündeten sie gern mal ein Feuer an, sie liebten es, aus dichtem Dunkel heraus in die roten und gelben Flammen zu schauen.

Lutra fühlte sich wohl in der finsteren Höhle. Er machte die Augen weiter auf und lockerte seine Vorsichtsmaßregeln. Er konnte ja auch im Dunkeln gut sehen, und sein einziger großer Feind, der Mensch, war nachts so gut wie blind im Vergleich zu ihm.

Lutra reckte und streckte sich. Er war hungrig und dachte an Fische und Frösche, wenn nicht gar an eine Wildente. Es war Zeit aufzubrechen. Lutra rutschte über den glatt geschliffenen Tunnelboden, um erst einmal am Wasser zu riechen, bevor er darin untertauchte.

Das Wasser war fast durchsichtig, und Lutra ließ sich von der Strömung tragen, so daß ihn oben, unten, rechts und links eine dicke Wasserschicht umgab. Er sah, daß auf dem Grund etwas kroch, nicht schwamm, obgleich es ein Fisch war. Ein nächtliches Raubtier, genau wie Lutra selbst, aber doch ein Fisch, eine Aalquappe. Bisher hatte sie zwischen den Steinen am Ufer gelegen; jetzt ging sie, halb schwimmend, halb rutschend, auf die Suche nach Nahrung, die bei ihr aus Wasserkäfern, Larven, Würmern, Kaulquappen, winzigen Krebsen und leider auch aus Fischeiern besteht, wodurch die Aalquappe zum schädlichen Fisch wird. Wie ein schwankendes Blatt ließ sich Lutra herabsinken und packte den Fisch, der sich kaum wehrte. Lutra, mit der Aalquappe im Maul, beeilte sich, den Kopf aus dem Wasser zu stecken: ein Atemzug, ein paar Bissen, und der Fisch war weg.

Die Nacht war sternenklar und still, die Luft beruhigend rein, und die Aalquappe hatte den ärgsten Hunger gestillt. Lutra hatte nun Zeit, lag auf dem Wasserspiegel und ließ sich treiben, bestimmte aber mit dem Schwanz die Richtung.

Ein Holzstück treibt da auf dem Wasser, könnte man denken. Aber dieses Stück Holz sah und fühlte alles. Bemerkt wurde es nur von Hu, der Eule. Sie hatte es vorhin schon eräugt, war aber ohne Aufenthalt im flaumleichten Flug weitergesegelt. Hu hätte sich freilich anders verhalten, wäre das vermeintliche Holzstück eine Wanderratte oder eine Wassermaus gewesen. Die hätte sie ohne Umstände herausgehoben und verspeist. An den großen Otter zu rühren wäre ebenso töricht gewesen, wie wenn ein Mensch versuchen würde, eine rasende Lokomotive umzustoßen. Selbstmord also. Tiere verüben indes niemals Selbstmord. Hu flog also weiter zum anderen Ufer hin, wo die Mühle schläfrig schnurrte und das große Rad so energisch das Wasser trat, als treibe es den Fluß. Es waren gute Erinnerungen, die Hu zur Mühle hinzogen: Viele Ratten hausten unter dem alten Bretterwerk. Hier wurden sie niemals alle, da sie sich in den unzugänglichen Löchern friedlich vermehren und reichlich Nahrung in den warmen, nach Mehl riechenden Räumen finden konnten. Doch auch wenn die Ansässigen sich nicht so stark vermehrt hätten, der Fluß brachte immer wieder wanderlustige Rattenfamilien heran, die von den alten Anwohnern freundlich aufgenommen wurden. Der Mensch kann diesen Familiensinn nicht würdigen, vielmehr haßt er die pestverbreitenden, sehr schädlichen und wehrhaften Nagetiere mit dem langen kahlen Schwanz und sucht sie, wo er nur kann, zu vertilgen. Zumeist gelingt es ihm nicht, denn Ratten sind vorsichtige und schlaue Tiere und nur dann unverschämt, wenn sie sich in Sicherheit wissen. Manchmal verschwinden sie, man weiß nicht warum und wohin. Man sieht sie nicht, und trotzdem sind sie da; erwürgte Kaninchen und Hühnchen zeugen davon. Die Ratte tötet alles, was sie töten kann, nagt alles an, was sie annagen kann. Sie bohrt sich in den dicken Speck des Mastschweins, was das verfettete Tier kaum spürt; sie nagt die Schwimmhäute der Mastgans an, ja sogar den unempfindlichen Huf von Pferd und Kuh, wenn sie unbemerkt bleibt. Bedenkt man, daß sie sich fast so rasch vermehrt wie die Maus, wird man mit Befriedigung Hus Flugrichtung zur Mühle verzeichnen und es begrüßen, wenn sie zwischen den Bohlen eine herausholt, eine andere am Wehr, ja sogar in der Regentraufe packt, denn es gibt alpinistisch veranlagte Ratten, die Höhenluft lieben.

Das Herausheben ist aber nicht immer einfach, denn die Ratte beißt, solange sie beißen kann. Es ist schon eine Kunst, sie so zu packen, daß sie gar nicht zum Beißen kommt. Bei jungen Ratten gelingt das zumeist, nicht bei schweren kahlschnäuzigen Familienvätern, da heißt es aufpassen.

Unsere Hu gehört zur Familie der Katzeneulen und hat sich im Mäusevertilgen mehrfach bewährt und zwischendurch auch schon

Marder, Hermeline, sogar Hamster gefangen. Manchmal hat sie zwar auch einen auf dem Ast schlafenden Vogel mitgenommen, im allgemeinen ist sie aber wie alle Eulen ein nützlicher Freund des Menschen.

Sie ließ sich lautlos auf den Schornstein der Mühle herab, kein Ohr, nicht einmal das des Otters könnte es vernehmen. Ihre lockeren Federn finden kaum Luftwiderstand, und sie setzt ihre Füße schattensanft auf jede Landestelle. Jetzt war es der Rand des Schornsteins. Sie drehte ihren großen runden Kopf hin und her, öffnete ihre Pupillen zu voller Größe und besah sich gründlich das Terrain. Zunächst erblickte sie nur eine Katze, die mit einer Maus im Maul über den Mühlenhof ging. Die Katze verschwand hinter dem Stall, und Hu war's zufrieden; sie verabscheute die Katze, hatte auch ein wenig Angst vor ihr und liebte es nicht, wenn man ihr bei der Jagd zusah. Dann faßte sie das Fenster ins Auge, in dessen hellem Viereck ab und zu ein Schatten auftauchte und wieder verschwand. Darum kümmerte sich Hu nicht sonderlich, es kümmerte sie nicht einmal, wenn sie Menschen auf dem Hof kommen und gehen sah; Menschen, das wußte sie, taten ihr nichts zuleide.

Hu hatte, wie alle Eulen, nicht nur vollkommene Augen, ihr

Gehör war genauso tadellos. Mochte der Fluß plätschern, der Wind säuseln, die Mühle dröhnen, ihr Ohr sortierte die beachtenswerten Geräusche genau. So auch jetzt. Es klang, als sei irgendein leichter Körper sanft gefallen. Hu richtete den Blick genau dahin, wo eine leise Bewegung entstanden war. Auf der Welle des großen Rades saß eine wohlgestalte Ratte. Hu rührte sich nicht, denn auch die Ratte horchte, und sie saß ihr gegenüber. Hu hatte keine Eile. Sie wartete, bis die Ratte sich umdrehte, dann löste sie sich lautlos vom Schornstein. Ein leichter Schleier, ohne Gewicht, ohne Laut, flog über die Ratte und ließ sich langsam auf sie hinab. Als Hu etwa in Menschenhöhe über ihr schwebte, ließ sie sich wie ein Stein fallen.

„Kirikitt!" schrie die große Ratte auf. Zu einer längeren Abschiedsrede ließ Hu ihr keine Zeit. Einer ihrer Fänge packte den Rücken, der andere legte sich wie ein Maulkorb um die Schnauze, so trug Hu die Beute schwerfällig auf den Schornstein. Die Ratte zappelte heftig, das half ihr aber nicht viel, denn gleich nach der Ankunft auf dem Schornstein machte Hu von ihrer Zange, dem scharfen spitzen Hakenschnabel, Gebrauch, und das war das Ende, die Mahlzeit war serviert. Hu langte zu in der malerischen Umgebung. Unten brauste das Wasser, oben schrien Zugvögel, riefen ihren Verwandten zu, es sei an der Zeit. Die Mühle klapperte, das Mahlen der Steine kam als leises Beben bei den Eulenfüßen an.

Hu war zufrieden. Ihr Körper zerlegte jetzt das Rattenfleisch mit biologischer und chemischer Fachkenntnis, führte die entsprechenden Stoffe dem Blut, den Muskeln, den Knochen, den Augen zu und entfernte die ausgebrannte Schlacke, die wie weiße Farbe auf die Schindeln spritzte. Kurz gesagt, Hu verdaute. Doch nicht alles verdaute sie. Die Haare und ein Teil der Knochen fanden sich im Eulenmagen zu kleinen Klumpen zusammen, und dieses Gewölle würgte Hu heraus, zur großen Freude der Ornithologen, die daraus Hus Speisezettel zusammenstellten und ein Gesetz zum Schutze der Eulen durchsetzten.

Inzwischen hatte sich der Mond aus dem Bett erhoben und betrachtete den Fluß, als hätte er ihn noch nie gesehen. Der Fluß aber zog das runde Gesicht des langsamen, bedächtigen Wanderers so in die Breite, daß es von einem zum anderen Ufer reichte.

Hu sah genau Lutras Kopf, der mit einem silbrigen Weißfisch im Maul über diesen leuchtenden Teppich schwamm. Es war nur ein Augenblick, aber die Eule merkte, daß auch der Otter sie gesehen hatte. Sie kümmerte sich nicht darum; die beiden kamen sich niemals ins Gehege, einer war des anderen Futter nicht, sie machten sich also nichts auseinander.

Ähnlich empfand Lutra. Er hatte die rundliche Figur der Eule auf dem Schornstein schon lange erblickt, ließ sich aber nicht stören und schluckte den Weißfisch endgültig hinunter, mit allen Schuppen. Dann legte er sich auf den Bauch und verlangsamte das Tempo, denn nicht nur die zwei rötlichen Fensteraugen der Mühle sahen ihn an, sondern auch die Enten des Müllers schlugen Lärm, und ein wütendes Hundegebell hallte über das Wasser.

Lutra schwamm dem Ufer zu, wo Steinplatten das Wehr schützten, eine glatte breite Fläche, auf der der Otter in Erwartung einer günstigen Gelegenheit gern ruhte. Ein milder Wind wehte von der Mühle her und brachte unter den vielen Gerüchen auch den appetitlichen Duft der Enten. Ein leichter Dunst schwebte über dem Fluß, und in einiger Entfernung war flackernde Helligkeit am Ufer, in der sich das Mühlengebäude schwarz abzeichnete. Lutra bemerkte das Leuchten, dachte sich aber nichts dabei. Ein fremdes und fernes Licht, das nichts Bedrohliches an sich hatte. Als aber die Mühlentür knarrend aufging, duckte er sich. Ein Mensch stand auf dem Deich neben dem Wehr und horchte zum Dorf hin.

Dann waren seine Schritte zu hören, wie er auf den Dachboden hinaufstieg. Die Stufen trugen den Müller unwirsch brummend, das Bodenfenster öffnete sich. Hu strich erschrocken nach der Schattenseite ab. Das Gesicht des Müllers war hell beleuchtet von einem fernen großen Feuer.

„Das Röhricht", brummte der Müller. „Es ist das Röhricht. Habe ich denn nicht oft genug gesagt, man sollte die Lausejungen nicht überall Feuer machen lassen! Jetzt brennt die ganze Schilfernte ab, und die vorjährige dazu, die liegt ja da sauber gestapelt . . ."

Der Müller gab den feuerfreudigen Jungen die Schuld. Vielleicht zu Unrecht. Es brannten ja rings um das Schilf eine ganze Anzahl kleiner Lagerfeuer, und wer konnte wissen, ob der Wind nicht ein glühendes Hälmchen weitergetragen hatte. Oder glomm ein weggeworfenes Streichholz im morschen Schilf weiter, bis sich ein Körnchen Glut zum Trockenen durchfraß und aufflammte? Alles Weitere war Sache des Wetters und des Windes. Es hatte lange nicht geregnet, und an den gebeugten braunen Wollköpfen der Schilfkolben lief die Flamme hinauf wie ein Eichhörnchen am Ast. Die Flammen führten Freudentänze auf. Die Menschen, aus der nächtlichen Ruhe gerissen, sahen, wie es brannte, feurige Funken sprühten und das

Knistern in der Herbstnacht zu einem schmetternden Krachen anwuchs.

Der Müller stapfte vom Boden herab, hielt die Mühle an, der Schlüssel knarrte im Schloß, er ging ins Dorf. Sein langer Schatten folgte ihm schwankend, die beiden Hunde schlossen sich an, auch sie spürten offenbar die Gefahr dieses Sonnenaufgangs mitten in der Nacht.

Es sah tatsächlich aus, als ginge die Sonne zu dieser ungewohnten Stunde ausnahmsweise im Norden auf. Das Feuer erfaßte das Schilfmeer in seiner ganzen Breite und wälzte rauchige rote Wellen zum Fluß.

Lutra sah in all dem keinerlei Gefahr. Der Mensch ging weg, mit ihm die Hunde. Er wartete. Ohne zu wissen, worauf, wartete er, beachtete die kleine Karausche gar nicht, die im seichten Uferwasser mit lautem Plantschen hochsprang, das in keinem Verhältnis zu ihrer Winzigkeit stand. Nun kam eine Ratte wie taub und blind auf ihn zugelaufen. Das konnte er nicht mehr untätig mit ansehen. Als die Ratte nahe genug heran war, berannte er sie und faßte sie mit seinen furchterregenden Fängen. Doch im selben Augenblick schleuderte er sie weg, schüttelte sie gleichsam aus seinem Maul, denn sie war klebrig und stank ungeheuerlich. Die Ratte gehört auch sonst nicht gerade zu den sauberen Tieren; sie wohnt an den widerlichsten Plätzen, und daß sie alles frißt, braucht nicht erst erwähnt zu werden. Aber diese Ratte war mit Teer beschmiert. Sicher hatte sie sich irgendwo – in der Mühle oder auf einem Schiff – bekleckert und übertrug jetzt den beißenden Pechgeruch auf den Otter.

Lutra rieb sich angeekelt die Nase am glatten Stein, die Ratte zappelte noch, aber der Otter würdigte sie keines Blickes mehr. Mochte sie sich so lange wälzen, bis sie ins Wasser fiel und einer der großen Welse sie mit Haut und Haar und Teer verschlang.

Der Müller ging schnell und bemerkte die beiden Hunde, die ihm nachgeschlichen waren, erst, als er schon ziemlich weit von der Mühle weg war. Er blieb stehen, überlegte.

„Wer hat euch denn gerufen?“

Die Hunde setzten sich bescheiden und wedelten mit den Schwänzen, da die menschliche Stimme zwar nicht auffordernd, aber auch nicht ablehnend klang.

„Na, wenn ihr einmal da seid, kommt mit.“

Angenehm klang das. „Kommt mit“, das verstanden sie gut. Sie sprangen auf, liefen jetzt vor ihrem Herrn her und nicht wie bisher heimlich hinter ihm. Das Krachen vom fernen Schilf her war allerdings befremdend, sie blieben immer wieder stehen, blickten zurück, auf Ermunterung wartend.

Nun brannte das Röhricht schon allenthalben. Nur im Innern zeigten große schwarze Flecke die Wasserflächen an, und auch das Dickicht der Ginstersträucher bildete für das Feuer ein feuchtes Hindernis. In der himmelhoch leuchtenden Helligkeit klagten Wildenten, und Fasane stiegen da und dort surrend auf, wenn das Feuer ihnen schon die Sporen beleckte. Zuweilen schoß ein angesengter Hase hinaus aufs Feld. Karaks Fell blieb heil; als es zu prasseln anfing, machte er sich unverzüglich davon, obgleich er sich sonst in dieser Nacht nicht mehr gerührt hätte. Die Katzenkrallen und die Bienenstiche hatten ihm die gute Laune gründlich verdorben. Aber das Krachen war inzwischen so laut geworden, als triebe man die Viehherde durch das Röhricht. Nun sah Karak aus dem Wald zurück, schätzte die Hunde des Müllers wegen der großen Entfernung als ungefährlich ein, und da er sich die Wunden nicht lecken konnte, seine Zunge war nicht lang genug, versteckte er die brennende Nase in seinem Fell und tat, als schliefe er.

Aus dem Dorf kamen einige Männer, deren vorjähriges Schilf noch in Haufen lag. Sie wollten sich offenbar ärgern, denn helfen konnten sie nicht, und ob ihre Schilfkegel mitverbrannt waren oder nicht, würden sie am nächsten Morgen früh genug erfahren.

An einer erhöhten Stelle des Deichs stand der Jäger und schimpfte auf die Hunde; denn vielleicht würde irgendein Wild aus dem brennenden Schilf hervorkommen.

Der Müller beschwichtigte ihn, seinen Hunden aber befahl er, sich unterhalb des Deichs zu setzen.

„Das sind ja keine gefährlichen Kerle, die verscheuchen dir das Wild nicht“, sagte er.

Der Jäger hob die Flinte, ein Krach, eine Wildente fiel rauschend und schlug hart auf dem Boden auf.

„Hiergeblieben!“ schrie der Müller, und die Hunde schlichen mit eingezogenem Schwanz zu ihrem Herrn zurück.

„Ein guter Schuß, Miklós.“

„Still!“ Wieder hob der Jäger den Lauf, ließ ihn aber gleich sinken. „Zu weit!“ sagte er und zeigte auf ein Volk Wildenten, das durch Rauch und Flugasche flüchtete. Später knallte die Flinte noch einmal, und wieder sauste eine Wildente herunter.

Miklós hob die Enten auf und legte sie vor den Müller hin. „Nimm sie mit, Onkel Kálmán, für Esti."

Der Müller machte ein ernstes Gesicht. Seine Esti war achtzehn, dieser Miklós vielleicht fünfundzwanzig; er verdiente zwar nicht gerade viel, war aber ein ordentlicher Bursche.

„Schönen Dank", sagte er schließlich. „Du bekommst Bescheid, wann sie gebraten werden."

„Geh ruhig nach Hause, Onkel Kálmán. Was verbrennen wollte, ist schon verbrannt. Ich bleibe sowieso hier."

Das Feuer leuchtete noch hier und da auf, zischte, loderte, verlief sich zwischen den Sträuchern, wo alles feucht war, und erlosch schließlich. Die Ginstersträucher waren höchstens am Rande versengt, ins Innere des Gesträuchs drang das Feuer nicht, dort fanden die erschrockenen Fasanenküken und ein oder zwei Hasen Unterschlupf.

Als der Müller mit den beiden Hunden heimwärts ging, rührte sich Karak nicht. Im Wald herrschte dicke Finsternis, das Mondlicht streifte nur die Wipfel der Bäume. Als die Hunde auf dem Deich entlang liefen, hatten sie keine Ahnung, daß zwei schiefgestellte Fuchsaugen jede ihrer Bewegungen verfolgten. Sie trabten fröhlich nach Hause, aber sobald sie den Hof betreten hatten, schnüffelten sie knurrend, und auch der Müller blieb verblüfft stehen. Vor dem Entenstall war ein Federnteppich ausgebreitet.

„Was ist denn da los?"

Er klopfte ans Fenster.

„Marie! Marie! Schlaft ihr?"

Die Frau öffnete das Fenster.

„Habt ihr den Entenstall zugemacht?"

„Ja, mit einem Ziegelstein."

„Dann komm heraus und sieh dir die Bescherung an!"

Zum Glück war Lutra nicht mordlustig und hatte nur eine Ente an der Gurgel gepackt, aus dem Stall herausgerissen und eilig entkleidet, denn der Entenbraten lockte ihn sehr. Später hörte er aber ein Geräusch, ergriff das Flügeltier und verschwand mit ihm im Gebüsch am Ufer.

„. . . achtzehn, neunzehn . . . Komm näher mit der Laterne! Zwanzig, einundzwanzig – nur eine hat sich der Fuchs, das verdammte Höllenbiest, geholt. Ich werde dem Miklós was erzählen, das wird er sich nicht hinter den Spiegel stecken."

„Miklós kann doch nicht hinter jedem Fuchs her sein."

Das hatte Esther gesagt, die Müllerstochter, die die Laterne hielt.

Aha, dachte der Müller, daher weht der Wind.

Die Enten blinzelten erschrocken ins ungewohnte Licht und drängten sich an der Wand zusammen; flüchten konnten sie nicht, denn die drei Müllersleute und die beiden Hunde standen vor dem Ausgang.

„Na, geschehen ist geschehen", sagte der Müller und reichte die beiden Wildenten seiner Tochter hin. „Statt einer hab' ich zwei gebracht, Miklós schickt sie dir. Ich hab' ihm gesagt, wir geben ihm Nachricht, wenn sie in die Pfanne kommen."

Stille. Das Mädchen hielt die Lampe so, daß das Licht nicht ihr Gesicht traf. Die Müllerin wog die Enten in der Hand, als wiege sie den Jäger.

„Hübsch fett sind sie. Vielleicht für Sonntag."

„Soll mir recht sein", sagte der Müller ernst, und Esti und ihre Mutter fühlten, daß er damit nicht nur den Sonntagsbraten meinte, sondern auch an die jungen Leute dachte.

Der Müller wandte sich ab und ging zur Mühle, die Entenstalltür wurde sorgfältig verrammt, die Frauen gingen ins Haus, und die Mühle begann mit leisem tiefem Dröhnen zu mahlen.

Der Mond stand tief im Westen, die Hunde legten sich vor die Schwelle, in der Luft schwebte noch lange der kalte Rauch des abgebrannten Röhrichts.

Über dem Fluß schwebte feuchter Nebel, in dessen Schutz ein Otter mit dickem Bauch heimwärts schwamm: Lutra, der die Ente „zu sich genommen" hatte. Nicht die ganze, aber viel war nicht übriggeblieben: Füße, Flügel, Hals, die weniger wertvollen Teile. Zum Schluß hatte er die Bissen nur noch im Maul hin und her geschoben, er war völlig satt. Zwischendurch musterte er seinen Speiseplatz und beschloß, nicht so bald hierher zurückzukommen. Die umhergestreuten Federn leuchteten weithin, und Lutra scheute instinktiv alles, was auffiel, sei es ein Laut, sei es ein Zeichen. Das Ufer war steinig an dieser Stelle, Spuren ließ er nicht zurück, trotzdem hätte er nie daran gedacht, daß die Ente Karak angelastet wurde, dem armen unschuldigen Karak, den der Brand aus dem sicheren Schilfplätzchen vertrieben hatte und der mit seinem schmerzenden, fiebrigen Kopf schon übel genug dran war. Lutra ahnte von alldem natürlich nichts, satt und still schwamm er heimwärts, Augen und Ohren ständig wachsam, denn so satt und so müde oder auch krank konnte er nicht sein, daß er sich eine Jagdgelegenheit entgehen ließ.

Und krank war Lutra nicht. Den Reiherhieb hatte das Wasser geheilt, und als er am anderen Ufer eine Bewegung wahrnahm, gab er sich mit seinem vollkommenen Steuer, dem Schwanz, sofort die gewünschte Richtung an. Nicht, daß Lutra etwas gesehen oder gehört hätte, er fühlte eigentlich nur, daß sich in einer Ausbuchtung des Flusses etwas bewegte, und eine Bewegung hieß Nahrung für ihn. Lutra irrte sich selten. An der Stelle richteten sich Karpfen ihr Winterquartier ein. Das kalte Wasser hatte ihr Blut abgekühlt und ihnen den Appetit genommen. Überdies hatte die Kälte die kriechenden, schwebenden, mit dem Auge kaum wahrnehmbaren Tierchen getötet, die Hauptnahrung der Karpfen – Grund genug, sich auf den Winterschlaf einzurichten. An dieser Stelle war der Grund löcherig und schlammig. So eine Kuhle ist ein gutes Bett, und der Schlamm Kissen und Decke zugleich. Je kälter das Wasser wird, um so langsamer bewegen sich die Karpfen, Atmung und Herztätigkeit gehen zurück, und durch die verringerten Lebensfunktionen brauchen sie weder Bewegung noch Nahrung. Die Karpfen versammeln sich, legen sich hin und erwarten den Winter, die Zeit, in der sie nur selten und auch dann wenig fressen. Die Kiemen rühren sich kaum um dem Wasser Sauerstoff zu entziehen, und da sich die Karpfen nicht ernähren, verlangsamt sich der Stoffwechsel. Mit einem Wort, sie führen ein so ruhiges Leben, daß es sich kaum noch vom Tod unterscheidet. Erst wenn im Frühjahr das Wasser wieder wärmer wird, erwärmt sich auch ihr Blut, erwacht das Hungergefühl. Sie beginnen sich zu bewegen und Nahrung zu suchen, die – ebenfalls vom Frühling berührt – wieder zum Leben erwacht und sich milliardenfach anbietet.

Doch jetzt war es Herbst, noch schwammen sie träge, starrten stumm ins Wasserreich, als gebe es weder Netze noch Angeln noch Otter. Lutra fuhr wie der Blitz zwischen sie, überlegte nicht erst und schwamm schon mit einem dicken Karpfen im Maul ans Ufer. Der Karpfen schlug heftig mit dem Schwanz, und als der Otter ihn einen Augenblick aus dem Maul ließ, um ihm durch neues Zupacken den Garaus zu machen, versetzte ihm der Karpfen einen so kräftigen Hieb, daß seine Wunde wieder zu bluten begann. Das war aber auch die letzte Bewegung des Fisches. Der Otter biß einmal, zweimal zu und saß dann still, besah sich den Fisch und dachte vielleicht, in menschliche Sprache übersetzt: Weiß der Kuckuck, wozu ich diesen Fisch gefangen habe! Mein Magen platzt ja fast, und obendrein mußte ich eine Ohrfeige einstecken.

Er saß da, betrachtete den Karpfen, ob er sich vielleicht doch noch rührte, beroch die Beute, stieß sie ein Stück weiter, sah zum anderen Ufer hinüber und stieg ins Wasser. Während er so dahinschwamm, fühlte er Sehnsucht nach seiner Höhle, dem trockenen Lager. Er tauchte ein gutes Stück vorher in die Flut, denn vom Ufer her, von dort, wo die große Espe stand, wehte ihm Brandgeruch entgegen, und von noch weiterher kamen Menschenlaute.

Lutra beschleunigte sein Tempo und schlüpfte wie ein Schatten in den Tunnel, als sich die Nacht in Morgengrauen verwandelte, die Dämmerung im Osten baldigen Sonnenaufgang verhieß und die anderen nächtlichen Jäger ihre Ruheplätze aufsuchten.

Hu, die Eule, flog wieder über dem Wasser, mit Zirik, dem Marder, in den Krallen. Sie hatte ihn unterwegs von der Erde aufgehoben, aber noch nicht gefressen, denn die Dämmerung trieb sie nach Hause. Sie wollte ihn sich in der Höhle der alten Buche gut schmekken lassen. Zirik war leider unvorsichtig gewesen, und das bedeutete bei der nächtlichen Jagd entweder den Verlust der Beute oder den Verlust des Lebens. Der Marder hatte sich am Nacken eines Junghasen festgebissen, der ihm über den Weg gelaufen war. Von Zirik überrannt, jammerte der Hase und wirbelte beim Strampeln Staub auf. Hu, neugierig geworden, flog hin, um nachzusehen, was die Unruhe zu bedeuten habe. Mit einem einzigen Flügelschlag schwang sie sich über die Kämpfenden und riß den Marder von dem zu Tode erschrockenen Langohr ab; ganz leicht ging das nicht, denn Zirik hatte sich in den Hasen verbissen. Der Hase rannte blindlings davon, und Zirik trat die erste und letzte Luftreise seines Lebens an. Als es über den Fluß ging, lebte der Marder nicht mehr, hing nur zwischen Hus Krallen, nicht mehr als Zirik, der Blutsauger, sondern als Eulenfrühstück.

Der Marder ist nämlich ein Blutsauger; mit seinen winzigen Zähnen kann er große Bissen nicht bewältigen. Höchstens zernagt er zuweilen einen weichen Mäuseleib, und damit erweist er sich dem Menschen als nützlich. Sonst aber ist er ein schädliches Tier, er tötet Rebhühner, Wachteln, kleinere Hasen, jedes auf dem Boden laufende und nistende Tier, das nicht zu kräftig für ihn ist. Der Marder auf den Feldern ist fast immer nützlich, denn seine Hauptnahrung ist die Feldmaus, aber er erbeutet auch Zieselmäuse, Hamster und Ratten. Dringt er aber in einen Geflügelhof ein, tötet er die

Hühner der Reihe nach und saugt ihnen das Blut aus. Der Marder liebt als ein Feinschmecker Eier, und wenn er nichts Besseres findet, fängt er auch Krebse und Frösche. Es wäre falsch, den Marder zu verabscheuen, weil er den Beutetieren das Blut aussaugt; denn er macht von den Waffen Gebrauch, mit denen er ausgestattet ist. Und man sollte auch nicht vergessen, daß sein Biß dem Huhn wohl kaum größere Schmerzen verursacht als der Schnitt des Messers mit dem ihm die Hausfrau den Hals durchschneidet. Andererseits soll man auch keine Träne um einen der vielen Ziriks vergießen, der jetzt in den Krallen der Eule eine Luftreise macht. Auch für die Eule wird die Zeit kommen; seltener zwar als für die Maus oder ihren eingeschworenen Feind, den Marder, wenn jedoch der Riese unter den Eulen, der Uhu, erscheint oder die Uraleule, so kann auch Hu zur Mahlzeit werden.

Doch davon war noch nicht die Rede. Hu flog mit Zirik nach Hause; Lutra verdaute in seiner Höhle; eine Elster begrüßte mit leisem Schnattern die aus dem schwarzen Meer der Nacht auftauchende Sonne; nur Karak, der Arme, war heimatlos für einige Zeit, denn um den Sumpf herum gingen Menschen, der bittere Rauch wirbelte noch, da gab es keine Möglichkeit für den Fuchs, nach Hause zu gehen. Aber ein Karak ist ein findiger Bursche, der keine Schwäche kennt; übrigens erfuhr auch unser Karak nie, daß die Müllerin ihm die von Lutra geraubte Ente anlastete.

Einstweilen blinzelte Karak nur, und selbst das Blinzeln tat ihm weh. Das zunehmende Licht machte ihm Sorgen. Er überdachte seine verschiedenen Schlupfwinkel, denn an Ort und Stelle durfte er nicht bleiben. Obendrein verspürte er Hunger. Also los! Er erhob sich, brachte durch Kratzen Bewegung unter die Flöhe und schnürte mit hängendem Kopf aufs Geratewohl los.

„Ach, so'n Hundeleben", seufzte er, und sein langsames Schleichen konnte Mitleid erwecken, säßen Karak nicht die drei Beulen, Erinnerungen an die Bienen, auf der Nase. So aber reizte das Gesicht des Fuchses entschieden zum Lachen, er sah aus, als wollte er immerzu niesen.

Karak bog ins Gebüsch ein; er machte den Umweg aus gutem Grund, denn in der Nähe lag die Mühle. Einer der beiden Hunde des Müllers war ein guter Läufer, das wußte er aus Erfahrung. Hier standen die Sträucher nicht so dicht, und der Fuchs konnte auf das Wasser hinausspähen, denn der Fluß trug nicht nur Schiffe, zuweilen auch Nahrung. Und für einen hungrigen Fuchs sind ein vom Wasser angeschwemmtes totes Ferkel, ein ertränktes Hundejunges nicht zu verachten. Dabei sorgt der Fuchs zugleich für die Reinhaltung der Landschaft und geht viel klüger auf die Belange der Natur ein als der Mensch, der viele Dinge ins Wasser wirft und meint, das Wasser trage es ja ohnehin weg.

Ja, das tut das Wasser auch, aber wo es den Unrat hinbringt, leben auch Menschen, und die können von dem faulenden Aas tödlich erkranken.

Karak wußte von diesen Dingen nichts. Er schätzte eine solche Kost und war ein kleines Gewicht auf der großen Waage, die alles im Gleichgewicht hält. Fraß er Aas, so war das in Ordnung, und wenn Lutra lieber vor Hunger krepieren würde, als ein totes Tier anzurühren, so war auch das in Ordnung.

Da stand nun Karak und starrte aufs Ufer.

Was mochte das sein? Hatte der Habicht eine Taube geschlagen? Eine Ente am Wasser gerissen und ihre Federn umhergestreut?

Karak wandte den Kopf ab, als interessierten ihn die weißen Federn nicht, schnürte aber näher an das Ufer heran. Die Hunde bellten in der Ferne, nichts regte sich. Das Licht des Morgens malte schon Farben auf die Bäume. Karak durfte nicht lange zaudern: Mit einem Satz war er am Ufer, las die Reste der Ente auf und war auch schon wieder im Gebüsch.

Lutra! Das war Lutra, ich spür's am Geruch!

So dachte Karak, freilich nicht vorwurfsvoll, denn er verzehrte die Überreste mit bestem Appetit. Jetzt hielt er sich in einem dichten Waldrebenstrauch auf, der zwischen hohen Blüten stand und fast soviel Schutz bot wie sein eigentliches Heim, wo die halbe Katze noch auf ihn wartete.

Es war ein sonniger Morgen; das Mühlrad schaufelte schläfrig das Wasser, und die Müllerstochter Esti ließ die Enten aus dem Stall. Die schnatterten wie immer munter, Esti dagegen schien nachdenklich zu sein. Sie war in Gedanken bei Miklós. Als sie sich rasch und wie ertappt umdrehte, trat sie dem Hund auf die Pfote.

„Hauuu, huu", heulte der und hob seine getretene Pfote.

„Recht geschieht dir! Warum stehst du mir im Weg!" rief Esti zornig, fügte aber dann hinzu: „So fest habe ich dich ja gar nicht getreten." Und etwas später erschien sie mit einem wunderbaren Schinkenknochen, steckte ihn dem Hund ins Maul. „Na, da hast du was, und paß ein andermal besser auf."

Der Hund quittierte mit eifrigem Schwanzwedeln den Knochen, knurrte sogleich seine Kollegin an, als wollte er sagen: „Scher dich weg, hat man dir auf die Pfote getreten oder mir?"

Er zog sich mit dem Knochen zurück, die Kollegin – nebenbei auch seine Gemahlin – trieb daraufhin die Enten zornig zum Fluß hinunter.

„Ich sehe unsere Katze schon den zweiten Tag nicht", sagte Esti zu ihrer Mutter in der Küche.

„Mach dir keine Sorgen, die kommt schon wieder, ist'ne geschickte Katze."

Geschickt, geschickt, aber nicht geschickt genug, darüber konnte Karak mehr sagen. Karak, der unter dem Waldrebenstrauch mit etwas Entenklein im Magen von der halben Müllerskatze träumte.

Übrigens hätte er jetzt auch nach Hause gehen können, denn seinen Bau hatten die Weidengebüsche gerettet.

Das Röhricht rauchte noch stark, aber der Rauch war der letzte

Seufzer des Feuers. Dünne Bänder ringelten sich in die Höhe, dann begann der morgendliche Reif zu schmelzen, und die verbliebene Glut vermochte an den glitschigen Schilfrohren keine Nahrung mehr zu finden. Später verwandelte sich der Rauch in Dampf, und als sich die Sonne das Röhricht genau besah, beklagten nur noch abgebrannte Stoppeln und Brandflecke die nächtliche Verwüstung.

Das abgebrannte Schilf gewährte Zutritt und Einblick dort, wo das bisher verwehrt gewesen war. Die Saatkrähen machten Gebrauch davon, und es lohnte sich, denn die angesengten Opfer des Brandes fanden keine Deckung unter den Schilfstümpfen, und die Krähenaugen entdeckten sie leicht.

„Krahkrah!" schrie eine Krähe. „Dort ringelt sich die kaltherzige Schlange, die die Vogeljungen verschlingt!"

Sogleich bildete sich eine Ansammlung von Krähen um die Schlange, die nach einem Ausweg aus dem bedrohlichen Ring suchte. Sie hatte in der Nacht Brandwunden und im Morgengrauen Frostschäden erlitten und wand sich qualvoll. Den ersten Schnabelhieb spürte sie noch, daß vier Krähen sie in vier Teile zerrissen, spürte sie nicht mehr.

„Rahrahrah!" schmetterte die Nebelkrähe und beteiligte sich sogleich am Tauziehen um die leblose Schlange.

Auf den Feldwegen ratterten die Wagen, und in den Wagen blinkten die von der rauhen Erde blankgescheuerten Pflugscharen.

Zwischen den Hinterrädern trotteten Hunde. Dabei hatte Miklós schon zweimal austrommeln lassen, man solle die Hunde nicht mitnehmen aufs Feld, sonst erschieße er sie.

Zuweilen tat er das sogar und verschaffte sich Feinde. Vergeblich erklärte er allen, streunende Hunde könnten die Tollwut einschleppen, außerdem vertilgten sie das nützliche Wild und hätten überhaupt nichts in den Fluren zu suchen.

Die Vernünftigen jagten die den Wagen nachlaufenden Hunde zurück. Aber das taten eben nur die Einsichtigen.

„Warum haben Sie den Hund mitgebracht, Onkel József? Können Sie nicht verstehen, daß es meine Pflicht ist, streunende Hunde zu erschießen?"

„Ist ja nicht mein Hund. Gehört irgendeinem Nachbarn", sagte der eigensinnige alte Bauer.

„Nicht Ihr Hund?" fragte der Jäger und nahm die Flinte von der Schulter.

Er traut sich ja nicht zu schießen, dachte der alte Bauer. Macht sich doch nur wichtig. Mich erschreckt er nicht.

Die Flinte krachte, und Bodri, der Hüter des Hauses, sagte im gleichen Augenblick den Dienst auf.

„Bodri! Du mein guter Bodri!" jammerte der Alte und warf in seinem Kummer die Mütze zu Boden.

„Was jammern Sie? Er gehört doch nicht Ihnen!"

Von nun an existierte der Miklós für den alten József nicht mehr, mochte er sich auch auf den Kopf stellen.

Immerhin wurden nach diesem Vorfall die Hunde auf den Feldern seltener, und wenn doch einmal einer hinter dem Wagen hergelaufen war, tat ihm Miklós nichts. Er sagte dem Bauern höchstens, er solle besser aufpassen, ob er etwa glaube, ihm mache es Spaß, auf Hunde zu schießen; es brauche aber nur einer von einem tollwütigen Hund gebissen zu werden, sogleich würden strenge Verordnungen erlassen, sämtliche Hunde im Dorf müßten dann getötet werden. Und das, meinte Miklós, wollen Sie doch wohl nicht.

An diesem Morgen kam ein Hund so vorsichtig unter dem Wagen mitgeschlichen, daß der Bauer ihn erst bemerkte, als er auf dem Feld angekommen war.

„Du verdammtes Biest, bist du mitgekommen?"

Der Hund duckte sich, bat, flach auf dem Bauch liegend, schweifwedelnd um Verzeihung.

„Und wenn der Jäger kommt? Na, bis dahin paß wenigstens auf den Ranzen auf!"

Das verstand der Hund genau. Der Ranzen! Zauberhafte Wirklichkeit, der wunderbare Düfte entströmten! Er legte sich neben den Ranzen, der Speck und Brot enthielt, außerdem ein Fläschchen Wein. Und der Brave knurrte die Vorbeigehenden an, um die er sich sonst nicht gekümmert hätte. Vielleicht würde er sich – wäre kein Ranzen da – mit ihnen sogar anfreunden. Aber er ist jetzt Wächter und knurrt. Und er verbellte auch die Krähen, denen es gar nicht einfiel, in seine Nähe zu kommen. Aber eigentlich galt sein Bellen nicht einmal ihnen, sondern seinem Herrn: „Ich paß auf, sieh her, wie ich aufpasse. Wenn eine Krähe kommt, zerreiße ich sie. Bitte, du kannst ruhig säen gehen . . ."

„Krahkrah, was willst du bloß von uns?" fragten die Krähen den Hund. „Aber wir wissen schon, daß du auch dann knurrst, wenn es nicht nötig ist, ebenso wie ein Mensch. Davon vergeht jedoch der Hunger nicht."

Dann watschelten sie schweigend in der Furche weiter; plötzlich blickten sie in die dunstige Höhe hinauf, aus der ein Volk Gänse sanfte Rufe zur herbstlichen Wiese hinabsandte: „Liliklilik-gegegaga-lilik . . .“

„Das Gänsevolk ist angekommen“, krächzte eine Graue. „Hoffentlich fliegen sie gleich weiter . . .“

Aber die Wildgänse flogen nicht weiter. Vielleicht waren sie müde, vielleicht gefiel ihnen das leuchtende Grün der Weizensaat, denn der Leitganter gab mit tiefer Kehlstimme einen Befehl, und die Gänse ließen sich herab. In voller Ordnung und umsichtig. Sie umkreisten in großem Bogen den Landeplatz, schauten sich gründlich um, inzwischen verringerten sie die Höhe, und nach dem zweiten Rundflug gingen sie dort nieder, wo ihnen ihr Leittier die Landung befohlen hatte.

Die schwirrenden Flügel ruhten.

„Gaga-gegega“, sagte der Leitganter und blickte streng in die Runde. Die ganze Schar erstarrte, und den fünfzig Paar kalten scharfen Augen blieb nichts verborgen, das Verdacht erwecken konnte.

„Gegege, gegege“, flüsterten die Jungen, und vielleicht fügten sie auch hinzu, hier sei anscheinend immer Sommer, denn die Sonne scheine doch so warm, und die Fluren seien so grün, wie sie sie noch nie gesehen hätten.

Der Anführer machte ein paar Schritte, sagte: „Gaga“, was soviel heißt wie: „Freßt!“

Die ausgehungerte Schar begann die Saat zu pflücken.

Die Wildgänse waren von weither gekommen, hatten viele Länder überquert; in immer weitere Ferne rückten Nest und Heimat, längst vom Schnee bedeckt. Sie kamen vielleicht von Spitzbergen oder aus einer anderen Polargegend, wo der Sommer nur kurze Monate währt. Und wenn bei uns noch herbstlicher Sonnenschein die Fluren wärmt, gibt es in ihrer Heimat bereits so wenig Nahrung und eine so grimmige Kälte, daß es selbst diese harten, dick eingekleideten Vögel nicht aushalten. Um diese Zeit lauert dort nur noch der Eisbär den Robben auf, jagt der Polarfuchs Eidergänse; denn von den Vögeln bleiben nur die zu Hause, die sich nichts aus pflanzlicher Nahrung machen, von Fischen leben und einen noch wärmeren Mantel haben.

Die anderen Wildgänse ziehen im Herbst nach Süden und im Frühjahr wieder zurück. Fast ihr ganzes Leben sind sie auf Wanderschaft. Brüten mögen sie nur dort, wo sie geboren sind, es geht ihnen da wie bei uns den Schwalben und den Störchen. Die Familien halten zusammen, bis die Jungen flugtüchtig werden, vielleicht unternehmen sie auch den ersten Zug gemeinsam, und erst im nächsten Frühjahr, zur Zeit der Paarung, machen sich die Jungen selbständig. Viele Familien reisen meistens zusammen unter der Führung eines erfahrenen alten Ganters, der den Weg nach dem fernen warmen Süden kennt.

„Gege", sagten die Jungen mit vollem Schnabel, „wie süß das Gras ist und wieviel es davon gibt!"

„Daß euch die Pest den Bauch zerfrißt", rief der Mann hinter dem Pflug, „ihr macht mir die schöne Saat zuschanden. Wo steckt jetzt bloß der verflixte Jäger? Gänse sollte er schießen, nicht Hunde!"

Das ist natürlich übertrieben. Der Schaden, den die Gänse anrichten, ist unerheblich. Nur wenn sich jemand mit der Aussaat verspätet hat und die Halme noch zart sind, wenn die Gänse ankommen, kann es passieren, daß sie die schwachen Pflänzlein samt der Wurzel herausreißen. Der Fehler liegt dann aber nicht bei den Gänsen, sondern bei den saumseligen Bauern.

Was aber den Jäger angeht, so würde der bestimmt gern einige von den schönen Vögeln erledigen, nur gelingt das nicht immer, denn die alten Gänse sind auf der Hut und kennen den verdächtigen Menschen nur zu gut. Die Leitganter haben schon manche Schlacht erlebt und genug Schrotkörner vorbeisausen hören, wobei der eine oder der andere Verwandte ausbrach und hart auf die Erde schlug. Ein solches Unglück trifft sie aber nur dann, wenn sie sich für die Nacht auf das große glatte Wasser hinablassen oder im Morgengrauen wieder auf die Saaten hinüberwechseln. Ihr größter Feind ist um diese Zeit der Nebel. Im Nebel sieht auch die Gans nichts und fliegt niedrig, um den Boden nicht aus den Augen zu verlieren. Der Jäger gräbt sich dann ein Loch oder versteckt sich im Schilf, und in der Dämmerung, die abends und morgens die Erde verhüllt, kracht und blitzt es. Die aufs Korn genommene Gans erblickt ihre nördliche Heimat nie wieder. Groß ist auch die Zahl der Verwundeten, die sich wieder erholen oder später zugrunde gehen und den geflügelten oder vierbeinigen Räubern zur Beute fallen.

Ein heller Sonnentag ist ungeeignet zur Jagd auf Wildgänse; zumindest für Menschen, nicht aber für Falken, Adler und Habichte. Gegen die gibt es keinen Schutz. Sie kommen wie der Blitz, sie sehen und fliegen besser als die Gänse, davon leben sie. Zwar gibt es nur wenige von ihnen, doch ziehen sie, mit Ausnahme der Habichte, zur gleichen Zeit wie die Gänse gen Süden und folgen ihrem gedeckten Tisch.

Ja, das ist ein Kampf, der nie ein Ende hat, solange die Gänse leben. Wenn sie auf den nördlichen Vogelbergen, den kahlen Inseln und in der eintönigen Welt der Tundren mit fröhlichem Geschnatter aufbrechen nach dem Süden, denken sie nicht daran, daß Tausende von ihnen wohl die Fülle der südlichen Länder, nicht aber ihre Heimat wiedersehen.

Und die Verluste sind desto größer, je länger der Winter anhält und je länger der Weg ist. In einem milden Winter, wenn keine dicke Schneedecke die Saaten zudeckt, überwintern die Wildgänse bei uns. Wenn aber ein kalter Winter die Speisekammer verschließt, müssen sie weiter südwärts fliegen in Länder, wo es keinen Schnee gibt. Dann ist die Reise um einige hundert Kilometer länger, und die längere Reise birgt größere Gefahren.

Die geflügelten Räuber folgen den Gänsescharen, und die Jäger warten auf die Heimkehrenden. Aber die Gans ist wie ein gutes Pferd, das es nach seinem Stall zieht, sie eilt nach Hause. Im Februar und im März krachen die Flinten nur noch kurze Zeit. Die Sehnsucht, ein Nest zu bauen, treibt die Gänse an, die Anziehungskraft des Landes, wo sie geboren wurden. Dort kracht keine Flinte, weil es keine Menschen gibt; in den endlosen Gebieten des Polarlandes müssen sie nur an die Schnee-Eule, die Falken des Nordens, an den Polarfuchs, das Hermelin und den Otter Blutzoll entrichten.

Hier aber, bei den grünen Saaten, war die Gegend freundlich, die Sonne schien warm, herbstliche Stille lag über der Flur; was konnte schon passieren? Die Unverschämtheiten der Nebelkrähen kümmerten sie nicht, ihre Schwingen waren gut, die Mägen voll, das Leben also herrlich, voller Freude. Aus der Höhe hatten sie den großen Fluß und weiter entfernt die großen Teiche gesehen, es war also auch für Nachtquartier gesorgt. Die kleinen Boote machten ihnen keine Sorgen, solche und viel größere Schiffe gab es auch in ihrer Heimat und bedeuteten für sie keine Gefahr.

Die kleinen Boote machten Jagd auf Robben, die großen Schiffe auf Wale, die fast so groß waren wie das Schiff, und doch unterliegen mußten, denn auf den Schiffen regierte der Mensch, er war der Stärkere.

Im Boot auf unserem Fluß ruderte Jani Petrás, der Fischer, und Miklós war sein Passagier. Sie hatten das abgebrannte Röhricht besichtigt und sich beruhigt, es würde im Frühling um so schöner grünen. Jetzt aber besahen sie sich die Reusen. Gerade wenn sich der Fisch in größter Sicherheit wähnt, spaziert er in solch eine Falle hinein.

Die Reuse hat zwei Flügel, zwei Öffnungen und einen Käfig. Die Flügel sind durch Pflöcke am Grund befestigt, nahe dem Ufer, wo die Fische am liebsten Käfer jagen, die Wasserpflanzen abtasten und in ihnen wühlen. Sie tasten freilich auch die Flügel der Reuse ab, die genauso weich wie die Algen sind. Das Geflecht gibt aber nicht so nach wie die Algen, deshalb schwimmt der ahnungslose Fisch so lange daneben her, bis er zum engen trichterförmigen Hals der Reuse gelangt, hinter dem wieder freier Raum zu sein scheint. Aber der Schein trügt.

Nur noch durch diesen engen Schlund, denkt der Karpfen, und wenn er sich hindurchgezwängt hat, steckt er drin im Käfig, denn die Öffnung schließt sich hinter ihm, und nun kann der Fisch endlos im Kreis herumschwimmen, bis Jani kommt und ihn aus dem Sack holt.

Die Reusen waren um diese Zeit meist leer.

„Die Fische schlafen schon. Mit dem Reusenfang ist es vorbei", sagte Jani und schob die Netze ans Ufer. Dort sollten sie trocknen und dann nach Hause gebracht werden; ins Wasser würden sie erst wieder im Frühling kommen.

Miklós zog nachdenklich an seiner Pfeife.

„Die Gänse sind angekommen, genau fünfzig sind es." Er zeigte mit dem Pfeifenstiel zum Himmel hinauf.

Jani mühte sich am Ufer mit dem Netz ab, schüttelte es, aber plötzlich blieben seine Augen an etwas haften. „Komm heraus, Miklós, ich zeig dir was!"

„Was ist es denn? Ich möchte nicht gern im Schlamm herumsteigen."

„Ich zieh das Boot an Land, komm nur, es lohnt sich!"

Jani faßte die Kette, und das Boot rutschte mit dem Bug aufs Ufer.

„Das sieh dir an!"

Ein schöner Karpfen lag am Ufer, den ein Biß hinter den Kopf getötet hatte. Ringsumher lagen ein paar Schuppen verstreut.

Miklós schob die Mütze aus der Stirn.

„Hm, ja, ich sehe schon. Nun sag mir um alles in der Welt, was soll ich tun? Ich kenne dieses Wasser wie meine Hand, kenne das

Ufer und die ganze Umgebung und muß zugeben, daß ich machtlos bin. Vielleicht im Winter."

„Kann sein, daß er sein Lager an einem Ort hat, an den wir einfach nicht denken."

„Wer weiß. Ich werde schon noch dahinterkommen ... Ein schöner Fisch, ziemlich dick."

Jani winkte ab.

„Nimm ihn mit, ist ja noch ganz frisch. Höchstens seit ein paar Stunden an Land."

„Aber dann fahr mich ans andere Ufer hinüber."

„Aha", sagte Jani und lächelte dazu.

Er wußte nur zu gut, daß früher oder später auch Fischer ins Netz und Jäger in die Falle gehen.

Das Wasser plätscherte, sicher wollte es etwas sagen. Aber wer versteht schon sein Gerede. Jani nicht und Miklós auch nicht. Hätten sie es verstanden, würde ihnen das Wasser verraten haben, daß aus dem Bodenfenster der Mühle die Müllerin schon eine ganze Weile die beiden jungen Männer beobachtete.

Was machen die dort? überlegte sie. Trinken sie? Nein. Sie besehen etwas.

Die Müllerin war nach Futtergetreide auf den Boden gestiegen und hatte zum Fenster hinausgeschaut, durch das man eine weite Sicht hatte. Neunundneunzigmal sah sie nichts als die gewohnte Landschaft, aber beim hundertsten Mal erblickte sie dann doch etwas Sehenswertes, über das man reden konnte.

„Der Doktor ist im Wagen vorbeigefahren, er hat den Kopf hängen lassen. Man sagt, er spielt ganze Nächte Karten mit dem Pfarrer. Schafe hat man ins Dorf getrieben, wir könnten ein, zwei Lämmer gut gebrauchen, würden sie aufziehen ... In meiner Mädchenzeit haben wir gesponnen und gewebt."

Aber jetzt, jetzt lohnte es sich wirklich hinauszuschauen!

Die Küche war unaufgeräumt, gebrauchtes Geschirr stand zuhauf, in der Stube lag alles wirr durcheinander wie auf dem Markt. Wenn es den beiden Männern jetzt einfiel herzukommen – ein Gedanke, bei dem es einem schwindlig werden konnte. Sie nahm schnell den Korb und eilte, ohne ihn gefüllt zu haben, die steile Treppe hinab.

„Miklós und Jani kommen", flüsterte sie Esti zu.

Kissen, Schuhe, Kamm flogen, Brennholz in den Herd, Wischtuch über die Schnapsgläser, der Besen über den Fußboden wie der Blitz.

„Deine Haare! Kneif dir ein bißchen ins Gesicht, siehst ja aus wie der reinste Sauerteig. Hier, nimm die weiße Schürze. Tu Fett in die Pfanne, laß sie sich in der Stube hinsetzen! Ich komme dann auch hinein ..."

Damit sprang die Müllerin auch schon aus der Tür hinaus und verschwand in Richtung Stall.

Esther schloß das Fenster, als die beiden Männer aus dem Boot stiegen und auf die Mühle zugingen.

„Gehört sich das, so früh hinzugehen?" fragte der Jäger besorgt. Der Fischer beruhigte ihn: „Geradeso ist es richtig. Jetzt kannst du wenigstens sehen, wie es bei ihnen aussieht, wenn sie nicht alle Ecken dir zu Ehren saubergefegt haben." Er klopfte energisch ans Küchenfenster.

„Darf man Ihnen einen schönen guten Morgen wünschen?"

„Oh", rief Esti mit rotem Kopf, „es ist noch so unordentlich bei uns – aber wer denkt auch um diese Zeit an Besuch?"

„Ich sagte es ja", antwortete Miklós schüchtern und verschlang das Mädchen mit den Augen. „Aber dieser Fischer ist ein Gewaltmensch."

„Bitte kommen Sie herein, aber umsehen dürfen Sie sich nicht."

Die Küche glänzte, die Stube war gelüftet und angenehm warm. Auf den Fensterscheiben spielten die Sonnenstrahlen. Estis Schürze war blitzblank, die beiden kräftigen Arme, wie sie den Schnaps einschenkte, sich drehte ...

„Bitte ... Nein, ich trinke nicht, ist mir zu stark." Trotzdem schluckte Miklós mit abwesender Miene den Schnaps. Die Ordnung, die Sauberkeit, das traute Heim, die Verheißung der Zukunft.

„Na, hör mal, du Mädel!" rief die Müllerin schon in der Tür. „Was wird man von dir sagen! Nicht aufgeräumt, nichts in Ordnung, nur so zusammengerafft ... Aber wir sind mitten in der Arbeit. Schenk ein, Esti, Männer nehmen gern einen am Morgen."

„Aber nur einen, versteht sich", sagte der Jäger und stand höflich auf, denn es kam der Hausherr, schüttelte den Gästen die Hände, nahm den mißbilligenden Blick seiner Frau nicht zur Kenntnis, schenkte die Gläser wieder voll und stieß mit Miklós und Jani an.

„Na, ihr zwei, trinkt mal noch einen! – Rasch, Esti, schlag ein paar Eier in die Pfanne, eh wir verhungern."

„Wir sind ja nicht deswegen gekommen", wehrte der Fischer ab. „Machen Sie sich doch keine Mühe."

„Du wirst hier nicht gefragt! – Esti", rief er dem Mädchen in die

Küche nach, „sieh doch mal nach, ob nicht noch ein Stück Wurst im Rauchfang hängt."

Draußen auf dem Wasser schaukelte unterdessen das Boot, plätscherten hin und wieder Wellen um die Planken. Als sich die beiden verabschiedeten, waren die Schatten schon recht kurz. Die Müllersleute standen am Ufer, Jani ruderte, und Miklós lüftete mit weitausholender Geste die Mütze.

Von der Mitte des Flusses schauten sie zurück. Esti war noch da und winkte mit der Schürze.

Miklós winkte zurück und beugte sich geradezu beängstigend weit über den Bootsrand.

„Paß auf, ich zieh' dich nicht 'raus, wenn du ins Wasser fällst. Übrigens, das eine kann ich dir sagen, es sind prima Leute. Wenn überhaupt, hier kannst du ruhig einheiraten."

Miklós schwieg versonnen.

Esti kam in etwas mondsüchtigem Zustand in die Küche. Ihre Mutter hatte das Fenster weit aufgerissen.

„Haben mir die Stube vollgepafft! Und du", sagte sie dann mit einem Blick auf die Tochter, „bist ihm ja fast nachgesprungen ins Wasser. Winken kann man ja, gut und schön, mit einem Taschentuch oder mit der Hand, aber doch nicht gleich mit der ganzen Schürze! Morgen spricht das ganze Dorf von nichts anderem."

„Als hätten sie keine anderen Sorgen", sagte der Müller.

„In meiner Mädchenzeit . . . Aber du bist nicht von meinem Schlag."

„Hör doch schon auf, Marie", knurrte der Müller. „Von wessen Schlag soll sie denn wohl sein? Wer hat schon solchen Unsinn gehört! Laß das Mädchen in Ruh! Miklós ist ein ordentlicher junger Mann, und damit basta."

Verdrossen ging er aus der Küche. Er konnte also nicht sehen, daß Esti, den Kopf in den Armen vergraben, am Tisch saß und weinte. Ihre Mutter lief gleich zu ihr hin.

„Nicht doch! Mach keinen Unsinn! Ich hab' das ja nur so gesagt, wenn ich keine Geschichten mache, krieg' ich den Vater nicht weg von der Schnapsflasche. Miklós hat einen schönen Fisch mitgebracht."

„Einen Fisch!"

„Ja. Übrigens hat Vater recht, Miklós ist ein tüchtiger Kerl und ein gutaussehender Mann. Nur weiß ich nicht, ob er den Fisch gebraten oder lieber in der Suppe mag?"

„In der Suppe", schluchzte Esther. „Mit viel Zwiebeln und ein wenig Weißwein."

Der „ordentliche junge Mann" benahm sich sehr still im Boot. Die Jacke offen, das Hemd offen, das Herz offen. Vom Himmel strahlte mittägliche Sonnenglut auf ihn herab. Er sagte kein einziges Wort, war so still wie eine kranke Krähe auf dem Baum, aber sein Gesicht spiegelte das Glücksgefühl wider.

Das Boot glitt an der alten Espe vorbei, auf der die zittrigen Blätter schütter geworden waren. Aber sie brauchte auch keine Blätter mehr, der Frost schnürte ihr schon die Wurzeln ab, die Säfte wurden dick, die Wurzeln saugten nicht mehr und schickten keine Nahrung in die Zweige hinauf. Der Kreislauf stand still, und unter der Rinde ringelte sich ein neuer Jahresring um die vielen alten. Müde war der alte Baum, er atmete nicht und wollte schlafen. Er entließ seine Blätter, das rauschende Laub, seine Lunge, die im Winter erfrieren würde, da die Sonne sich langsam abwandte und die alte Espe erst im Frühjahr mit ihren warmen Strahlen wiedererweckte. Der alte Baum hatte keine Angst vor dem Winter; der Winter hielt das Ufer mit starker Hand zusammen, die Wurzeln rissen nicht unter seinem Griff, ein Sturz ins Wasser drohte nicht. Angst brauchte sie nur vor dem Frühjahr zu haben, vor dem Hochwasser, das die Erde ringsum weich machte wie Sülze. Das war die Zeit, wo sein riesiges Gewicht den Baum zum Wasser hinzog. Dem Winter sah die alte Espe unbesorgt entgegen.

Viele andere harrten, wenn auch weniger unbesorgt, in der Heimat aus. Karak zum Beispiel war das Sommerfell schon ausgegangen; es ist für den Winter zu dünn. Nun wuchs ihm der neue Pelz, sein Rücken war schon mit Flaumhaaren überzogen, darüber würden sich nun bald die Deckhaare legen, die dann dem Frost ein Schnippchen schlagen. Erst im Winter hat der Fuchs ein wirklich schönes Fell, nur dann lohnt es sich, ihn zu schießen, sagen die Jäger. Karak allerdings hielt das für eine verwerfliche Sitte.

Die wärmsten Mäntel sind aus Federn, und mit denen kommen die Wanderer aus dem Norden, die Wildgänse, an. Auch wenn die Teiche zufrieren, werden sie von den Gänsen als Nachtquartier benutzt; sie lassen sich auf den harten Eisspiegel genauso hinab wie auf den weichen Wasserspiegel. Dann ziehen sie ihre Füße zwischen das Gefieder, verstecken den Kopf unter dem Flügel und schlafen, nur wiegt sie das Wasser nicht. Das Eis mag tun, was es will – krachen, dick werden –, nichts stört die Gänse. Schließlich gibt es nach, denn wenn sich am Morgen das Volk in die Luft erhebt, bleiben so viele kleine Kuhlen auf dem Eis, wie Gänse darauf geschlafen haben. Ihr warmer Körper formt die Kuhle während der Nacht. Die Gänse sind abgehärtete Reisende, die Ofen und Bettdecke mit sich nehmen, alles steckt in ihrem dichten Federkleid. Es ist auch nicht die Kälte, die sie veranlaßt, nach dem Süden zu fliegen, sondern der Schnee, der mit der Kälte einhergeht und ihnen die Saaten zudeckt; dann müssen die Gänse so weit fliegen, bis sie irgendwo eine offene Speisekammer finden.

Leicht haben es Schwalben, Störche und Wildgänse. Doch was sollen die Nagetiere mit ihren kurzen Beinen machen? Die Mäuse, Ziesel, Eichhörnchen, Maulwürfe, Hamster, Murmeltiere – sie können nicht Tausende Kilometer weit wandern und verkriechen sich also, so gut sie können. Ein Teil flüchtet in Ställe und Scheunen, sogar in die menschlichen Behausungen, in Keller und auf Böden. Die Feldbewohner verziehen sich in ihre unterirdischen Quartiere, die sie mit zernagtem Stroh rechtzeitig tapeziert haben.

Am schädlichsten unter ihnen ist der Hamster. Dieser geizige dickwanstige „Hamsterer" gräbt sich seinen Bau ein bis zwei Meter tief und richtet für seine werte und fette Person ein passendes Schlafzimmer her. Dort aber duldet er kein anderes Lebewesen, nicht einmal eine Hamsterin und ihren hoffnungsvollen Nachwuchs. Aus dem Schlafraum gehen kleinere Säle ab, die ein genaues Bild von der Persönlichkeit des Hamsters geben. In einem solchen hochherrschaftlichen unterirdischen Palast könnte man sich Kunstschätze vorstellen, Juwelen und Statuen, Gemälde, die Schlachtenszenen der Hamsterhelden darstellen. Doch dieser mürrische Geizhals sammelt keine Kunstgegenstände, und vielleicht hat er auch nicht einmal so ganz unrecht.

„Nur was wir fressen, gehört uns ganz", schnauft er und bettet sorglos seinen Kopf mit den umfangreichen Backentaschen zum Winterschlaf. Zuvor aber verstopft er die Eingänge und mustert die in den kleineren Räumen angehäuften Vorräte.

Wird ja wohl reichen, sagt er sich, kratzt sich den dicken Bauch und nimmt ein Weizen-, Gersten- oder Maiskorn ins Maul. Dieser stets ums Fressen besorgte Hamster ist imstande, hundert Kilo Getreide einzulagern, und wenn dann das Wetter milder wird und der knurrende Magen den unfreundlichen Burgherrn weckt, frißt er, bis ihm die Hose wieder stramm über dem Bauch sitzt, und schläft weiter. Da jedoch ein Doppelzentner Getreide einen ansehnlichen Wert darstellt, muß der Hamster mit dem Menschen rechnen, der seinen Bau erspäht, die Speichertür aufbricht und ihm die reichen Vorräte wieder wegnimmt – ihn ausraubt; so denkt zumindest der Hamster. Wenn über der Erde der Winter seine grausamen Tänze aufführt, der Wind auf seinem Wolkendudelsack pfeift, den Schnee aufwirbelt und Laufdisteln – hierzulande nennt man sie Teufelskarren – wie Geister von Irrsinnigen vor sich her treibt, herrschen unten im Reich des Hamsters Wohlstand und Friede.

Wer hat es gern, wenn er im Schlaf gestört wird? Wer wird nicht böse, wenn man in seine Speisekammer einbricht? Deshalb beißt einem der Hamster, wenn man ihn ausgräbt und dabei nicht aufpaßt, häßliche tiefe Wunden ins Bein.

Ähnlich lebt im großen und ganzen der Ziesel. Mäuse dagegen schlafen nur in sehr harten Wintern und kurz. Sie steigen, sobald es irgend geht, an die Oberfläche und beschädigen in ihren Tunneln unter dem Schnee die Saaten. Zuweilen wagt sich ein kühner Mäuserecke sogar auf die Schneedecke, was beinahe einem Selbstmord gleichkommt, denn die Raubtiere schätzen im Winter Mäusefleisch als allerfeinste Nahrung. Der Fuchs schießt wie ein Pfeil in die Richtung, wo er das Piepen hört, und auch die geflügelten Ritter schnappen sich den leichtsinnigen Helden vom Schneefeld weg.

Murmeltiere sind solchen Gefahren nicht ausgesetzt. Sie sind richtige Siebenschläfer, von Oktober bis in den April schlafen sie in Baumhöhlen, Felsspalten und verlassenen Vogelnestern, die sie sich für den Winter einrichten. Sie sind zumeist Waldbewohner, nicht eben zahlreich, und weichen dem Menschen so vorsichtig aus, daß er ihnen höchst selten begegnet.

Um so besser bekannt ist uns der lustige Springkünstler mit dem buschigen Schwanz, das Eichhörnchen, dem wir überflüssigerweise unsere Liebe schenken. Wo nämlich die Eichhörnchen zahlreich sind, verschwinden die Singvögel. Der büschelohrige Clown ist ein ganz gewöhnlicher Nesträuber und Vogelmörder. Vitamine hat er auch nötig und verputzt Obst, Nüsse, Eicheln und allerlei Körner, ja sogar die weichen Fasern unter der Baumrinde. Bei seiner Lebendigkeit verträgt er keinen langen Schlaf und bleibt nur an sehr unfreundlichen Frosttagen in seinem bequemen, gefütterten Nest, das er entweder selbst gebaut oder einem größeren Vogel weggenommen hat. Die Sammelleidenschaft ist dem Eichhörnchen auch eigen; nur verwahrt es seine Vorräte in verteilten Speichern, die es in hohlen Bäumen anlegt. Knickerig ist es, aber nicht klug. Es vergißt leicht eine seiner Vorratskammern, und dann passiert es, daß aus der Höhle in einer Buche die Haselnußrute ihre samtenen Blättchen herausstreckt. Das Pflänzchen denkt eine ganze Weile darüber nach, ob es Buche oder Haselnuß ist, bis dann die Feuchtigkeit des Schneewassers versiegt und aus ihm weder das eine noch das andere wird. Das geschieht meistens im Frühling, wenn das Eichhörnchen auf den elastischen Zweigen der knospenden Bäume seiner jungen Frau Trapezkünste vorführt.

Einstweilen ist es aber erst Herbst. Eben sind die Gänse angekommen, und in den Ackerfurchen laufen noch Mäuse und Ziesel umher zur großen Freude der Krähen, Habichte und Bussarde, und der Hamster hat eben erst begonnen, sein Burgtor zu vermauern.

Karak konnte es kaum erwarten, daß der Tag zu Ende ging; der fremde Platz mit seinen Geräuschen machte ihn unruhig.

Die Mühle war nicht weit, und die dunstige Luft brachte das Hundegebell so nahe, daß er fast aufgesprungen wäre, obgleich er wußte, daß kopflose Flucht am hellen Tag töricht ist. Doch die Sonne begann zu sinken, die Schatten wurden länger, und als eine Maus raschelnd an ihm vorbeispazierte, packte er sie.

Karak leckte sich die Lefzen und stellte fest, daß seine Wunden im Heilen begriffen waren. Dabei fiel ihm die Katze ein und das Röhricht, und sobald der erste Stern zu blinzeln begann, schlug er den Weg nach seinem alten Zuhause ein. Vor allem würde er die halbe Katze verspeisen und dann ... Karak machte lieber keine Pläne, er war kein Phantast, er liebte Tatsachen, tunlichst in der Gestalt einer Ente, einer Gans oder auch eines Junghasen.

Über dem Wald machte sich die Dämmerung breit, die braunen Furchen auf den Feldern bekamen dieselbe Farbe wie die grünen Saaten. Der warme Dunst der Äcker war verflogen, ohne Nebel zu bilden, und der klare Himmel verhieß eine kalte Nacht.

Als Karak zu der Stelle kam, wo die Gänse gelagert hatten, seufzte er und duckte sich einen Moment. Aus den Spuren stieg verlokkend der angenehme Geruch dieser schönen großen Vögel auf. Gänse waren allerdings nirgends mehr zu sehen, nur in der Erinnerung lebten zufällige Begegnungen mit angeschossenen Gänsen, die weitab vom Wasser kläglich zugrunde gingen. Ein Schrotkorn ist keine Kugel, die trifft oder nicht trifft. Die Bleikügelchen fliegen zu Hunderten in einer Wolke, und wenn das Wild in die Mitte dieser Wolke gerät, ist es aus mit ihm. Doch wenn es am Rande nur einige Körner abbekommt, fliegt es weiter mit der Wunde, an der es, wenn sie nicht ausheilt, später qualvoll stirbt.

Ein weidgerechter Jäger weiß, wie weit seine Flinte trägt, und experimentiert nicht mit Rekordschüssen in der Meinung, vielleicht dringe dem Wild doch ein verirrtes Schrotkorn ins Herz oder in den Kopf. Der gute Jäger weiß, daß das Wild von der Schrotwolke, die so groß wie ein Laken ist, fast immer ein, zwei Körner abbekommt und furchtbar leidet, bis es zugrunde geht. Verkrampft hockt es in der eiskalten Nacht, während der gewissenlose Jäger im geheizten Zimmer beim gemütlichen Umtrunk höchstens sagt: „Die verflixte Gans ist mir davongeflogen, dabei hat sie gezuckt."

Davongeflogen ist sie, aber nicht weit, und jetzt schaut sie mit fiebrigen Augen in die Nacht, in der das Ende lauert. Der Fuchs, der ihren raschen Tod herbeiführt, ist dann fast so etwas wie ein Erlöser.

Erlöserabsichten hat Karak allerdings nicht. Er will fressen, sonst nichts.

Das verbrannte Röhricht sah jetzt ganz anders aus. Es war nicht ratsam, einfach hineinzurennen in die veränderte Umgebung.

Karak witterte. „Was ist das für ein angenehmer Duft?" Er kannte den Geruch gebratenen Fleisches noch nicht, grub aber ohne Bedenken die unter dem Erdhaufen angesengte Kröte aus. Nach krötischer Berechnung wäre der Erdhaufen ein tadelloser Platz gewesen, auf den Frühling zu warten. An ein Feuer konnte die Kröte nicht denken, und so wurde sie ordentlich gebraten. Karak fand das richtig und schlug mit angefülltem Bauch und Selbstgefühl den Weg nach seinem Bau ein. Sehr vorsichtig schlich er die alte Fährte entlang, die unverändert geblieben war, die feuchten Büsche hatten sie vor dem Feuer bewahrt. Die wehende Nachtluft trug ihm keinerlei gefährliche Witterung zu, und Karak schlüpfte beruhigt in seinen Bau. Die Katzenreste lagen da, wo er sie gelassen hatte. Karak fraß langsam, denn noch immer tat ihm die Schnauze weh, aber auch so dauerte die Mahlzeit nicht lange, und er sah sich um, als suche er noch etwas. Das war aber nur eine Angewohnheit, denn es fand sich nichts Freßbares mehr.

Lutra merkte, daß sein Wasserfenster heller wurde, beeilte sich aber nicht. Verschiedenes dämmerte in seiner Erinnerung: das zarte Fleisch der Müllersente, die Ruderschläge eines Bootes und die Wildgänse. Deren Schreie erregten ihn nicht sonderlich. Die Wildgänse nächtigten offenbar anderswo, auf dem Fluß waren sie nicht niedergegangen; der war ihnen wohl nicht breit genug, das Ruhen auf dem fließenden Wasser nicht sanft und auch nicht gefahrlos genug. Sie brauchten zur Nachtruhe ein großes stehendes Wasser, mochte es auch Wellen schlagen, das Ufer aber mußte weit und jede Überraschung ausgeschlossen sein.

Der Reiher sah von der großen Espe aus genau, wie der Otter ins Wasser tauchte, aber seine Augen verrieten kein Interesse, sie blickten fast ebenso tot wie die Glasaugen der zu ewiger Reglosigkeit verdammten Reiher im Museum. Lutra schwamm tief unter ihm im Wasser und zählte daher überhaupt nicht.

Die Mühle hatte seit gestern eine besondere Anziehungskraft für Lutra, wenn ihm Fisch im allgemeinen auch besser schmeckte als Ente. Seitdem es aber kalt geworden war, fiel es selbst dem Otter nicht leicht, die Schlammnester der Karpfen aufzustöbern. Leichter schien es ihm, an die Enten heranzukommen.

Bei der Mühle rauschte an diesem Abend nur das Wasser, das unentwegt sein endloses Laken unter dem großen Rad wegzog. Die Fenster leuchteten nicht, und das brummende Mahlen der Steine war nicht zu hören, als wäre das Mahlwerk am honigfarbenen Weizen erstickt.

So hungrig war Lutra nicht, daß er sein Glück bei den Ratten um die Mühle versuchen wollte. Überhaupt machte er sich nicht viel aus Rattenfleisch, und vom Tag zuvor lag ihm noch der teerige Geschmack des Nagers im Maul. Am wenigsten liebte er Gesellschaft bei der Jagd, und eben hatte er die dickliche Gestalt Hus auf dem Mühlenschornstein entdeckt. Er sah auch, wie sich die Eule reckte, sich abstieß und langsam über der Welle des großen Rades niederschwebte. Es folgte ein entsetztes Quietschen. Lutra hielt im Schwimmen inne; er konnte nichts Genaues erkennen, wohl aber das Gedrangel im Dunkeln hören.

Hu hat gefehlt, dachte er. Ja, so eine Ratte ergibt sich auch mir nur schwer, sie beißt, solange man sie beißen läßt.

Der Otter wartete. Er sah die schlagenden Flügel Hus, sah, wie sich ein großes Tier in ihren Fängen wand. Fast verspürte er Lust, sich als siegreicher Dritter in den Kampf einzumischen, doch die Welle lag hoch über dem Wasser, und es war auch aussichtslos, von der Eule nicht gesehen zu werden. Übrigens schien der Kampf seinem Ende entgegenzugehen. Hu nahm einigemal Schwung, um die Ratte hochzuheben, aber es wurde nur ein klägliches Zerren daraus.

Die Ratte, ein altes gefährliches Männchen, war zu schwer und lebte noch. Ja, die Ratte lebte mehr, als die Eule dachte, denn sie vermochte sich mit einem letzten verzweifelten Ruck aus Hus Krallen zu befreien und – halb fallend, halb springend – im schwarzen Wirbel unter dem Rad zu verschwinden. Die Eule schwang sich – ziemlich zerzaust – auf ihren Wachposten, den Schornstein, hinauf; dann war sie mit dem Glätten ihres Federkleids beschäftigt.

Der Wirbel drehte das halb ohnmächtige Rattenmännchen herum und stieß es in die Strömung des Flusses hinaus, wo Lutra auf die leichte Beute wartete.

Nein, von Streiten und Widersetzen konnte keine Rede mehr sein. Diese Ratte war nicht geteert, Lutra schnappte nach ihr wie ein verspielter Hund nach einem Flederwisch und schwamm mit ihr hinaus auf den glatten Stein, den Tisch seines Entenmahls. Er fraß ein paar Bissen ohne Eile, aber als die Ratte vom Stein ins Wasser rutschte, sah ihr der Otter nach, ohne eine Pfote zu rühren.

Wozu sich auch bemühen. Der Mond war eben erst aufgegangen, die Nacht noch lang. Die Luft war still und rein, die Hunde des Müllers bellten nicht, das Mühlrad schaufelte das Wasser nicht, das Haus lag in tiefem Schlaf und träumte vom vergangenen Sommer.

Lutra lief am Ufer entlang, bog im Schatten zum Haus ein, schlüpfte neben dem Brennholzstapel durch den Zaun und schlich zum Entenstall.

Er blieb immer wieder stehen, witterte, seine Sinne waren gespannt wie ein Bogen, doch weder Ohr noch Nase und Auge verrieten ihm etwas. Auf die Witterung war kein Verlaß, da sich auf dem Hof Stall-, Misthaufen-, Hunde-, Geflügel- und Rauchgeruch vermischten. Kein verdächtiger Laut war zu hören, nur das Wasser rauschte gleichmäßig unter dem großen Rad. Sonst regte sich nichts.

Als Lutra ans Ende des Holzstapels kam, erstarrte er. Irgendeine fremde Spannung vibrierte in der Luft. Der letzte Augenblick vor dem Absprung feindlicher Muskeln, Sehnen und Zähne. Lutra dachte ans Wasser, den einzigen Fluchtweg, und drehte sich geräuschlos um. Da sprang der große Hund hinter dem Holzstapel hervor.

Lutra war schon auf halbem Weg zum Wasser, doch als ihn der Hund erreichte, hatte er sich bereits wieder umgedreht und biß dem Angreifer in den Unterkiefer. Im nächsten Augenblick wich er zurück und schlängelte sich geschmeidig davon.

Der Hund heulte vor Schmerz und röchelte vor Wut. Er sprang hinter Lutra her.

Um der Wahrheit die Ehre zu geben, der Hund hatte nicht dem Otter aufgelauert und mußte erst den Nachteil wettmachen, überrascht worden zu sein. Der Schrei des Rattenmännchens hatte ihn hinter dem Strohschober hervorgelockt, wo er sich für kalte Nächte ein Lager vorbereitete, und als er herbeigesprengt kam, mischte sich in die Hoffnung auf leichten Sieg eine gehörige Portion Schreck und Schmerz. Lutra war ein Riese unter den Ottern.

Der zweite Zusammenstoß erfolgte hart am Wasser und währte nicht lange. Das quietschende, röchelnde, hechelnde Knäuel stob auseinander wie zerrissen. Lutra ließ sich rücklings ins Wasser fallen, der Hund hob heulend sein gebissenes Bein.

„Was ist los? Was gibt's denn?" Schnaufend eilte der kleinere und dickere Hund herbei.

„H-a-u, hua!" Der Große zeigte sein wehes Bein und wollte wütend wissen, wo der andere denn gesteckt habe, zu zweit hätten sie den Feind erledigen können.

Die kleine Hündin beroch und beleckte die häßliche Bißwunde.

„Wird schon gut werden. Ich bin gerannt, was ich konnte, aber ich war gerade auf einer Fuchsfährte."

Da ging geräuschvoll die Haustür auf, der Müller erschien, verschlafen, aber mit dem Gewehr in der Hand. Die Waffe wollte gar nicht zu den langen engen Unterhosen passen.

„Was treibt ihr denn?"

Der kleine Hund wedelte mit dem Schwanz und illustrierte ausgiebig das Geschehene, während der Rüde humpelnd zu seinem Herrn ging, sich setzte und ihm einfach die blutende Pfote hinstreckte.

„Kommt herein!"

Drinnen ging das Licht an. Der Müller wusch die Wunde aus und besah sie sich aufmerksam. „Au!" machte der Hund und zeigte auch mit dem Schwanz an, wie weh es ihm tat.

„Heul nicht! Das war der Otter! Der hat dich tüchtig gebissen, das kann man wohl sagen. Zeig mal deine Schnauze. Aha, der hat's dir gegeben."

Der Müller holte die Jodflasche und ein Stück Leinen. Beide Hunde zeigten durch ständiges Schwanzwedeln, wie einverstanden sie mit dem Vorgehen ihres Herrn waren.

„Zeig her! Nicht wegziehen, sonst kriegst du eins. Hättest dich bei der Schlägerei besser halten sollen! Hast du keine Ahnung, was ein Otterfell wert ist?"

Nein, der Hund kannte die Otterfellpreise nicht. Er winselte leise, zeigte aber mit seinem Gewedel zugleich an, daß es so besonders schlimm nicht sei.

„Jetzt wirst du erst richtig winseln", versprach ihm der Müller und tropfte Jod auf die Leinwand. Den nach Jod stinkenden Lappen würde der Hund nicht abreißen von der Wunde.

„Her mit der Schnauze!" Der Müller hob den Unterkiefer hoch, und der Hund schloß die Augen, womit er wohl sagen wollte: Komme, was kommen muß.

„Na, marsch hinaus", sagte der Müller und blies die Lampe aus.

Betyár, der Rüde, hatte nichts Eiligeres zu tun, als nach dem dicken Verband zu langen, aber der für Hunde fürchterliche Jodgeruch ließ ihn zögern.

„Mach's weg", sagte er zu seiner Frau. Die dickliche Maros war bereit, ihrem Mann die Wunde sauber zu lecken, aber der Jodlappen schreckte auch sie ab.

„Mir dreht sich der Magen um. Was tut man da?"

Da saßen die beiden Hunde im Mondschein in der nach Jod riechenden Nacht und wußten nichts mit sich anzufangen.

Ratlos war auch Lutra, eine Weile wenigstens, als er im wirbelnden Wasser neben der Mühle untertauchte. Dann schwamm er hinaus in die Mitte des Flusses und steckte erst dort den Kopf heraus.

Am Ufer war es still, als wäre nichts geschehen. Das Haus hatte zwar ein helles Auge geöffnet, aber zu hören war nur eine Menschenstimme. Die Spannung im Otter ließ nach, und er kümmerte sich nicht weiter um die Hundeaffäre. Immerhin verwahrte er in seinem Gedächtnis die Lehre: Der Brennholzstapel ist gefährlich, dahinter steckt ein Hund.

An der Stelle, an der er in der vergangenen Nacht den Karpfen erbeutet hatte, ließ er sich auf den Grund hinab, aber die Kuhle war leer. Von dem schlimmen Erlebnis verängstigt, hatten sich die Karpfen einen anderen Platz im weichen Schlamm gesucht. Jetzt fiel Lutra die ins Wasser gefallene Ratte ein. Die wäre jetzt nicht übel. Aber der Fluß hatte sie gewiß weit weggeschwemmt. Lutra verspürte mittlerweile ausgesprochenen Hunger. Und nichts rührte sich, kein Plätschern, nichts. Die friedlichen Fische hatten bereits ihr Winterquartier bezogen und sich in den Schlamm gewühlt. Munter waren nur noch die Raubfische, die – ebenfalls hungrig – herumschwirrten, denn Weißfische, Karauschen und anderes Kleinzeug hatten sich ebenfalls schon irgendwo versteckt. Wo eigentlich? Das Wasser war noch nicht so klar geworden, daß der Otter die ruhenden Fische hätte von weitem erspähen können, und er war viel zu hungrig, um geduldig den ganzen Grund durchzustöbern.

Lutra schwamm ans andere Ufer hinüber, dort hatte er im seichten Wasser schon zwischen den Bülten ab und zu eine Wildente gefangen, aber auch da empfing ihn jetzt leblose Leere. Die Krallen des Hungers zerrissen seinen Magen immer heftiger, als sich seine funkelnden Augen auf ein Schilfrohr hefteten, das sich schief gelegt hatte und jetzt auch seinen buschigen Wedel unter irgendeinem sanften Druck zum Wasser hinabneigte. Lutra wurde eins mit dem Schatten der Bülte, schloß halb die Augen; im Widerschein des Wassers könnten sie ihn verraten. So wartete er auf das Ende der stummen Bewegung.

Auf der schwachen Brücke des Schilfrohrs näherte sich eine Wasserspitzmaus, näherte sich unglaublich langsam und vorsichtig. Lutra war sehr hungrig, und eine Spitzmaus ist sehr klein, kaum größer als eine gewöhnliche Maus – für Lutra ein halber Bissen. Aber Beute war auch das, und ein Otter läßt sich keine Jagdgelegenheit entgehen. Die Spitzmaus führt ein ähnliches Leben wie der Otter, wohnt auch so ähnlich, mit dem Unterschied, daß sie ihr Dasein in trautem Familienkreis verbringt. Nur im Winter zerstreut sich die Kinderschar. Dann zieht die Spitzmaus gern ins Dorf, in die Mühle, weil ihre Wasserspeisekammer leer ist. Ihre Wohnung mit zwei Ausgängen legt sie in der Uferböschung an; ihre Nase ist wie ein Rüssel.

Besagter Rüssel bekam jetzt Witterung, der Schilfwedel begann sich zu heben, etwa so wie eine Eisenbahnschranke, wenn der Zug vorbeigefahren ist, besagter Rüssel samt Inhaber war im Rückzug begriffen.

Das war für Lutra zuviel. Mit einem Ruck stieß er sich von der Bülte ab. Die Spitzmaus vollführte einen Kopfsprung, hinein in das Gewirr der Uferpflanzen, und schlüpfte in die Tür ihrer Wohnung, bevor Lutra sie hatte packen können. Im glatten klaren Wasser hätte die Spitzmaus nicht die geringste Fluchtchance gehabt, obgleich sie selbst ein tadelloser Schwimmer und Taucher ist. Aber zwischen Algen, Bülten und brüchigem Rohr ist sie im Vorteil. Hier ist sie zu Hause, das ist ihr Jagdrevier auf Wasserkäfer, Froschlaich, kleine Krebse und Schnecken, auch auf kleine Fische. Bei der Jagd wirbelt sie den Schlamm auf, um – wie man sagt – im Trüben zu fischen. Das gleiche tun alle schwimmenden Räuber, alle fischen lieber im Trüben, nur das trübe Wasser verheißt Leben und Nahrung. Reines Wasser ist fast leblos, zumeist auch kalt, angewärmtes Wasser dagegen nicht nur dann trüb, wenn Hochwasser den Schlamm aufwühlt und Nahrung mitbringt, sondern auch sonst, wenn Milliarden von winzigen, mit freiem Auge nicht wahrnehmbaren Wesen es braun, gelb, grün, blau, ja sogar rot färben. Und die Hauptnahrung der Friedfische, vornehmlich der Karpfenarten, ist eben die Masse dieser Organismen.

Nach dieser Schlappe schwamm der Otter ungewöhnlich geschwind dahin. Fast war er schon über die Grenze des Gebiets hinaus, das er als sein ureigenes Jagdrevier betrachtete. Hier, in seinem Reich, duldete er keinen fremden Otter. Plötzlich hielt er inne, und Wut durchzuckte ihn. Am Ufer saß ein fremder Otter und fraß einen Fisch.

Lutra war es gewöhnt, daß ihm in einem solchen Fall jeder Artgenosse unverzüglich aus dem Weg ging. War der Eindringling auf der Jagd, ließ er bei Lutras Anblick das Jagen sein; saß er beim Schmaus, ließ er den fettesten Bissen fallen, und suchte er gar eine Behausung, war ihm sofort klar, daß er, ohne zu verschnaufen, weiterziehen mußte.

Dieser Otter hingegen fraß ruhig weiter, obgleich er Lutra längst bemerkt und zur Kenntnis genommen haben mußte, daß auch dieser ihn entdeckt hatte.

Lutra vergaß seinen Hunger, ja selbst die Jagd, denn in diesem Zusammentreffen witterte er eine andere Art Jagd, ein Abenteuer. Sein Wunsch, sich mit dem anderen zu raufen, war irgendwie vergangen. Was ihn ans Ufer zog, war eher so etwas wie Neugier. Es war so, wie wenn ein Mann in seinem umzäunten und abgeschlossenen Garten unerwartet ein hübsches Mädchen vorfindet, das in aller Ruhe von den Erdbeeren nascht oder Pfirsiche pflückt. „Guten Tag“, würde der Besitzer des Gartens sagen, „was führt Sie hierher?“

Die Begrüßung würde indes ganz anders klingen, wenn derjenige in seinem wohlbehüteten Garten einen fremden Mann anträfe. „Scheren Sie sich fort, Sie Spitzbube!“ würde er schreien, sofern er es nicht vorzöge, den anderen gleich am Hals zu packen und kurzerhand aus dem Garten hinauszuwerfen.

Doch der am Ufer sitzende und anmutig schmausende Otter war ein Weibchen und – mit Otteraugen gesehen – sogar ein hübsches

Weibchen. Gerade jetzt nahm es den Hecht zwischen beide Pfoten und biß genießerisch in dessen dickes Rückenfleisch.

Lutra ging auf die Dame zu. Er tat es gemächlich, in der Bewegung lag weder eine Drohung noch die Absicht, sich mit ihr anzufreunden. Das Otterweibchen wendete den Hecht um, als wolle es ergründen, ob das Schwanzende des Fisches genauso schmackhaft sei wie der vordere Teil. Als jedoch der furchterregende große Lutra ans Ufer geklettert kam, legte es den Hecht nieder, und seine Augen schienen zu sagen: „Ich bewundere dich. Du bist der Stattlichste von allen, die ich bisher gesehen habe."

Das Weibchen zog sich ein paar Meter zurück, hockte sich nieder und drückte auf diese Weise aus, daß alles, was nun folgen würde, seine Ordnung habe. Lutra hingegen hob ohne Hast den Hecht vom Boden auf und begann mit riesigem Appetit zu fressen. Ja, das war ein guter Bissen! Sein Hunger schwand allmählich und ihm war, als hätte sich sogar die Landschaft verändert. Lutra blickte auf das kleine Otterweibchen.

Schmeckt gut! sagte sein Blick, doch darin lag kein Dank für den Fisch, aber auch kein Verweis, was es eigentlich in seinem Jagdrevier suche. Die Kleine hatte gar keinen Dank erwartet, denn Lutra hätte sich den Hecht sowieso genommen. Der Fisch wurde weniger, schließlich blieben nur noch der Kopf, ein paar dickere Gräten und die ringsum verstreuten Schuppen übrig.

Lutra leckte sich die Schnauze und das Fell, dann ging er zu ihr hin und beschnupperte sie. Das Otterweibchen duldete es erschauernd, bis es, halb ängstlich, halb kokettierend, beiseite huschte. Lutra folgte ihm nicht.

Er betrachtete noch einmal die auf dem Boden liegenden Fischreste, starrte eine Weile aufs Wasser und lief dann auf den Fluß zu. Das Otterweibchen schloß sich ihm an, denn Lutras Bewegungen hatten kurz und bündig zu verstehen gegeben: Wir können auch gemeinsam fischen!

Und die Kleine hatte sogleich gespürt, daß dieser Wink eine wahrhaft große Auszeichnung war. Ins Wasser stiegen sie schon Seite an Seite, und der gemeinsame Fischfang konnte gar nicht anders verlaufen, als daß der Gast die Beute vor sich her jagte und Lutra den aufgeschreckt flüchtenden Fisch ergriff. Dazu brauchten sie keinen Plan, keine vorherige Absprache. Diese Art des Jagens ist den Ottern angeboren.

Das Otterweibchen schwamm in einem Bogen bis zur Mitte des

Flusses hinaus und kehrte – wieder im Bogen – zum Ufer zurück. Lutra spürte die Bewegungen seiner Gefährtin im Wasser, auch wenn er ihren Kopf nur mal hier, mal dort aus den Fluten auftauchen sah. Aber auch jede andere, fremde Bewegung, jedes Zucken nahm er wahr, dann tauchte er blitzschnell unter.

Jetzt schoß Lutra davon und drängte eine schöne, große Brasse zum Ufer. Der Fisch hatte schon bei Lutras erstem Schwimmzug die Gefahr gespürt – denn ein Fisch registriert mit seinem feinen, den ganzen Körper umspannenden Nervensystem jede kleinste Bewegung des Wassers –, zögerte jedoch einen Augenblick. Wahrscheinlich war er sich nicht klar, ob er nach oben oder nach unten fliehen sollte, und so war es für eine Flucht zu spät.

Lutra schaffte die Brasse ans Ufer, warf sie zu Boden und stürzte sich erneut in die Fluten, in denen die Silberleiber einiger kleiner Weißfische aufleuchteten, weiter hinten aber schwamm ein prächtiger Zander heran. Der Otter packte zuerst einen Weißfisch, doch damit warnte er den Zander, der blitzschnell in der Tiefe verschwand. Lutra schleuderte den Weißfisch beiseite und griff von unten einen anderen an. Den schleppte er ans Ufer. Damit war die Treibjagd zu Ende. Im Maul des Otterweibchens zappelte matt ein Karpfen.

Lutra riß – am Ufer angelangt – sogleich die große Brasse an sich und fing an zu schmausen. Mit halbem Auge bemerkte er, daß seine Gefährtin das gleiche tat. Sie verzehrten ihr Mahl Seite an Seite wie alte Bekannte, manchmal musterten sie einander. Und in ihren Blicken drückte sich das stille Einverständnis aus: Es war eine gute Jagd!

Unterdessen wuchsen die Schatten. Der Hahn des Müllers wollte mit seinem Krähen offenbar den Anbruch des Tages beschleunigen; oder war er überzeugt, ohne seine Hilfe würde es nichts werden mit der Morgendämmerung?

Das gleiche dachten die anderen Hähne des Dorfes - ausgenommen einer, den es nach nichts mehr verlangte, den nichts mehr interessierte, nicht einmal ein golden glänzendes Maiskorn.

Dieser Hahn – vom Hof der Witwe des Gábor Vince – reiste still in Gesellschaft Karaks, des Fuchses, das heißt in dessen Maul.

Aber greifen wir den Ereignissen nicht vor. Wir hatten Karak bekanntlich noch am vorigen Abend in seinem Sommerschlupfloch zurückgelassen, als er Müllers Katze für immer von der Welt verschwinden ließ. Der Fuchs schaute um sich, wie er es immer tat, wenn er noch Freßlust verspürte. Dann kratzte er sich sorgfältig das Fell, bei ihm ein Zeichen dafür, daß er nachdachte, zugleich aber auch eine Mahnung an die Flöhe, sich woanders niederzulassen, denn sein Bauch juckte ihn schon sehr. Die Flöhe folgten eilends dem Befehl der scharfen Krallen. Und Karak schnürte in die Nacht hinein.

Die Bienenstiche waren kaum noch zu sehen, die schmerzhaften Kratzer, die ihm die Katze versetzt hatte, verheilten bereits, nur die Nase war infolge der tiefen Bißwunden noch sehr empfindlich. Aber das hinderte unseren schlauen Bekannten nicht im entferntesten, seine Ziele weiterzuverfolgen. Und seine Wünsche trieben Karak schnurstracks in Richtung des Dorfes.

„Kuwitt! Kuwitt!" schrie ihm eine kleine Sumpfohreule nach, doch Karak nahm keine Notiz von ihr und lief immer schneller über das graue Band des Feldwegs. Bei dem tollen Rennen hätte er um ein Haar Su, den Igel, umgerannt. Der war gerade unterwegs zum Holzbirnbaum, den er sich im Auwald gemerkt hatte und von dem er sich einen guten Schmaus versprach. Su rollte sich sofort zusammen und spreizte tausend Stacheln der Außenwelt, allen Feinden, in diesem Falle Karak entgegen. Igelfleisch schmeckt nach Aussage der Kenner vorzüglich, und Karak gehörte zu diesen Kennern. Wäre er nicht so achtlos gerannt, hätte er vielleicht den Igel an der Schnauze packen können, aber jetzt noch davon zu träumen, war müßig. Su war ein runder Kaktus, ohne Wurzeln, nichts als harte Stacheln rundherum. Leider rundherum.

Wäre bloß Wasser in der Nähe, wüßte sich Karak zu helfen. Er würde die Stachelkugel so lange vor sich her schubsen, bis sie im Wasser lag, vor Schreck die Schnauze herausstreckte, die der Fuchs dann schnappen konnte. Nun war aber kein Wasser da. Karak blieb nichts weiter übrig, als sein Glück anderswo zu versuchen. Er stellte sich neben Su und hob das Hinterbein. Manchmal half das, denn das Wasser des Fuchses ist scharf und übelriechend, was den Igel veranlaßt, den Rüssel aus der Stachelburg herauszuschieben, erschrokken über den Regen von so ungewöhnlichem Gestank. Diesmal mißlang Karaks List. Er hob zwar das Hinterbein wie der Hund am Eckstein, vermochte jedoch nur ein paar Tropfen hervorzubringen. Es ging und ging nicht.

Verärgert sprang er auf den Igel los. Im nächsten Augenblick ließ er lautes Winseln hören, und er wäre fast hingestürzt vor Schmerzen, denn Sus Stacheln hatten genau die Stelle getroffen wie die Katzenzähne. Voll unbändiger Wut tanzte der Fuchs um den Igel herum. Es sah schon so aus, als wolle er ihn nochmals anspringen, da machte er kurz kehrt und rannte in Richtung Dorf davon, denn aus dem Dunkel war die Eule herbeigeschwebt und begann mit ihrer Fragerei.

„Huhu, Su, kuwittkuwitt, war nicht Karak eben hier?"

Su gab keine Antwort. Die Stachelkugel hätte außer der Eule niemand bemerkt. Und jetzt schrie sie ganz überflüssigerweise herum, am Ende würde sie den schrecklichen Karak zurücklocken. Die kleine Eule konnte Su nichts anhaben, nur große mit langen Krallen brachten es zuweilen fertig, das berühmte Stachelkleid aufzureißen und den mürrischen Wanderer der Nacht herauszuschälen.

Überlassen wir Karak nicht sich selbst, denn mit Su wird ohnehin nichts Besonderes mehr geschehen, vielleicht erwischt er eine Maus oder zwei, frißt hinterher Holzbirnen und schlendert dann wieder nach Haus in sein vorbereitetes Nest zum Schlaf bis in den Frühling. Während des Sommers ist es freilich lohnender, dem einsamen Stachelhelden aufzulauern, der zuweilen eine Schlange bezwingt, nebenbei aber leider die Nester der Erdbrüder plündert und sogar kleinen Hasen den Garaus macht.

Die Zeit aber ist vorbei, jetzt jagt er nur noch Holzbirnen, Samen und Körner im Wald, vielleicht auch eine verspätete Maus, und sobald der erste richtige Frost kommt, verkriecht er sich unter dem Wacholderstrauch, macht es sich bequem in seinem Winterquartier, das zur Hälfte in der Erde, zur anderen mit Wurzeln und Laub zugedeckt ist. Wenn er die Augen wieder öffnet, ist der Frühling da.

Besser also, Karak zu folgen, der sich jetzt – wäre er ein Mensch – wegen seiner Igeldummheit verfluchen würde. Die Stacheln hatten die Wunden an seiner Schnauze wieder aufgerissen, vor Schmerzen kamen ihm die Tränen, es nutzte nichts, er mußte zum Fluß hinunter, die Schnauze ins Wasser stecken; das kühle Naß würde Hitze und Schwellung lindern.

Eine halbe Stunde später strich Karak schon wieder ganz fröhlich an den Dorfgärten vorbei, als gäbe es keinen Su und keine schmerzende Nase auf der Welt.

Als der Hahn von Gábor Vinces Witwe erneut das Voranschreiten der Zeit verkündete, hatte sich Karak in die klangvolle metallische Stimme regelrecht verliebt. Hinter einer solchen Stimme steckt auch ein kräftiger Körper . . . dachte er. Und Karak kannte sich in derlei Dingen aus.

Der Hahn war grau-weiß getupft und körperlich in der Tat ein Recke, mit riesigem Kamm und kriegerisch gespreizten Sporen. Wie oft hatte die Hühnerschar der Nachbarhöfe neidisch durch die Lücken im Zaun geblinzelt, nach dem Helden und seinem Volk, denen der ganze Hof gehörte. Denn die alte Frau sperrte ihr Geflügel nicht in den Stall, sondern gestattete es der gefiederten Schar, sich bei Einbruch der Nacht dort zur Ruhe zu setzen, wo es ihr am angenehmsten war.

Sobald die Abenddämmerung heraufzog, spazierten die Hühner zum Holzstapel, um sich noch im Hellen einen Platz zu suchen. Der Stapel diente als Stiege; von hier aus konnten sie mit ein paar Flügelschlägen die unteren Äste des Baumes erreichen, und von dort ging es dann weiter zu den Stellen, wo es sich am bequemsten nächtigen ließ.

Wenn am Himmel der Abendstern aufblinkte, hockten die Hühner schon alle im Geäst des Baumes. Nur der Hahn blieb auf der Spitze des Holzstapels, thronte dort, auf seinen Rang und zugleich auf festen Grund unter den Füßen bedacht. Schließlich kann man auf einem dieser schwankenden Ästchen nicht so selbstvergessen krähen, denn dazu muß man tüchtig Schwung holen.

Ein Hund befand sich nicht im Haus. Doch das konnte Karak nicht wissen, und so plagte ihn ein Gefühl der Unsicherheit. Der Zaun erschien ihm ausreichend durchlöchert, und das war gut, falls es ihm an den Kragen gehen sollte.

Als der Hahn abermals krähte, zögerte Karak nicht länger, er schlüpfte durch eine Öffnung hindurch und näherte sich im Schatten der Johannisbeersträucher dem ahnungslosen Sänger. Er umschlich einmal den Holzstapel und sprang dann weich auf den ersten Absatz, dann auf den nächsten. In dem Moment gab der Hahn ein paar Töne von sich, als wolle er fragen, ob da jemand sei. Dabei stierte er blind in die Dunkelheit, in der Karak ihn beschlich. Die Frage des stattlichen Hahns mißachtete der Fuchs, für eine Unterhaltung schien ihm der Zeitpunkt nicht geeignet. Um weiteren Fragen vorzubeugen, packte er kurz entschlossen das mißtrauische Federvieh am Hals. Zwei-, dreimal schlug der Hahn noch mit den Flügeln, dann gab er keinen Laut mehr von sich. Der Herr des Hühnerhofs hatte aufgehört, neugierig und mißtrauisch zu sein. Er trat die Reise in Karaks Schilfversteck an.

Der Mond hatte zu dieser Zeit bereits den größeren Teil seiner Wanderung zurückgelegt. Vielleicht fand er für diesmal, es sei genug, denn er zog flaumige, dünne Wolken über sich, die sein kaltes Licht verschleierten. Über Wiesen und Auen breitete sich ein unbestimmtes Zwielicht. Die nächtlichen Jäger lieben diese Beleuchtung; in ihr zerrinnt jede Bewegung, doch mit Hilfe von Nase und Ohr kann man sehr wohl Beute machen.

Der Fluß war auch jetzt viel heller als seine Umgebung. Man konnte gut erkennen, wie Lutra und seine Gefährtin mit lautloser Leichtigkeit zur Mitte des Gewässers schwammen. Das stattliche Männchen voran, hinter ihm das zierliche Weibchen. In der Mitte des Flusses tauchte Lutra unter, mit ungewöhnlicher Geschwindigkeit zog er zum anderen Ufer und kam erst dort wieder zum Vorschein. Er blickte sich um, und als er gewahrte, daß ihm seine Jagdgefährtin abermals zaudernd folgte, verschwand er wieder im Wasser.

Ich will allein bleiben, verrieten diese Bewegungen. Und was der große Otter sagte, das war Befehl.

Das kleine Weibchen zögerte keine Sekunde. Es wandte sich um und verschwand im schwarzen Schatten des anderen Ufers. Es gab sich damit zufrieden, daß es in dieser Nacht mit Lutra hatte jagen dürfen, spürte aber sehr genau, daß die gemeinsame Jagd noch nicht zu Ende war. Und Lutra spürte das auch. Die Erinnerungen würden bleiben, und das Stück des Flußufers, wo sie sich getroffen hatten, war für sie anders als seine Umgebung. Die Jagd war gut, der Magen voll. Der Fluß mit seinen abnehmenden Nahrungsvorräten wird noch der Ort vieler gemeinsamer Jagden sein. Die Erinnerung an den gemeinsamen Beutezug würde also nicht schwinden, auch wenn das den beiden Ottern natürlich nicht bewußt war. Irgendwann wird der Hunger sie aneinander denken lassen, und dann werden sie sich suchen.

Die Nacht wurde immer kühler. Der wogende Dunst über dem Fluß war verflogen, die Sterne blickten stechender und schärfer auf die Erde herab. Es war nur frischer geworden.

Lutra kümmerte das freilich nicht. Die Uferbäume warfen ihre Schatten schon über den Fluß. Lutra fühlte sich jetzt völlig in Sicherheit. Er war gesättigt, hatte seine Höhle fast erreicht. Ein wenig neidisch sah er Karak, einen riesigen Hahn in den Fängen, auf dem Pfad dahineilen.

Er hat ihn geschnappt, dachte er, und in seinem Neid schlug er auf einen ahnungslosen Jungkarpfen ein. Karak bemerkte diese Bewegung, doch er tat so, als sähe er nicht, daß neben ihm im Fluß ein Otter schwamm, der nur so, ohne im Schwimmen innezuhalten, Karpfen fraß.

Als Lutra auf gleicher Höhe mit seiner Höhle war, warf er die Überreste des Fisches weg. Gemächlich und entspannt ließ er sich zum Eingang treiben. Er hatte das angenehme Gefühl, satt zu sein und sich bald der verdienten Ruhe hingeben zu können.

Behende schlüpfte er in den Tunnel, der ins Innere seiner Behausung führte.

Karak blieb stehen und setzte den Hahn ab, der mit einer Schwanzfeder seine empfindliche Nase gekitzelt hatte. Der Fuchs war nicht satt, er hätte am liebsten zu fressen begonnen, hob dann aber doch die Beute wieder auf und lief in die Bülten des Wiesengrunds. Da aber hatte die Finsternis schon einen Bruch bekommen, und in der Luft vibrierte die erwachende Dämmerung.

Der Fuchs beeilte sich, schlich aber dennoch vorsichtig in sein Sommerquartier; erst als er sich vergewissert hatte, daß dort ungestörte Ordnung herrschte und er auch keinen fremden Geruch witterte, stürzte er sich gierig auf den Hahn. Die Federn flogen, die Schenkel verschwanden, Knochen krachten, doch so gedämpft, daß die leisen Geräusche vom Ufer her nicht übertönt wurden. Karak spitzte die Ohren und vernahm das Dröhnen menschlicher Schritte auf dem Fußweg.

Er hielt inne bei der Mahlzeit und prüfte die Schritte. Mit geschlossenen Augen stellte er so haargenau die Entfernung, die Richtung und die Stelle fest, wo die Stiefel die Menschen trugen, als habe er sie gesehen. Es machte ihn nicht nervös. Würden die Tritte verstummen und statt ihrer die Schilfhalme knistern, wäre Karak sofort aufgesprungen. Aber die Stiefel klopften aus wachsender Entfernung weiter den Pfad. Karak lauschte noch ein Weilchen und nahm sich dann den Hals des Hahns vor, samt Haut und Federn. Das Geräusch der Schritte war aus seinem Interessenkreis herausgefallen.

Die Stiefel dröhnten jetzt am Waldrand und trugen Miklós, den Jäger, voran und Jani, den Fischer, hinterher. Die beiden hatten sich tags zuvor angefreundet, und die Wildgänse, die über dem Boot vorbeigezogen waren, hatten bei dem einen wie dem anderen dieselben Gedanken erweckt.

„Wie wohl so eine Gans schmeckt?“ hatte Jani gefragt und den Flug der Vögel mit den Augen verfolgt. „Man sagt, sie schmecken nach Fisch.“

„Man muß ihnen die Haut abziehen, dann kann sie keiner mehr von einer Hausgans unterscheiden. Ein feiner Braten, mir kannst du's glauben."

Jani hatte versonnen weitergerudert.

„Ich würde gern mit dir hinausziehen, dir sogar die Gänse nach Hause tragen, soviel du auch schießt."

„Gut, Jani, nur beschimpf mich nicht, wenn wir keine einzige erwischen."

„Jäger und Fischer gehen nie auf sicher; glaubst du, ich weiß das nicht? Holst du aber viele herunter, kommen wir mit dem Boot des Müllers zurück, denn unseres wird morgen gebraucht."

„Weck mich um vier. Ich schlafe jetzt immer wie ein Murmeltier", hatte der Jäger gesagt. „Aber rechne damit, daß es ohne Nebel keine Gänse gibt."

Das war gestern gewesen. Jetzt waren die beiden aus Karaks Hörkreis heraus und in ihr Gänseabenteuer hineingewandert. Es war noch finster, doch über dem Wald regte sich bereits die Dämmerung, und von irgendwo weither war Gänsegeschnatter zu hören.

Miklós lauschte mit offenem Mund, so hört man nämlich besser.

„Sie sind noch auf dem Wasser. Komm schnell. Die Stelle, wo der Wald etwas niedriger ist, dürfte gut sein. Nun ist das Wetter leider sehr klar. Wirst sehen, sie fliegen himmelhoch."

Die beiden Männer durchmaßen den Waldweg im Laufschritt. Als Miklós endlich stehenblieb, atmeten beide keuchend.

„Das ist der Platz. Wir müssen uns dort hinter den Strauch stellen. Rauch jetzt nicht, Jani, diese verflixten Gänse haben Augen wie... Still, hörst du?"

Der Fischer nickte nur, er hörte das heraufziehende Gänsevolk und machte sich so klein, wie es ging und seine Aufregung es zuließ.

Miklós zeigte resigniert nach oben. „Schau dir das an. Schade um jede Patrone."

„Vielleicht doch", bettelte der Fischer, vom Jagdfieber ergriffen.

„Hat keinen Sinn, Jani. Wir würden nur den nächsten Zug verscheuchen. Vielleicht kommt der niedriger. Ich habe guten groben Schrot im Lauf."

Neuerliches Schnattern, doch dieses Volk flog nach der Seite weg zu Janis größtem Kummer.

„Dort hätten wir stehen sollen."

„Unsinn, Jani. Wüßte der Mensch immer, wo er sich hinzustellen

hat, gäbe es keine einzige Gans mehr auf der Welt. Na, jetzt aber paß scharf auf, vielleicht kriegt eine ein Schrotkorn ab und fällt nicht gleich 'runter. Sie kommen richtig, ein bißchen hoch, aber..."

Er hob die Flinte.

Nach dem Schuß löste sich eine Gans aus dem Volk, als wolle sie einen Kreis beschreiben, legte dann die Flügel an und fiel wie ein Stein sausend zwischen die Bäume.

„Wir haben eine!" rief der Fischer begeistert. „Und wenn sie uns auf den Kopf gefallen wäre?"

„Ist schon vorgekommen, daß eine fallende Gans einen Menschen erschlagen hat – aus solcher Höhe...! Still jetzt! Wenn sie nur nicht abdrehen."

Die Flinte krachte zweimal hintereinander. Auf den ersten Schuß kam eine Gans wirbelnd herab, auf den zweiten zuckte eine und ließ sich langsam auf die Felder hinabgleiten.

„Auf die paß auf, Jani!"

Der Fischer hastete durch den Wald und sah von dessen Rand aus, wo sich die verwundete Gans niederließ.

„Du gehörst uns schon!" Jani freute sich und lief auf die Gans zu, die gerade auf dem Acker seines Schwagers hockte. Als er sich ihr näherte, schreckte sie hoch und lief davon.

„Hoho, du", sagte der Fischer erschrocken, „du willst mir doch nicht davonlaufen." Es dauerte eine ganze Weile, bis Jani, hinter der Gans herrennend, sie am Hals packen konnte. Unterdessen krachte die Flinte noch dreimal.

Als er wieder neben Miklós stand, war es Jani so heiß wie mittags an einem der Hundstage. Es war aber erst früher Morgen, die Sonne ging eben erst auf.

„Hat mich ins Schwitzen gebracht, das Biest", japste der Fischer. „Hätte ich keinen Stock bei mir gehabt, wäre sie mir davongelaufen. Hast du noch was geschossen?"

„Fünf müssen es im ganzen sein. Die eine habe ich nur gestreift, sie hat sich irgendwo versteckt. Nicht sicher, daß wir sie finden. Dort bei der großen Esche solltest du nachsehen, Jani."

Jani ging um die alte Esche herum, einmal, zweimal, dreimal. Er guckte unter jeden Strauch, sah hinauf in den Wipfel, der Vogel konnte sich ja auch in den Zweigen verfangen haben – aber da war nirgends eine Gans.

Die anderen vier Gänse hatte Miklós bereits nebeneinander ins Gras gelegt, schön ordentlich, wie es sich gehörte, wie es erlegtem Wild gebührte. Er machte sich jetzt auch ans Suchen.

„Paß auf, Jani, sie hat im Fallen den Zweig dort gestreift, sie muß also in diese Richtung gestürzt sein."

Die beiden raschelten noch eine ganze Weile in den Büschen, als der Müller ihnen guten Morgen wünschte.

„Vieviel sind's?"

„Fünf", sagte Jani. „Die fünfte suchen wir gerade..."

Die Schüsse hatten den Müller herausgelockt, seine Neugier war geweckt. Er hatte auch den verwundeten Betyár mitgebracht.

Betyár begrüßte die Bekannten mit mäßigem Schwanzwedeln, setzte sich dann, die schlimme Pfote hochhaltend, als wollte er sagen: Es gab großen Krach in der Nacht, ich hätte ihn totgebissen, aber er ist davongelaufen.

„Was hat der Hund?"

„Er hat sich mit einem Otter gerauft, nach dem Biß zu urteilen. Es muß ein großes Tier gewesen sein, sonst wäre Betyár mit ihm fertig geworden."

Als sein Name fiel, begann der Hund heftig zu wedeln, zum Zeichen seiner Zustimmung. Dann hob er witternd die Nase.

Hm! Was für ein feiner Duft! bedeutete das Schnüffeln. Darf ich mal nachsehen?

„Such, Betyár", rief Miklós. Doch der Hund sah seinen Herrn an, was ungefähr bedeutete: „Dieser andere hier hat mir nichts zu befehlen, ich kenne ihn zwar, höre aber nur auf dich."

Der Müller streichelte ihm den Kopf. „Geh, Betyár, such die Gans!"

Der Hund nahm nun aufgeregt die spärliche Witterung auf, die die Gans zurückgelassen hatte, und bohrte sich dann humpelnd weiter hinten in die Sträucher. Es raschelte, dann wurde es still.

Der Jäger hob die Hand. „Seid ruhig! Anscheinend hat er sie gefunden."

Der Hund bellte, was eindeutig hieß: „Da ist sie, da ist sie!"

Die flügellahme Gans konnte nicht fliegen, doch Betyár hatte es noch nie mit einer Wildgans zu tun gehabt. Er wollte sie sanft am Hals packen, aber sie versetzte ihm einen energischen Nasenstüber. Da heulte Betyár vor Entrüstung auf und vergaß seine Wunden, er überwand den Vogel aus dem Norden und brachte ihn seinem Herrn.

„Brav, Betyár! Taugst mehr als wir alle zusammen", sagte Jani und bückte sich nach dem Vogel.

„Rrrr", knurrte der Hund. „Die Gans gehört uns!"

Jani wich erschrocken zurück. „Bist du toll, Betyár, kennst du mich denn nicht?"

Der Hund knurrte leise, aber energisch. „Tut mir leid, die Gans gehört uns. Ich hab' sie gefunden und hergebracht, mein Herr soll über sie verfügen. Kein anderer. Rrrr."

Miklós lachte. „Ja, da gibt's keine andere Lösung, Onkel Kálmán, du mußt die Gans mit nach Hause nehmen, scheint sogar eine junge zu sein. Bist ein braver Hund, Betyár."

Der Hund knurrte immer noch, wedelte aber zugleich mit dem Schwanz. „Dein Lob tut zwar wohl, aber die Gans kriegst du doch nicht."

„Nun sei schon still, du Köter." Der Müller stampfte mit dem Fuß auf. „Das kann ich nun wirklich nicht annehmen."

„Ihr müßt ihr die Haut abziehen, der Fischgeruch kommt vom Fett darunter. Das Fleisch schmeckt wie bester Gänsebraten. Uns bleiben noch vier. Es würde mich kränken, wenn du sie nicht annimmst."

„Also kränken will ich dich nicht; kommt lieber mal rein ins Haus.“

„Das geht leider nicht“, sagte Miklós, „wir haben noch viel zu tun.“

Der Müller hob die Gans auf, und der Hund stellte sich neben ihn. Er beobachtete aufmerksam das Händeschütteln, und als sie dann gingen, humpelte er hinter dem Müller her, ließ aber die Beute in dessen Hand nicht aus den Augen.

Der Fischer und der Jäger hatten inzwischen fast den Waldrand erreicht. Jani trug die Wildgänse über die Schulter gehängt. Nach langem Schweigen sagte er: „Weißt du, Miklós, wäre ich kein Fischer, möchte ich Jäger sein.“

Miklós antwortete nicht gleich, denn seine Gedanken weilten in der Mühle. Er überlegte, ob es richtig gewesen war, die Einladung des Müllers abzulehnen. Doch, doch, es war schon richtig, sagte er sich; denn: Kommst du selten, wirst du gelten! Jeden Tag, da würden sie mich womöglich bald überhaben, und das sollen sie nicht. Auf keinen Fall!

Jetzt erst antwortete er Jani: „Ich habe meinen Beruf gern, aber ich muß sagen, der Kampf mit einem so großen Wels – das ist schon eine schöne Sache.“ Er blieb plötzlich stehen. „Sieh mal, das Wetter hat sich geändert! Wir haben es gar nicht bemerkt beim Jagen.“

Wind war aufgekommen und trieb Nebelfetzen über den Fluß, im Wald wirbelte er die gefallenen Blätter auf und riß Laub von den Zweigen. Gelbe, braune und rote Blätter flatterten wie müde Schmetterlinge im Herbst, und wenn der Wind nachließ, legten sie sich raschelnd auf das weiche Bett aus schon dürrem Laub.

Über dem Wald krächzten Krähen. Sie warfen sich gegen den Wind und legten sich dann auf die dahinschießende Luft; schließlich landeten sie auf den rauschenden Zweigen der alten Espe und zogen sich bekümmert zusammen. „Es kommt die Wolke, die große weiße Wolke, sie bringt den Winter, krahkrah!“

Die Fluren sahen düster aus, das Grün der Saaten hatte sein Leuchten verloren, und die frisch gepflügten goldgelben Äcker zogen eine dunkelbraune Decke über sich.

In den Furchen glaubte man graubraune Flecken wahrzunehmen, nicht sicher, denn wenn man genau hinsah, waren sie weg. Aber nach einer Weile waren sie wieder da. Dort saß Meister Kalan, der Hase. Wenn sich ihm Schritte näherten, würde er aufspringen, und, mit seinem kurzen weißen Schwanz, der Blume, winkend, in das unfreundliche Wetter hineinhoppeln. Manche nennen den Hasen feige, nur weil er ein guter und rascher Läufer ist.

Wie sollte auch das arme Langohr nicht davonlaufen, wo ihm doch Mensch und Hund, Fuchs und Luchs, Wolf und Marder, Häher und Sperber an den Kragen wollen. Und das Laufen ist einmal seine Hauptwaffe. Die zweite Waffe ist seine Fruchtbarkeit; schließlicht ist auch der Hase ein Nagetier und entfernt mit Maus und Ratte verwandt, die sich ebenfalls rasch vermehren. Nur seiner Fruchtbarkeit ist es zu danken, daß er nicht längst ausgestorben ist.

Noch eine dritte Waffe hat der Hase: seine vorzüglichen Ohren. Sie lassen sich wie Windmühlenflügel drehen und vernehmen genau, was der Orkan schreit und was der sanfte Morgenwind säuselt. Augen und Nase dagegen sind beim Hasen weniger gut entwickelt. Die hat er aber auch nicht so nötig, sitzt er doch bis über den Hals im Freßbaren und braucht es nicht aufzustöbern wie das Raubtier. Im dichten Mais muß er die Gefahr eher hören als sehen, denn wenn er sie schon sieht, ist es für ihn zu spät.

Um diese Zeit kann jedoch die Sippe Kalans ruhig schlummern. Von unten wärmt die Erde sie, oben ihr guter Pelz, und die fliegenden Feinde, Adler und Habichte, verziehen sich jetzt in den Windschatten starker Baumstämme, in Felsenhöhlen, Turmdächer oder hinter die schiefen Schornsteine verlassener Kelterhäuser, denn den Wind liebt das Wild nicht, weder auf der Erde noch in der Luft. Liebt ihn etwa der Mensch?

„Wenn ich nur wüßte, woher dieser lausige Wind kommt", schrie Jani.

„Was sagst du?" schrie Miklós zurück, denn der Wind riß die Töne von Janis Mund weg und schleuderte sie direkt in Karaks Ohr, der immerhin einen halben Kilometer weit weg war.

Karak rührte sich nicht. Ein alter Fuchs kennt die Spiele des Windes, aber unter seinem Pelz lief ihm jetzt doch ein Frösteln das Rückgrat entlang, das ihn an den Bau, sein Winterquartier denken ließ. Ist ja ganz schön, so ein luftig lockeres Junggesellenquartier – den Sommer über. Aber jetzt drohten der durch das Fell dringende Bleiregen und der feuchte klebende Schnee. Außerdem wäre es auch an der Zeit zu heiraten und schon deshalb in den Familienbau einzuziehen! Er war nicht weit, befand sich in einem kleinen Hügel im Röhricht, wo sich im Schatten von ein paar alten Bäumen dichtes Gebüsch um das Licht stritt.

Allerdings war der burgähnliche Bau nicht von Karak gebaut

und auch nicht in heldenhaftem Kampf erobert worden. Er hatte dem Dachs gehört, den man wegen seiner Schweigsamkeit und seiner schwarzgrauen Kutte den Einsiedler des Waldes nennt. Im Burgbau ist er jedenfalls ein hervorragender Meister und außerdem für peinliche Sauberkeit bekannt, was man von Einsiedlern sonst nicht behaupten kann. Von den menschlichen Einsiedlern unterscheidet er sich freilich auch darin, daß sein Bau aus mehreren Räumlichkeiten besteht und der Dachs sich auch verheiratet. Das tun Einsiedler sonst nicht.

In seinem mit Moos und Laub ausgekleideten Bau sammelt der Dachs auch etwas Nahrung, denn er leistet sich einen Winterschlaf von zwei oder auch drei Monaten. Dabei baut er die Eingänge seiner Höhle nicht zu, denn die langen unterirdischen Gänge, die sich in mehrere Richtungen verzweigen, sichern hinlänglichen Schutz und frische Luft. Übrigens hat der Dachs unter den Tieren seiner Heimat keinen Feind; der unfreundliche Einsiedler kann nämlich arg grob sein und beißen, daß es eine Art hat.

Karak bemächtigte sich dennoch des Dachsbaus. Ja, das tat er, ohne sich etwa auf eine Balgerei einzulassen; der wehrhafte Besitzer hätte ihm mit einem einzigen Biß den Hals zugedrückt. Karak kam dem Kuttenmann von der Seite bei, wo er am empfindlichsten reagierte. Das war die Sauberkeit. Der Dachs hat in seiner Höhle keine Toilette, er verrichtet seine Notdurft nicht einmal in der Nähe seines Baus, sondern ziemlich weit davon entfernt und verscharrt schicklich auch dort die Produkte seiner Verdauung. Sein Bau ist rein und vom trockenen Laub und Moos geradezu wohlriechend. Das war er jedenfalls, solange nicht Karak ein Auge auf diesen komfortablen Palast geworfen hatte. Er machte es sehr einfach: Er benutzte den Dachsbau als Toilette, und zwar beobachtete er zunächst genau, wann der Dachs nach Nahrung ausging. Karak verstänkerte den Bau so gründlich, daß der Dachs angeekelt seine prächtige Burg verließ und im entferntesten Teil des Sumpfwaldes eine neue baute.

Karak indessen hielt Hochzeit und führte seine junge Gemahlin stolz in den wunderbaren Bau. Auf seinem schlauen Gesicht stand geschrieben: „Tritt ein, Geliebte, in die Burg meiner Ahnen."

Doch die junge Frau konnte die Bequemlichkeit der Dachsburg nicht lange genießen. In einer mondhellen Nacht drang ihr Mäusepiepsen ins Ohr. Es kam aus einem Schilfrohr. Sie, der nichts über einen guten Mäusebraten ging, stürzte ohne Zögern über den hartgefrorenen Schnee auf das vermeintliche Versteck der Maus los.

Doch im selben Augenblick sprang eine Flamme wie eine Messerklinge aus dem Schilfkegel heraus – den Knall hörte sie nicht mehr. Aus dem Schilfversteck kam Miklós hervor, piepste nicht mehr, sondern sagte: „Kein großer Fuchs, aber ein schöner, wie mir scheint."

Und Karak hörte jetzt dieselbe Stimme: „Was? Woher der Wind kommt? Das weiß der Himmel."

Seine Rückenmähne sträubte sich, und er suchte unverzüglich seine alte Wohnung auf. Er rannte aber nicht etwa los, sondern rutschte, die Ohren auf Miklós gerichtet, von einem unverbrannten Busch zum anderen. Der Wind telegrafierte ihm das Klopfen der Stiefel direkt ins Ohr; es entfernte sich immer weiter.

Die Männer sprachen nicht. Der Wind zauste die Wildgänse auf Janis Rücken, griff in ihre Flügel, und es sah fast so aus, als wollten sie davonfliegen. Miklós war mit seinen Gedanken ganz woanders. Wenn er einmal heiratete, würde er bei solch einem abscheulichen Wind zu Hause bleiben und darauf warten, daß man ihn aus der Küche rief: „Komm frühstücken, mein Miklós!"

„Ich komme, Esti..."

In der Küche seiner Phantasie waltete selbstverständlich keine andere als die durchaus wirkliche Esti.

Bei dieser schönen Vorstellung übersah der Jäger ein Loch vor seinen Füßen und hätte im Straucheln Jani fast umgerissen.

„Paß auf!" rief erschrocken der Fischer. „Wirf mich nicht ins Wasser!"

„Entschuldige...!" stammelte Miklós und blickte auf den Fluß, in den er den Freund beinahe gestoßen hätte. Das Ufer war an dieser Stelle hoch und fiel nur einige Spannen breit vom Pfad steil ab. Unten floß dunkel der Fluß, seinem fröstelnden Rücken war die Bewegung des Wassers kaum anzusehen.

„Hör mal, Jani, gib eine Gans Onkel Gábor und eine dem Anti. Zwei kannst du mit nach Hause nehmen."

Jani staunte über solche Großmut. „Was bleibt für dich?"

„Tante Julie versteht nichts von Wildbret, außerdem haben wir noch Fisch."

Miklós wohnte bei einer entfernten Verwandten, seine Eltern lebten nicht mehr. Die alte Frau kochte für ihn, hatte ihm aber strikt erklärt, er solle keine Wildgans nach Hause bringen, sie würde weder davon essen noch sie zubereiten – auch keine Wildente, denn die habe ebenfalls einen Geruch; und einen Hasen schon gar nicht, denn der stinke.

Miklós stritt sich nicht. Tante Julie war eine Persönlichkeit, die nur kochte, was sie mochte. Ließ sich aber Miklós das Wildbret anderswo zubereiten und war so unvorsichtig, diesen Wildbraten zu loben, dann sprach Tante Julie tagelang kein Wort mit ihm. Nur das stürmische Klappern des Geschirrs in der Küche verriet ihm, wie aufgewühlt das Gemüt der alten Frau war.

Miklós, ein für sein Alter erstaunlich kluger junger Mann, fragte dann nichts und ging auffallend traurig durch die Küche. Das erweckte bei Tante Julie mütterliche Gefühle für das arme Waisenkind, dem sie anderntags eine Hühnersuppe zubereitete, aus deren goldener Oberfläche Schenkelinseln und Magensandbänke ragten, weiter unten aber, auf dem Grund des Tellers, schwebten haarfeine Nudelalgen.

Und der Jäger, der Schlaukopf, sah die alte Frau an – und wie er sie ansehen konnte! – und sagte: „Alles, was recht ist, das bringst nur du, Tante Julie."

Tante Julie war gerührt, was jedoch den beleidigten Ausdruck ihres Gesichts nicht wegwischte. Und beim Hinausgehen sagte sie: „Anscheinend kann ich auch noch etwas, nicht nur die Müllerin."

Allein geblieben, schmunzelte Miklós. Tante Julie wittert etwas. Da heißt es: aufpassen!

Miklós konnte also die Wildgänse leichten Herzens an die Fischer verschenken, die ihn auch mit Fischen versahen; und an die Müllersleute – das war eine Sache für sich.

Unterdessen kamen immer mehr Gänse an, immer neue Völker trieben mit aufgeregtem Geschrei auf den Flügeln des Nordwinds. Im Sturm konnten sie die militärische Ordnung, die V-Formation, nicht immer genau einhalten. Mit fröhlichem Geschnatter ließen sie sich wie blinde Passagiere tragen, zählte doch das Wetter, bei dem hier alle froren, in ihrer Heimat als milde und angenehm.

Eine Schar nach der anderen ließ sich auf die Saaten herab, klappte die Flügel zusammen und machte sich ans Frühstücken.

„Gigiga-lilik", riefen sie den Nachzüglern zu. „Hierher! Hierher!"

„Gegega, gegega, lilik, lilik!" lautete die Antwort. „Wir kommen!" Und die gefiederten Segel raffend, fielen sie ebenfalls ein.

Im Wind, der über die Felder hinbrauste, rollten die „Teufelskarren", und die Wanderer aus dem Norden sprangen erschrocken auseinander, wenn sie eine von ihrer Wurzel losgerissene stachlige Kugel auf sich zukommen sahen. Diese verzweigte Pflanze löst sich bei der leisesten Berührung von ihrer Wurzel und beginnt zu wandern. Bei heftigem Wind rast sie dahin und wird deshalb mancherorts auch Hexenrad genannt. Ihr Name ist eigentlich Laufdistel, und die geheimnisvolle Wanderung bewirkt nichts anderes als Aussaat. Über eine Furche oder eine Scholle hüpfend, streut sie die winzigen Samen, und wenn sie – sieben Dörfer hinter sich lassend – irgendwo steckenbleibt oder ins Feuer geworfen wird, ist das nicht schlimm, denn die Samen hat sie ja schon in sieben Dorffluren ausgesät.

Statt heller wurde es dunkler und dunstiger über den Feldern, und die stiebenden Regentropfen ließen die Straßen glänzen. Im Wind, der immer kälter wurde, trieben im Nieselregen die ersten Schneeflocken.

Karak schüttelte sich, er mochte keine Schneeflocken auf der Nase. Das Gänsegeschrei vernahm er wie eine ferne Verheißung, und nach dem Flintenknallen am Morgen durfte er nicht versäumen, am Abend das Ufer zu durchstöbern. Zunächst aber ging der Bau allem vor.

Der Fuchs hat nicht etwa Angst vor dem Wetter oder noch so argem Sturm. Was kommt, das kommt, und was ist, das ist eben. Ändern läßt sich daran nichts, man kann höchstens der Gefahr und den Unannehmlichkeiten aus dem Weg gehen. Karak fand, der Bau sei jedenfalls besser als der Schlupfwinkel in Busch und Schilf.

Zuweilen war aber auch der Bau unerträglich, etwa wenn im Sommer das kleine springende Volk allzu zahlreich und unverschämt wurde. Aber dann war ja die unterirdische Wohnung auch nicht mehr so wichtig. Bis die Jungen den Bau verlassen können, sind überall im Revier Schlupfwinkel gewachsen. Der luftige raunende Wald der Getreideschläge, das schattige Schilfdickicht, das Brombeerrankengeflecht sind das Reich der kleinen Füchse.

Wenn die Zahl der Flöhe im Bau in die Millionen geht und das junge Volk nicht frißt, nicht schläft, sich bloß noch kratzt und herumwirft, wenn der Gestank selbst dem Fuchs zuviel wird – die fürsorglichen Eltern tragen nämlich Beute im Bau zusammen, und was die Welpen nicht fressen, Knochen und Flügel, bleibt liegen –, sagt die Familie Höhle, Gestank und Flöhen Lebewohl und reißt aus.

Im vorigen Jahr hatte Karak keine Erziehungssorgen, da Miklós die Füchsin vor den Flintenlauf gefiept hatte und sie dann von den Meisen gefressen wurde. Miklós hatte nämlich dem Fuchs das Fell fachmännisch abgezogen und es gespannt. Den Kadaver aber hatte er an den Apfelbaum gehängt und den emsigen Meisen zugerufen: „Freßt, Vögel!“

Und die kleinen Vögel pickten mit den spitzen Schnabelpinzetten das Fleisch so gründlich ab, als hätte ein Museum bei ihnen ein fachmännisch präpariertes Fuchsskelett bestellt. Diese nützlichen kleinen Tagelöhner der Obstgärten brauchen im Winter Fleisch, Talg, Speck und Ölsamen. Was sie nicht brauchen, sind Brotkrumen, die in ihrem Magen sauer werden, gären, keine Wärme spenden und mehr schaden als nutzen.

Karak hatte seine Frau längst vergessen.

Das schmale Band eines Saatfeldes reichte in das Röhricht hinein, und auf der Saat weideten Gänse. Karak hatte sie landen sehen, doch jetzt erst begriffen, wie nahe am Gebüsch sie saßen. Ein Wunder! Daß diese vorsichtigen Vögel sich an einem solchen Platz aufhielten! Aber vielleicht hatten sie sich bei dem Sturm verlokken lassen, den Schutz zu suchen, den Bäume und Sträucher gewährten.

Karak schluckte und schnürte näher. Wenn doch bloß eine ahnungslose Gans einen oder zwei Sprung weit an das Gebüsch herankäme!

Der Fuchs rutschte so hart an den Rand des Dickichts heran, wie es die von hohen Kräutern gewährte Deckung zuließ. Kein Halm regte sich, kein Laut war zu hören. Die Gräser beugten sich zwar wie vom Wind bewegt, aber das beargwöhnten selbst die messerscharfen Gänseaugen nicht. Viele Gänse weideten, einige saßen da, waren vielleicht müde, andere watschelten hin und her und zerrten heftig an den Nerven des Fuchses, wenn sie bis auf acht oder zehn Schritte in seine Nähe kamen. Es läßt sich denken, wie unruhig Karak wurde, sobald ihm beim Wechsel des unsteten Windes der warme Duft in die Nase stieg. Die Muskeln wurden hart, die Sehnen spannten sich, die Haare sträubten sich, sonst geschah nichts; die Entfernung war zu groß.

Warten! Sicher würde ein leichtsinniges junges Pärchen ein paar Schritte – nur ein paar Gänseschritte – auf ihn zu tun. Auf diesen Augenblick hieß es warten! Daß bei den Graugänsen die Vorsicht schon vererbt wird, stellte Karaks Selbstdisziplin auf eine harte Probe. Seine schiefgestellten grünen Augen schossen Flammen, er knirschte leise mit den Zähnen, jedes einzelne Haar seines dichten Pelzes sträubte sich, doch er hielt stand. Und da...

Ritsch-ratsch, abscheuliches Rascheln hinter Karaks Rücken:

Ein verflixt großer Hase wäre ihm um ein Haar auf den Rücken gesprungen.

Welcher von den beiden der Erschrockenere war, blieb unaufgeklärt. Der geräuschvolle Aufstieg der Gänse verschlug sogar den Hunden die Stimme. Karak sprengte durch die Saat auf den Wald zu; der Hase sprang mit einem gewaltigen Satz aus dem Dickicht und rannte in schwindelndem Tempo auf das freie Feld.

Die Hunde, es waren zwei, liefen, betört von der warmen Hasen-, Fuchs- und Gänsewitterung, im Kreis herum, fielen schließlich übereinander her und sahen sich dann dumm und verwirrt an.

Hoch in den Wolken zogen schon die Gänse, der alte Hase hoppelte weit abseits, Karak machte eine Runde im Wald, lauschte nervös und beruhigte sich erst, als das Gebell vom Fluß und aus immer größerer Entfernung zu ihm drang.

Er legte sich auf den Bauch und stieß in einem tiefen Seufzer die angesammelte Aufregung aus. Der Hase hatte sicher irgendwo in der Nähe gelegen, und die Hunde waren, gedeckt durch das Rauschen des Windes, ihm und Karak so dicht auf den Pelz gerückt. Der Fuchs hätte vielleicht den Hasen gepackt, wäre er nicht selbst so erschrocken; so aber machte er keinen Versuch, der Spaß hätte ihm auch teuer zu stehen kommen können. Den Hund, der da weit in der Ferne kläffte, kannte Karak übrigens, diesen krummbeinigen Sohn eines Dackelvaters und einer Mutter unbekannter Abstammung. Der hatte nur ein großes Maul. Einmal waren sie schon aneinandergeraten, und der Hund hatte heulend den Kampfplatz verlassen. Nun hatte sich aber der Krummbeinige vor kurzem mit einem deutschen Schäferhund liiert, und vor diesem langbeinigen Mörder mußte man sich hüten. Der jagte ohne einen Laut, und was der Dackel aus dem Dickicht herausbellte, das packte der andere, der magere, blutgierige. Er holte den schnellsten Hasen ein, wenn der keinen zu großen Vorsprung hatte.

„Kifkaf, paß auf! Paß auf! Kifkaf! Da geht einer", hörte Karak von weitem, doch auch Miklós hörte es und sagte zu Jani: „Verdrück dich mal schnell hier hinter der Böschung."

Aus dem abgebrannten Röhricht sprang wie irrsinnig ein Hase heraus, und in seiner panischen Todesangst stürzte er sich mit einem Kopfsprung in den Fluß, drei Schritt hinter ihm der Schäferhund und dreißig zurück der Dackel.

„Kifkaf, wo ist er, wo ist er!" Das kleine Krummbein hechelte mit hängender Zunge.

Miklós legte die Flinte an. Der Schuß fegte den großen drahtigen Hund fast vom Ufer.

„Uahu-auhuhuu", heulte der Bastard, als sein Jagdgefährte ohne einen Laut zusammenbrach. Dann machte er schnell kehrt.

„Plack!" rief ihm die Flinte nach, und der kleine Hund fiel in die abgebrannten Schilfstummel.

Miklós nahm die Patronenhülsen aus dem Lauf.

„Seit Monaten lauere ich diesen beiden Bestien auf. Weißt du, Jani, was diese zwei Schüsse wert sind? Hundert Hasen, Fasanen und Rebhühner, die es mehr im Revier geben wird. Der elende kleine Kläffer trieb, und der andere packte das Wild. Schäferhunde jagen nämlich stumm und sind daher doppelt gefährlich. Übrigens soll es mir gleich sein, wem die beiden gehörten, ich habe meine Aufgabe erfüllt."

Er faßte den Schäferhund an einem Bein und zog ihn ins Schilf.

„Bis zum Frühjahr bleibt nichts von ihm übrig."

Plötzlich wies Jani mit dem Arm zum Fluß. „Da, sieh mal!"

Der verängstigte Hase ruderte schon dem andern Ufer zu. Als er es erreichte, kroch er aus dem Wasser, schüttelte sich und verschwand mit zwei Sätzen im Weidengebüsch.

„Armes Langohr", sagte Miklós. „Wenn ich den bei der nächsten Treibjagd erkenne, Ehrenwort, ich schieße nicht auf ihn. Ein so tüchtiger Kerl verdient es wahrhaftig, daß er sich vermehrt. Hast du den Kopfsprung gesehen?"

Karak hatte den Schuß und das Heulen des kleinen Hundes gehört, hatte das Maul verzogen, sich geschüttelt und gedacht, mit diesen beiden Hunden werde er in Zukunft nicht mehr rechnen müssen. Dann schlich er vorsichtig auf seinen Bau zu.

Inzwischen hatte sich der Wind fast gelegt, als wäre er müde vom Zerren und Schieben der Wolkenkulissen. Auf das dichte Gestrüpp des Schilfwaldes rieselte feinkörniger Schnee.

Karak hatte schon den Bau im Blickfeld und prüfte mißtrauisch, ob sich dort auch nichts verändert habe. Die Büschelchen vor dem Eingang waren etwas gewachsen, die Brennesseln vertrocknet, und die abgefallenen Blätter hatten den kleinen Hügel mit einem Teppich zugedeckt, der unbeschädigt schien. Wer sollte hier auch gewesen sein? Im Sommer umgaben meist Wasser und Schilf den Hügel, der Ort war für den Fuchs wie geschaffen. Aber Karak beeilte sich nicht: Er setzte sich unter einen alten Baum und starrte auf einen der Eingänge des Baues; außer diesem gab es noch zwei

andere. Der, auf den er starrte, war von gefallenem Laub zur Hälfte verdeckt. Dann machte der Fuchs einen Rundgang und prüfte die beiden anderen Eingänge. Sie waren kleiner, eigentlich gar nicht zu sehen. Niemand ist seit dem Sommer hier gewesen, erkannte Karak und war beruhigt. Und die kleinen schwarzen hüpfenden Blutsauger waren um diese Zeit abgewandert oder verhungert.

Da stieg ein Fasan am Feldrand auf, und der Fuchs spürte, dieser Vogel war in Not. Karak legte sich auf den Bauch; sehen konnte er den schweren Vogel nicht, er konnte nur hören, daß er zwischen den Halmen flatternd und raschelnd flüchtete. Erst als sich die Jagd über seinem Kopf abspielte, sah Karak, daß Killi, der Habicht, hinter der Fasanenhenne her war und sie schon zu Boden drängte. Unweit des alten Baumes erreichten die ausgestreckten Krallen den Fasan. Eine Federwolke in der Luft, ein dumpfer Aufschlag auf dem Boden und Geraschel im dürren Laub...

Karak stürzte hinter dem Baum hervor. Killi hatte dem Fasan bereits den Kopf eingeschlagen, seine würgenden Krallen lockerten sich, mörderisch blitzte es in seinen gelben Augen – aber auf Karaks Ansturm hin erhob er sich mit heiserem Geschrei in die Luft.
Der Fuchs nahm den Fasan und verschwand mit zwei Sätzen im Bau.

Das war eine Jagd! Wie sich Killi jetzt draußen giftete!

Und Karak irrte sich nicht. Der Habicht war schon zum zweitenmal zurückgekommen und rüttelte über den zerzausten Federn. Seine Augen sprühten Funken vor Wut. Er besah sich den Platz, wo er sein Opfer erlegt hatte, und suchte den Fuchs, um ihm wenigstens einen Hieb zu versetzen. Richtig schaden konnte er ihm nicht, ihm höchstens die Mahlzeit verleiden.

Von Karak war jedoch weit und breit nichts mehr zu sehen.

Wie gern hätte er dem Fuchs die schlauen Augen ausgekratzt.

Aber ein Habicht ist für einen Fuchs kein Gegner. Ein Biß, und er ist erledigt. Freilich kann es einmal vorkommen, daß sich die Habichtskrallen im Fuchsfell festhaken, und dabei kann der Fuchs auch ein Auge verlieren, sterben wird er jedoch nicht daran. Der Habicht weiß das, und der Fuchs weiß es noch besser. Übrigens haben die beiden nichts miteinander zu tun, sie stören sich kaum bei der Jagd, und solch ein Zusammenstoß gehört zu den größten Seltenheiten.

Dem Habicht wurde das unnütze Suchen zu dumm, er schwang sich auf einen Ast der alten Sumpfeiche und hockte so reglos da, als wäre er ein Stumpf am dicken Ast, grau und leblos. Ringsum fielen die Schneeflocken, hüllten den Wald in einen grauen Nebel. Den Augen des Habichts entging nicht die geringste Bewegung. Zwei Meisen stöberten im Gesträuch. Etwas weiter klopfte ein Specht und winkte zuweilen mit seiner roten Mütze oder seinen schwarzweißen Schwingen. Killi bemerkte auch, daß am Waldrand ein Volk Rebhühner vorbeischwirrte; wo es niedergegangen war, konnte er nicht sehen.

Er rührte sich nicht, schätzte aber instinktiv die Möglichkeiten ab, die Meisen, Specht und Rebhühner boten. So hungrig er auch war, auf die Meisen verzichtete er sogleich. Ohne rechnen zu können hatte er es im Gefühl, daß dreißig Meisen ein Rebhuhn und zehn Meisen einen Specht ausmachten. Außerdem hielten sich die Meisen in einem Dickicht auf, in dem die Jagd keinen Erfolg versprach. Es blieben also der Specht und die unsicheren Rebhühner.

Der Specht klopft bald den Brustkorb eines kranken Baumes, bald dessen Arme ab; der Klopfton verrät ihm, wo die Schädlinge ihre langen Gänge haben und den Saft unter der Rinde verzehren, woran die Bäume manchmal sogar eingehen. Doch die Spechte klopfen den Herd des Übels ab und meißeln die faule Stelle heraus. Zuerst arbeiten sie mit dem Meißel, dem Schnabel, dann holen sie die Sonde hervor, die Angel und Leimrute zugleich ist: ihre Zunge. Die hat eine harte Spitze mit hornigen Häkchen und klebrigem Speichel. Sobald die kranke Stelle geöffnet ist, stecken sie ihre lange Zunge in das Loch, und der Wurm, der Rüsselkäfer oder die Puppe, kurz alle den Baum schädigenden Insekten, kommen in den Spechtmagen.

Spechte sind schöne und nützliche Vögel: Grund genug, nicht unbesorgt die gierigen Blitze in Killis Augen zu sehen, als er sich vom Ast abstieß und wie das graue Verhängnis auf das Rotköpfchen lossauste.

„Vorsicht! Vorsicht!" schrie ein Eichelhäher, der gerade über den Wald hinwegflog und jetzt mit aller Kraft aus der Gefahrenzone strebte. Der Specht verstand die Warnung, sie hätte ihm aber nichts mehr genützt, hätte er nicht gerade an einer Baumhöhle herumgeschnitzt. Der Habicht schlug wie der zischende Blitz zu, doch die rote Mütze samt ihrem Träger war in der Höhle verschwunden. Das wurde einem Eichhörnchen zum Verhängnis, als es, von dem plötzlichen Geflatter erschreckt, zur anderen Öffnung der Höhle hinaussprang.

Es hatte bei dem schlechten Wetter geschlummert und den gefiederten Zimmermann schon vorher verwünscht, aber nicht damit gerechnet, daß der ihm obendrein auch noch über den Kopf kommen würde. Mit einem Satz war es aus der Höhle hinaus und in den Fängen des Habichts. Die scharfen Krallen zerquetschten den kleinen Körper, der Habicht hatte sein Frühstück.

Der Wald war weiß, die Fluren waren weiß, die versengten schwarzen Flecke verschwanden unter der weißen Decke. Die Saaten steckten noch die grünen Halmspitzen heraus, und so sorgten sich die Wildgänse nicht, und auch die Hasen lagen friedlich in ihren Mulden. Daß es schneite, machte ihnen nichts aus. Unter dem Schnee war es ja warm, warm wie im Iglu eines Eskimos. Der Hasenpelz läßt die Körperwärme nicht nach außen dringen, deshalb ist er trocken, weil der Schnee nicht an ihm schmilzt. Er gibt die Wärme nicht ab und nimmt die Kälte nicht an. Selbst wenn der Hase im tiefen Schnee verweht würde, wüßte er sich zu helfen; sein warmer Atem schmilzt den Schnee vor der Nase weg, es entsteht ein kleiner Kamin, durch den er atmet. Nicht einmal Karak in seinem tiefen Bau schläft geschützter als das Langohr unter dem Schnee.

Zuweilen schweben zwar Schatten über dem Luftloch, doch der Hase rührt sich nicht. Wer könnte ihm schaden? Größere Adler kommen nur selten in diese Gegend, und die Bussarde sind nicht gefährlich, weder die hier ansässigen noch die zugereisten.

Auf einem Baum am Wegrand saßen zwei von ihnen. Der eine war hier geboren, der andere kam aus dem fernen Norden, der Welt der Tundren, und die beiden besahen sich jetzt mißtrauisch. Sie waren Verwandte und wußten es wahrscheinlich nicht. Sie putzten ihr Gefieder und paßten auf – ein Mensch war nirgends zu sehen.

„Wir reisen ab“, sagte der ansässige Bussard und rüttelte sich. „Im Süden gibt es mehr zu fressen, und hier ist es auch schon zu kalt.“

„Für uns reicht die Nahrung“, sagte der andere, der Rauhfußbussard, und reckte sich. „Kalt? Hier ist es doch überhaupt nie kalt. Bei uns gibt es um diese Zeit nichts mehr, nur eine in Weiß erstarrte Welt. Hier ist gut sein.“

„Na, dann werde glücklich!“ erwiderte der Mäusebussard und schlug mit den Flügeln. „Mäuse gibt es hier noch genug.“

Er stieg in einer Spirale zu den Wolken hinauf und flog dann mit gleichmäßigen Reiseflügelschlägen in Richtung Süden. Der Verwandte aus dem Norden sah ihm noch eine Weile nach und entschloß sich dann zu einem kleinen Rundflug, um die Gegend kennenzulernen. Er war am Abend zuvor angekommen und hatte auf dem Krähenbaum genächtigt, den er jetzt verließ, da der Wind sich gelegt und der Hunger sich gemeldet hatte.

Es schneite nicht mehr, und so schwang sich der Rauhfußbussard ziemlich hoch hinauf, kreiste ohne einen Flügelschlag und beäugte gründlich die Gegend um den Fluß. Der Auenwald war schmal und lang, mit hohen Bäumen, ein guter Platz für Schlaf und Rast. In Karaks Wald gab es auch ein, zwei alte Bäume, die gehörten aber zum Sumpf. Weiter entfernt sah er Teiche und den großen Wald, in dem er die vorige Nacht zugebracht hatte. Links stieg der Rauch vom Dorf auf, am Fluß standen zwei Gebäude: die Mühle und das Müllerhaus.

Der Rauhfußbussard sieht von unten fast weiß aus. Der Bauer schätzt ihn ebenso wie den Mäusebussard als guten Gehilfen. Und einer von ihnen ist immer da. Wenn im Frühjahr der Mäusebussard von der Wanderung aus dem Süden zurückkehrt, bricht der Rauhfußbussard auf in seine nördliche Heimat. Es ist, als lösten sie einander ab wie gute Soldaten. Und wäre das nicht so geregelt, fräßen die unverschämten Mäuse die ganze Gegend leer.

Manchmal, wenn der Winter mild ist, bleiben auch die heimatlichen Bussarde zu Hause und die Rotfußfalken ebenfalls – dann gibt es für die Mäuse schwere Zeiten. Tagsüber machen die Raubvögel, nachts die Iltisse, Marder und Füchse Jagd auf sie; kommt dann der Frühling, muß sich das Mäusevolk anstrengen, um den Ausfall wettzumachen. Aber man braucht keine Angst um sie zu haben.

Der Rauhfußbussard hatte sich die Gegend angesehen und glitt in die gewohnte Höhe hinab, er trat die Luft wie sein abgereister Verwandter.

„Gegege-gaga! Kiö ist angekommen! Dem war es zu Hause zu kalt trotz seiner Federhosen."

Ob die Gänse das gesagt haben, läßt sich nicht mit Sicherheit feststellen, immerhin ist es wahrscheinlich.

Freche Bande, dachte der Behoste und verließ in einem schwungvollen Bogen, in dem eine Portion Geringschätzung lag, die watschelfüßige, großschnäblige Gesellschaft. So imposant auch die Fänge des Rauhfußbussards, sein krummer Schnabel und die ganze Räuberphysiognomie anmuten, die Gänse haben keine Angst vor ihm. Nicht einmal die Hasen. Langohr, der Furchtsame, kann ihn mit ein paar Ohrfeigen von seinem Nest vertreiben, wenn es um seine Jungen geht. Und selbst die schwachen Rebhühnchen jagen ihn manchmal davon. Schadlos hält er sich nur, indem er ihre Nester plündert und zuweilen von den frisch geworfenen Hasenjungen eines oder zwei mitnimmt. Daran sind aber die Alten schuld – warum passen sie nicht besser auf! Um diese Jahreszeit indes ist die Jugend herangewachsen, und der Wanderer aus dem Norden ist allein auf Mäuse angewiesen.

Eine hatte er schon gegriffen, und jetzt ließ er sich wieder hinab. Er tat es ruckartig, denn aus großen Höhen kann er nicht plötzlich hinabstürzen, er würde zerschellen. Er muß Stufen fliegen, von der letzten stößt er mit ausgestreckten Krallen nieder.

Das Mäuschen piepste, aber nur leise und kurz. Schon trug es der Bussard auf die einsame Akazie, den bekannten Speiseplatz der Bussarde.

Mittag war vorüber. Ein fernes Glockenläuten schwebte über den Feldern. Der Bussard lauschte mißtrauisch, denn auf den Tundren gibt es keine Glocken. Ungewohnt war es schon, doch offenbar gefahrlos – so mochte dieses eigentümliche Gebimmel zur Gegend gehören.

Nicht dem Rauhfußbussard drohte Gefahr, sondern Miklós; an anderer Stelle und in anderer Gestalt. Nämlich in der Person der Witwe von Gábor Vince, der Besitzerin des in die ewigen Jagdgründe eingegangenen stolzen Hahns.

Miklós hatte sich gerade den Mund nach den Fleckerln abgewischt, den echten mit Grieben und Quark, wie Tante Julie sie zuzubereiten verstand. Nun überlegte er beim einschläfernden Summen des Ofens, ob er sich die Pfeife anstecken oder sich lieber gleich hinlegen sollte zu einem Mittagsschlaf. Miklós stand im allgemeinen sehr früh auf und legte sich sehr spät zur Ruhe. Ein Jäger hat ja keine feste Tagesordnung. Er ißt, wenn er Zeit dazu findet, und schläft, wenn man ihn schlafen läßt. Jetzt, so glaubte er, war beides möglich. Aber der Schein trügt allzuoft, die Wirklichkeit sieht anders aus.

Sie erschien im schwarzen Kopftuch und ging den Korridor entlang. Miklós sah sie ahnungslos kommen, vermutete auch dann noch nichts Böses, als sich in das Klappern der Töpfe und Deckel beim Abwaschen leise Frauenstimmen mischten.

„Er ist zu Hause, freilich ist er zu Hause. Aber vielleicht schläft er schon. Er hat ja keine Ruhe, der Arme, weder bei Tag noch bei Nacht.“

O weh, wer kann das sein? dachte der erschrockene Jäger. Ich lege mich auf alle Fälle lang. Ich schlafe!

„Ob er schläft oder nicht, ist mir gleich. Er ist dazu da, Ordnung zu halten. Ich lasse mir das nicht gefallen."

„Ich schicke ihn heute abend zu dir." Tante Julie versuchte Miklós zu schützen. „Er ist eben erst nach Hause gekommen."

„Was kümmert's mich, wo er sich herumtreibt. Einen solchen Hahn hat es im Dorf noch nie gegeben und wird es auch nie wieder geben. Er soll nur hinkommen, sich die verstreuten Federn ansehen, dann wird er schon wissen, was zu tun ist."

Er wird ja dafür bezahlt, dachte Miklós und zerbrach sich den Kopf, wer diese hartnäckige Person sein mochte, die so gewalttätig seine Mittagsruhe störte.

Auf Tante Julies leises Klopfen reagierte Miklós nicht. Aber Frau Erzsébet Vince, geborene Patkós, ließ sich nicht beirren. „Klopf nur stärker an, so hört er es ja nicht."

„Miklós, hörst du, Miklós, mein Junge", rief Tante Julie durch die spaltbreit geöffnete Tür. „Frau Vince ist da wegen ihres Hahns."

„Ich bin doch kein Hühnerzüchter", sagte mißmutig der Jäger. Doch schon stand die alte Frau Vince in der Tür. Übrigens war er auch mit ihr verwandt.

„Ob du Hühnerzüchter bist oder nicht, ist mir gleich, aber meinen schwarzweiß gesprenkelten Hahn hat heute nacht ein Tier geholt!"

„Kein Mensch?" fragte Miklós und gähnte.

„Nein! Ein Mensch hätte ihn nicht erwischt, denn er saß oben auf dem Klafterholz. Dort liegen auch die Federn herum."

„Schließ ihn ein andermal ein, Tante Lisa!"

„Wie kann ich ihn jetzt noch einschließen? Komm hin, sieh dir die Bescherung an und schieß den Räuber; es heißt doch, die Gemeinde halte zu diesem Zweck einen Jäger. Heute holt sich das Raubzeug den Hahn, morgen die Hühner."

„Und übermorgen die Kuh", sagte Miklós gequält und stand auf. Hoffnungslos, die alte Frau abzuwimmeln. Der Schlaf war ihm vergangen, er kleidete sich an, nahm Jagdtasche und Flinte.

„Also gehen wir, Tante Lisa, wenn es nun mal so dringend ist. Besser, du hättest es gleich heute früh gesagt."

„Gar so eilig ist es auch wieder nicht. Eigentlich wollte ich noch zum Kaufmann gehen."

„Das hat Zeit, Tante Lisa."

„Ich hab' mir gesagt, wenn ich schon hier bin, geh' ich auch auf einen Sprung in die Genossenschaft."

„Kommst du oder kommst du nicht?"

„Was hast du nur für eine gewalttätige Natur, Miklós! Dein Vater war genauso...“

Es schneite nicht mehr, doch der Schnee, der gefallen war, verdeckte jede Spur. Miklós untersuchte alles genau, fand aber nichts außer verstreuten Federn.

„Hast du eine Katze, Tante Lisa?“

„Die fängt den Hahn nicht. Und mein einziger Hund, der ist weggeblieben.“

„Ich frage nicht deswegen. Heute abend stelle ich hier eine Falle auf. Deshalb sollst du die Katze einsperren und es auch den Nachbarn sagen.“

Miklós schob die Holzscheite so zurecht, daß der Räuber nur an einer Stelle hinaufspringen konnte, und dort sollte die Falle den Fuchs erwarten, denn Miklós hatte ihn im Verdacht. Ein Iltis hätte mehr Blut und Federn zurückgelassen, weil er mit dem starken Hahn schwerer fertig geworden wäre, und ein Marder war es schon gar nicht.

„Gegen Abend komme ich zurück mit der Falle. Die darfst aber auch du nicht anrühren, es ist ein gefährliches Gerät.“

Miklós ging hinten durch den Garten auf die verschneiten Felder hinaus, denn frisch gefallener Schnee ist ein großer Verräter. Die Vögel landen nur ab und zu, aber die Vierfüßler schreiben ganze Geschichten von Nahrungssuche, Flucht, Wanderung und blutigen Tragödien in den Schnee.

Der Nachmittagsschnee war freilich nicht viel wert. Er war erst vor kurzem gefallen, und seitdem dürfte sich kaum ein Tier hervorgewagt haben; aber der Jäger war nun einmal in seiner Ruhe gestört worden – und man konnte ja nie wissen. Außerdem mußte er sich einen Köder für die Falle beschaffen: eine Krähe oder sonst etwas, das den Fuchs anlockte.

Der Fußpfad war rutschig von dem bißchen Schnee, aber Miklós wollte sowieso langsam gehen, denn wer eilt, sieht nichts.

Er blieb stehen und betrachtete die verschneite Landschaft. Wer sich für die Nacht noch Nahrung holen wollte, mußte sich jetzt regen. Keine Bewegung war dem Jäger unbekannt, und er erkannte am Flug jeden Vogel, der über das Feld segelte oder im dichten Wald verschwand.

Plötzlich griff er nach der Flinte, wußte aber im gleichen Augenblick, daß es zu spät war. Ein leises Rauschen, entsetztes Piepen einer Ammer, und schon trug der Merlin sein Opfer davon. Er war gekommen, als hätte man einen grauen Strich durch die Luft gezogen, kaum einen halben Meter über dem Boden, und es sah so aus, als hätte das auffliegende Opfer selbst sich ihm in die Krallen geworfen.

Sekundenschnell war er verschwunden. Miklós gab einen unwilligen Laut von sich, obgleich er nicht verkannte, daß diese Art des Vogelfangs kein Handwerk mehr, sondern Kunst war.

Der Merlin kommt ebenfalls aus dem Norden und tritt bei uns nur im Winter als Gast auf. Er ist eine ständige Gefahr für alle kleineren Vögel, schlägt auch eine schwache Wildente, doch ist das die größte Beute, mit der er fertig wird. Er folgt den Vogelschwärmen nach Südeuropa, und im März kehrt er mit ihnen zurück. Vor die Flinte bekommt man ihn zu Miklós' Kummer selten; er erscheint plötzlich wie ein Spuk und ist schneller, als der Jäger anlegen kann, wieder davon. Wenn das kleine Bettelvolk des Winters, die Haubenlerchen und Ammern, sich in die Dörfer verzieht, ist auch der Merlin nicht fern. Er schlägt ebenfalls Tauben, Krähen, Elstern und die im Obstgarten klopfenden Spechte.

Miklós stand noch eine Weile still und dachte, wie schön es wäre, wenn der Merlin zurückkäme. Solche Wünsche gehen aber selten in Erfüllung. Ein lebhafter Auflauf zeigte sich jedoch um die Hundekadaver. Auf einer alten Weide berieten Nebelkrähen, und auf einem Strauch in der Nähe schnatterten aufgeregt zwei Elstern.

„Man könnte 'rangehen", ratschten die Elstern. „Wir haben doch starke, feste Schnäbel."

„Jaja!" schrie der Eichelhäher. „Zwei so große Bissen hat es im Röhricht lange nicht mehr gegeben!"

„Jäger! Jäger!" warnte eine der Elstern, und schon flog die Gesellschaft davon. Miklós ging um die toten Hunde herum.

Die sind hier nicht an der richtigen Stelle, sagte er sich und zerrte die Kadaver tiefer ins Schilf. Dann baute er aus Schilfgarben einen Anstand. Nun schnitt er den Hunden den Bauch auf und zog sich in sein Versteck zurück, nicht weil er etwas schießen, sondern weil er den Platz erproben und sich umsehen wollte.

Der Anstand war nicht schlecht, aber es gab doch noch einiges daran zu verbessern. Das Schilf unter den Füßen mußte gut zertreten werden, sonst krachte es. Die überflüssigen Öffnungen sollte man verstopfen, denn das Pfeifen des Windes in der warmen Stube zu hören, mag angenehm sein, aber hier draußen war es das ganz und gar nicht.

Einige der Schilfgarben waren angesengt vom Feuer; dies hatte den Vorteil, daß sie echter wirkten. Alles Neue, Unnatürliche vergrämt das Wild.

Die Hunde lagen jetzt in Schußrichtung, und mit den aufgebrochenen Bäuchen lockten sie die gefiederten Totengräber an; Krähen und Elstern hätten das gefrorene Hundefell nicht aufreißen können.

Schöne Balgereien wird's hier geben, dachte der Jäger und lächelte. Einen Kampf zwischen Nebelkrähen und Saatkrähen, bis ein Rauhfußbussard kam und die Bande zur Vernunft brachte. Später werden es die Fährten verraten, ob sich der Fuchs zur Gratismahlzeit eingefunden hat, die ihm nicht nur die Witterung, sondern auch das Gekrächze tagsüber verraten würde. Jetzt kam die Zeit für den Jäger.

Doch in diesem Augenblick dachte Miklós erstaunlicherweise nicht an den Fuchs, sondern an das Abendessen am Sonnabend oder – wozu die Umschweife – an Esti. Ja, der Jäger verlor sich so tief in seinen Plänen, daß er nicht einmal bemerkt hätte, wenn ein Bartgeier auf das Aas niedergestoßen wäre, geschweige denn sah er die paar Nebelkrähen, die so still zu den Hunden herabflatterten, als hüteten sie das Geheimnis ihrer Entdeckung.

Eine von den Nebelkrähen war eben erst angekommen, sie wußte nichts von Miklós' Schilfhütte, war aber trotzdem mißtrauisch.

Miklós bemerkte sie nicht. Vielmehr überlegte er, wann und in welcher Form er sich den Eltern Estis erklären sollte, wie er sich zuvor mit Esti einig werden konnte.

Als er dann doch durch das Loch im Schilf blickte, dachte er überrascht: Wie kommt die denn hierher?

Die Krähe wußte nicht, daß sie zum Luder ausersehen war, daß der Mann dort hinter dem Schilf schon beschlossen hatte, aus ihren Flügelfedern Pfeifenreiniger zu machen. Und als eine kleine Meise gern am Hundekadaver knabbern wollte, stand die Nebelkrähe daneben wie ein Gendarm. „Untersteh dich!" krächzte sie. „Die Hunde gehören mir! Scher dich fort!"

Miklós hob leise die Flinte. Gern hätte er sich noch eine Weile umgesehen – denn im winterlichen Wiesengrund konnte man um diese Zeit lesen wie in einem Buch –, aber der Wintertag war kurz, und er brauchte die Krähe für die Falle.

Der trockene Knall der Flinte zerriß den schläfrigen, dämmerigen Nachmittag.

„Karr, was ist passiert? Karr, karr!“ schrien die Krähen ringsum, kamen aber nicht näher.

Miklós verließ schnell seinen Anstand. Der dreifüßige Jagdstuhl verschwand im Rucksack, dazu die Krähe. Dem einen Hund gab er noch einen Tritt und verließ eilig das verbrannte Röhricht. Ein bißchen Neuschnee, dachte er, wäre jetzt von Nutzen; er würde die Spuren, den Geruch seiner Stiefel und seine Witterung wegputzen. Aber der Wind hatte sich gelegt, und der blaue Dunst über den Feldern verhieß eine kalte Nacht.

Still war es hinter den Vorgärten, nur der Rauch wand sich zwischen den Apfelbäumen, auf dem Fußpfad waren allein die Spuren des Jägers zu sehen.

Im Frühling wird es hier wieder lebhaft zugehen, die grüne Wiese von Kindern und jungen Gänsen voll sein. Die alten Gänse werden mit einem Auge nach Weihen zum Himmel hinaufspähen, während die Küken unbekümmert die Grashalme abreißen. Die Kinder flechten Ketten aus den Löwenzahnstengeln, aus denen eine bittere Milch tropft, die jeder einmal in seinem Leben probiert; die Ungläubigen und Wißbegierigen tun es mehrere Male... Der Frühling war jedoch noch weit.

Tante Lisa aber stand unter der Haustür, hielt die Hand über die Augen und spähte nach Miklós, der immer näher kam.

„Bist du das, Miklós?“

Miklós hielt die Frage für überflüssig. „Sind die Hühner schon auf dem Baum?“ entgegnete er.

Auch diese Frage war überflüssig, denn jeder konnte auf dem Maulbeerbaum die Hühner sehen, die jetzt neugierig die Hälse reckten.

Miklós legte den Rucksack ab, nahm die Krähe, das Tellereisen und eine kleine Büchse heraus.

„Was ist da drin?“

„Hasenfett“, sagte Miklós. „Ein Fuchs oder ein Iltis würde den Geruch meiner Hand spüren, deshalb schmiere ich die Falle ein.“

Miklós riß die starken Flügelfedern heraus, machte ein paar Einschnitte in den Vogelkörper und spannte dann die beiden Bügel der Falle, dazwischen legte er die Krähe und stellte den Auslöser ein.

„So, das wäre jetzt in Ordnung. Aber sag bitte allen Leuten in der Nachbarschaft Bescheid, daß nicht etwa ein Kind daran rührt.“

„Hier kommt ja niemand her; aber meine Hühner!“

„Bis deine Hühner herunterkommen vom Baum, ist die Falle

nicht mehr da, ich hänge sie in den Stall, und jeden Abend stelle ich sie wieder hier auf."

„Ja, so wird's richtig sein. – Komm doch rein, Miklós, auf ein Glas Wein!"

„Danke schön, aber um diese Zeit möchte ich nichts trinken, und ich habe noch zu tun."

Das fehlte noch, dachte Miklós auf dem Heimweg. Dann erfährt morgen das ganze Dorf, ich hätte Wein wie Wasser gesoffen und noch mehr verlangt.

Seine Stube empfing ihn wie eine warme Umarmung. Er war seit morgens vier Uhr auf den Beinen, und jetzt setzte sich ihm plötzlich der Schlaf in den Nacken und kippte seinen Kopf nach vorn. Er schlüpfte aus den Stiefeln und hatte das Gefühl, Tante Julies Rühreier mit Speck verwandelten sich in seinem Innern sogleich in Blut.

„Ich habe auch einen Tropfen Wein."

Der Tropfen Wein füllte einen Biermaßkrug. Der Jäger setzte ihn an, schöpfte Atem, und als er den Krug wieder auf den Tisch stellte, war er leer.

„Auf dein Wohl!" sagte Tante Julie, dann drehte sie sein Kissen um, klopfte darauf, und das war für Miklós soviel wie der Zapfenstreich für den Soldaten.

„Tante Julie, weck mich, wenn das Haus brennt, denn von selbst wach' ich auch dann nicht auf."

Die alte Frau nahm die Lampe, und als sie die Tür hinter sich schloß, lag der Jäger schon im Bett.

Miklós war schon um vier Uhr am Fluß gewesen, und als er sich nun ausgestreckt hatte, war es acht Uhr abends. Das sind sechzehn Stunden; es kommt aber auch vor, daß er um zwei Uhr aufsteht und erst um zehn Uhr nachts nach Hause kommt. Zwischendurch brennt ihn die Sonne, zehren Wind und Regen an ihm oder Frost, der wie ein Rasiermesser schneidet. Oft kommt er gar nicht heim, zu Tante Julies großem Kummer, und ißt nur so aus der Hand ein Stück Speck mit Brot, macht eine kurze Schlummerrast auf einer Schilfgarbe oder lehnt den Rücken an die moosbedeckte Rinde eines Baumes.

Ein Jäger hat keine festgesetzte Tagesordnung. Ein Teil des Wildes führt ein Tag-, der andere Teil ein Nachtleben, und der Jäger kann weder am Tage noch in der Nacht nach der Uhr sehen und feststellen, die Arbeitszeit sei nun vorbei. Der Jäger muß sich dem

Wild anpassen: essen, wenn es etwas zu essen gibt, und schlafen, wann es eben geht. Und was muß er nicht alles wissen und kennen, das man nur durch die Praxis, in ständiger Beobachtung und Bereitschaft erlernen kann.

Die Gräser und die Bäume, die Wolken und die Sterne, der Mond und der Wind, der Schnee und der Regen, die Kälte und die Wärme, Düfte und Gerüche, Geräusche und Töne, Bewegungen und Geplätscher, Sonnenuntergang und Sonnenaufgang, Pflügen und Säen, Straßen und Pfade, Fährten im Sand, im Matsch, im Schnee – all das hat etwas zu sagen. Es treibt an zur Eile oder fordert zum Verweilen auf, verspricht oder versagt etwas, ermahnt den Jäger, prophezeit, verbirgt oder verrät ihm, wenn er sein Handwerk versteht, ein Geheimnis, dem er sich sofort anpassen muß, genauso wie Karak, Langohr oder Lutra es tun müssen.

Es war also acht Uhr abends, und Miklós schlief so tief, wie ein gesunder und ermüdeter junger Mensch zu schlafen pflegt.

Unterdessen erwachte draußen das Leben; die nächtlichen Jäger zogen auf Beute aus, die aus Pflanzen, Körnern, Früchten, aber auch aus Fleisch besteht. Oder ist es eine gemischte Nahrung: Der blutgierige Marder zum Beispiel, der imstande ist, alle Bewohner eines Hühnerstalls auszurotten, frißt am allerliebsten Weintrauben oder die auf dem Dachboden ausgebreiteten Dörrpflaumen. Ein gezähmter Marder nimmt freudig den Spatz an, den sein Herr für ihn geschossen hat, läßt aber die Beute sogleich liegen, wenn sein Herr ein Stück Zucker aus der Tasche holt.

Der wild lebende Marder kann sehr schädlich sein. Verfolgt wird er aber nicht allein deswegen, sondern auch wegen seines wertvollen edlen Pelzes. Ein gutes Marderfell ist soviel wert wie ein Dutzend Fuchsfelle und unvergleichlich schöner. Bei uns sind allein der Edelmarder- und der Otterpelz noch wertvoller. Während diese Tiere die Menschennähe meiden, hausen und vermehren sich die Haus- oder Steinmarder auf dem Boden unter dem Strohdach und in verlassenen Kellern. Und doch kann man sie nur selten erbeuten.

Schatten gibt es immer, selbst in solchen Mondnächten, und der Marder ist ein Schatten im Schatten.

Miklós kümmerte sich jetzt nicht um Marder, überhaupt interessierte ihn nichts bis zum Morgen, bis Tante Julie ihn ohnehin weckte. Sie wiederum wurde um vier von rheumatischen Schmerzen geweckt.

Der Mond war im Zunehmen und verhieß Kälte. Noch schwebte der abendliche Dunst über den Feldern, auch die Sterne funkelten nicht so wie bei hartem Frost, und der Schnee würde nicht unter den Schritten knirschen, wenn jemand am Flußufer entlang ginge. Doch wer sollte dort um diese Zeit herumsteigen, wenn der Jäger schlief.

Der Mond indes stieg höher, der Dunst verschwand, die Sterne blinkten lebhafter, und die Schatten wurden kantiger.

Sieh mal einer an, dachte Karak, der Fuchs, als er den Kopf aus dem Nordeingang seines Baus steckte, wie hat sich die Welt verändert!

Wohlausgeruht hatte er die Aufregungen des Tages, aber auch den zarten Fasanenbraten vergessen. Er war zu neuen Abenteuern im verschneiten Wald bereit; zunächst beschnüffelte, besah und belauschte er ihn. Er fand alles in Ordnung, beeilte sich aber nicht. Langsam wie eine Schnecke steckte er den Kopf noch ein bißchen weiter aus dem Bau, dann folgte ebenso bedächtig der ganze Körper. Karaks scharfe Augen sahen sofort das Knäuel auf einem jungen Baum. Es hatte einen schönen langen Fortsatz, der herabhing und Karak nicht im Zweifel darüber ließ, daß ein Fasan dort schlief. Er hatte ja am Abend zuvor gehört, wie der Vogel mit großem Lärm dort aufgebaumt war. Leider unerreichbar!

Wie bedauerlich für Karak, daß die Behauptung, der Fuchs könne mit der hypnotischen Kraft seiner Augen jeden Vogel vom Baum herunterholen, nur ein Aberglaube ist. Karak wußte also, der Hahn dort auf dem Baum würde den Platz der Henne in seinem leeren Bauch nicht ausfüllen. Er schlich lieber an den Waldrand, setzte sich und betrachtete ausgiebig die Landschaft. Dann schnürte er durch eine Senke, hielt aber bei jedem Grasbüschel an und wurde eins mit ihm im Schatten.

Hopp! Wie von einer Stahlfeder abgeschnellt, sprang Karak in die Luft, und als er wieder landete, drückte er die Pfoten auf einen kleinen beweglichen Hügel. Ein Mäuslein, vielleicht unterwegs zu einem Verwandtenbesuch, hatte einen Halm bewegt, und der Fuchs schnappte unbeirrbar die magere Beute.

Der Mondschein wurde immer heller, die Schneefelder glitzerten. Das hatte Karak nicht gern; er sah zwar besser, wurde aber auch besser gesehen. Auf einer Lichtung blieb er stehen, duckte sich. Hier hatte sich etwas verändert! Der hohe Schilfhaufen war gestern noch nicht dagewesen, jedenfalls hatte das Schilf anders dagelegen. Äußerst vorsichtig rutschte er vorwärts und bekam Witterung von dem durch den Frost gemäßigten, doch unverkennbaren Geruch der Hundekadaver. Es war nicht der warme Geruch lebendiger Beute, sondern der rohe gefrorener Nahrung.

Nichts rührte sich, keine Gefahr lag in der Luft, und doch mochte in der Erinnerung Karaks ein verschwommener Zusammenhang zwischen der Schießerei von vorgestern, dem Heulen des kleinen Hundes und dem Geruch bestehen. Ein Grund, die Vorsicht nicht zu lockern. Endlich sah er die dunklen Umrisse der beiden Hunde, aber er erblickte auch noch etwas anderes, und heftiger Zorn und Neid erfüllten ihn.

Auf der entgegengesetzten Seite der Lichtung kam zwischen abgebrochenen Schilfhalmen ein anderer Fuchs zum Vorschein. Karak zitterte vor Wut. Ein Fremder kam in sein Revier. Er rührte sich zunächst nicht, denn der andere Fuchs schien recht unvorsichtig zu sein. Er schenkte dem verdächtigen Schilfhaufen keine Beachtung, war also offenbar nicht aus dieser Gegend.

Karak duckte sich noch tiefer. Und auch der Fremde hielt jetzt inne, als hätte der Geruch der Hunde ihn erst jetzt erreicht. Dann streckte er sich wie einer, der in bequemerer Lage abwarten wollte, ob es sich um Fraß oder um irgendeinen hinterlistigen Anschlag des Menschen handelte. Nichts rührte sich. Eine ganze Weile nichts. Karak zuckte zuweilen aufgeregt mit dem Schwanz; der andere saß geduldig, bewegte nur die Ohren, wenn vom Dorf her ein Hahn meldete, daß Mitternacht vorüber sei.

Das Wasser lief Karak im Maul zusammen, und sein Magen forderte energisch Nahrung. Endlich rührte sich der andere, offenbar wollte er in großem Bogen um die Hundekadaver herumgehen. Das aber konnte Karak nicht mehr dulden. Als der Fremde an ihm vorbei wollte, stürzte er sich auf ihn. Der andere sprang zur Seite, stellte sich aber sogleich dem Angreifer und bleckte die Zähne.

„Willst du raufen? Dann komm!"

Karak duckte sich sprungbereit und klopfte mit dem Schwanz nervös auf den Schnee, obgleich ihm schon klar war, daß es keine Rauferei geben würde. Die knappen Bewegungen des Fremden waren vollkommen, der Angriff hätte ihn nicht unvorbereitet getroffen, er hätte bestimmt den Platz nicht geräumt. Das schien ein entschlossener, harter Fuchs zu sein, der mit blitzenden Augen sprach: „Fressen will ich!"

Karak zuckte als Antwort mit den Ohren, nicht ohne eine gewisse Bereitschaft zum Friedensschluß.

„Könntest du nicht anderswo jagen?"

„Hier will ich jagen!"

Karak lockerte die angriffslustige Spannung, setzte sich auf und drückte unmißverständlich aus: „Es ist Platz für uns beide da!"

Wer da glaubt, in Freund Karak stecke auch nur ein Funken Nachgiebigkeit, der irrt sich. Karak war weder nachgiebig noch verständnisvoll und auch nicht sentimental. Seine Freundlichkeit hatte einen anderen Grund. Der fremde Fuchs war eine Füchsin.

Die Zeit für Hochzeiten war zwar noch nicht da, aber auch nicht mehr weit, und das fühlten beide Füchse.

Karak näherte sich von der Seite her der Fähe, die nur ihren Kopf wendete, doch alle Muskeln spannte. Blitze zuckten in ihren Augen, die genausogut Bereitschaft zur Rauferei wie zur Freundschaft bedeuten konnten.

Karak beschnüffelte die Fähe und kratzte sich.

„An den Fraß lassen wir keinen anderen heran."

Das Schließen der Freundschaft, das gegenseitige Beriechen, ging lautlos vor sich, keiner wird den Geruch des anderen je wieder vergessen.

Karak rückte ab, doch der Gast folgte ihm nicht. Er saß und betrachtete hungrig das Fleisch. Karak lief zurück, als wolle er sagen, die Hunde seien verdächtig. Die Fähe wich nicht von der Stelle.

Ihm gefiel ihre Selbständigkeit, und so grimmig ihn auch der Hunger stachelte, er gab die Beute frei und schnürte wohlgemut auf das Dorf zu, in das ihn angenehme Erinnerungen lockten.

Im Schatten der Zäune besann er sich auf die unerläßliche Vorsicht. Er horchte und witterte und fand, er könne ruhig weitergehen. Die Hunde schwiegen, Mitternacht war längst vorbei, kein Rauch behinderte die Witterung, und das Mondlicht gewährte gute Fernsicht. Durch den schadhaften Zaun bei Tante Lisa schlüpfte Karak wie einer, der hier zu Hause ist. Inmitten des Gartens stand ein halb in die Erde eingegrabenes Faß. In dessen Schatten verharrte Karak. Die Hühner hockten auf dem Baum, und auf dem Holzstapel sah er nur eine tote Nebelkrähe.

Verdächtig. Der Holzstapel war nicht so wie tags zuvor. Warten, abwarten, vielleicht brachte die Zeit eine Lösung. Einstweilen geschah nichts. Beim Nachbarn im Stall trampelten zuweilen die Pferde, und im Schweinekoben krachten die Bretter, wenn das Mastschwein seine Lage wechselte. Bekannte Töne, ungefährliche Töne.

Von der Scheune nebenan löste sich ein schwarzer Schatten. Ein Tier, das, sich zierend, immer wieder den Schnee von den Pfoten schüttelnd, durch den Hof schlich. Eine große schwarze Katze.

Zu weit! stellte Karak fest, am ganzen Leibe zitternd. Vielleicht kommt sie näher.

Die Katze lief zum Holzstapel und besah sich des längeren die Krähe. Dann stellte sie sich auf die Hinterbeine und beschnüffelte den billigen Braten und dann – Karak fiel fast um vor Entsetzen und konnte sich kaum fassen, als er schon den Fluß entlang flüchtete.

Nein, dieser Fall war völlig unverständlich für Karak. Fest stand nur, daß er den Hof der Witwe Vince nie wieder betreten und nie mehr an eine tote Krähe rühren würde.

Nach einigem Zögern war die Katze zur Krähe hinaufgesprungen – es blitzte und krachte. Das war das letzte, das die Katze wahrnahm.

Miklós hatte, weil er keine Fuchsfalle besaß, ein besonders starkes Ottereisen auf den Holzstoß gelegt. So mußte die Katze wenigstens nicht leiden.

Karak war sogar der Hunger vergangen, so erschrocken war er; total verschüchtert schlüpfte er ins Gebüsch.

Da sah er etwas, das ihn Angst und schlechte Laune vergessen ließ: Die Fähe fraß! Ohne langes Besinnen machte er sich an den kleineren und dickeren Hund, als wäre es die selbstverständlichste Sache der Welt.

Ini, die fremde Füchsin, sah Karak an, sie fraß nur noch lustlos weiter, ihr Bauch war merklich runder geworden. Im Blick, den sie Karak zuwarf, lag eine Frage.

Karak wedelte mit der Lunte und zerbiß eine Rippe wie ein Stück Lebkuchen. Aber seine Antwort war unmißverständlich.

„Ob wir Platz haben? Das will ich meinen, und für ein halbes Dutzend Welpen noch dazu.“

Daraufhin streckte sich Ini aus, fressen konnte sie keinen Bissen mehr, und legte den Kopf auf die Vorderläufe. In dieser Gebärde lag Gelöbnis, Schutz und Trutz, Zusammengehörigkeitsgefühl, mit einem Wort: ein Ehevertrag.

„Friß, Karak!“ Das lag auch in der Gebärde. „Ich paß'schon auf.“

Als die Hähne den Morgen ankündigten, schnürten zwei dickbäuchige Füchse zum Sumpfwald. Sie gingen, als gehörten sie schon lange zusammen, und die Fremde schlüpfte in den prächtigen Bau, als wäre sie darin geboren. Sie beschnüffelte sämtliche Nebenräume und Kammern, dann legte sie sich mit der größten Selbstverständlichkeit und zufriedenem sattem Schnaufen neben Karak auf das Lager. „Prächtig bist du, Karak“, hätte sie gesagt, wenn Füchse sprechen könnten. Daß sie es empfand, ist sicher.

Zur gleichen Zeit, als sich Ini behaglich zusammenrollte, wurde Tante Julie wach. Der böse Schmerz in der Schulter hatte sie geweckt.

„Du läßt mich nie verschlafen, verdammtes Stechen, du hörst um keinen Preis auf... Es ist aber auch Zeit, Miklós zu wecken!“ Leises Rascheln im Finstern, Klappern mit der Streichholzschachtel, schließlich ging die Lampe zögernd an.

Die alte Frau seufzte. „Ich schlag' ein paar Eier in die Pfanne, sonst geht mir der Junge hungrig aus dem Haus, dumm wie er nun mal ist.“

Als in der Küche die Pfanne klapperte, die Herdtüre auf- und zufiel, begann der Jäger aus der Tiefe des Schlafes aufzutauchen. Er atmete etwas rascher und schluckte, denn der Geruch von Eiern mit Speck war durchs Schlüsselloch gedrungen.

„Miklós!“, rief Tante Julie, „vier Uhr!“

„Ja“ sagte der Jäger und wäre gleich wieder eingeschlafen, wenn Pflichtbewußtsein und die Pläne vom Vortag nicht das Schlafbedürfnis verjagt hätten.

Die Beute in der Falle! Das war der Gedanke, der alle anderen vertrieb. Der Marder in der Falle!

Miklós setzte sich auf und besah sich etwas dümmlich den hellen

Strich am Türspalt... Aus der Küche hörte er sanftes Brutzeln und spürte die ersten Wellen von Fett- und Zwiebeldüften.

Daraufhin reckte sich der Jäger so unbändig, daß seine Knochen nur mit Mühe wieder auf ihren Platz zurückfanden. Dann stand er mit einem Satz auf den Beinen.

Ein schöner abenteuerlicher Morgen kündigte sich an. Das Frühstück, die unvergleichlichen Rühreier Tante Julies, die Wirklichkeit von leckeren Düften überzeugten den Jäger, daß dieser Tagesanbruch ihm nichts Besseres mehr bescheren konnte.

Das Dorf war noch still, nur ab und zu leuchtete ein Fenster, und irgendwo knarrte auch schon eine Tür.

Auf dem Hof ging der Jäger mit einem kleinen Umweg zum Holzstapel; er wollte das Eisen nicht auf einmal erblicken. Er machte ein paar Schritte, stand dann still und lauschte: Wenn das Eisen sein Opfer nicht richtig erwischt hatte, mußte es sich noch bewegen.

Nichts war zu hören. Die Hühner schliefen mit eingezogenen Hälsen. Die Sterne verblaßten langsam, nur der Schnee leuchtete, und in dieser Beleuchtung zeichnete sich ein schwarzes Tier in der Falle ab.

Gefangen! dachte der Jäger freudig überrascht. Also doch ein Marder. Na, da hatte ich Glück. Und was für ein Riesenkerl dieser Marder ist!

Die Freude währte kurz. „Hätte dich bloß der Blitz getroffen, du elende Katze!" rief Miklós nun schon laut hörbar. „Was hattest du hier zu suchen?"

Der Jäger tat gut daran, die Katze rasch verschwinden zu lassen, denn wenn die Nachbarin von deren frühem Tod erfuhr, würde es Ärger geben.

Miklós steckte die Katze, nicht den erhofften Marder, in den Rucksack, hängte das Tellereisen auf einen Haken im Stall und ging durch den Garten auf die Felder zu. Inmitten des Gartens hielt er an und lud noch ein paar Flüche auf die Katze im Rucksack ab. Der Fuchs war hiergewesen! Ja, die Spuren zeigten genau, wo Karak mit gleichmäßigen Schleichschritten gekommen und wo er in langen Fluchten geflohen war. Sein Liegeplatz neben dem eingegrabenen Faß war genau auszumachen. Der Fuchs hat also hier auf der Lauer gelegen, als der blöde Kater ins Ottereisen ging, und beim Zuschnappen ist er erschrocken geflohen. So reimte sich der Jäger zutreffend den Fall zusammen.

Das Eisen ist jedenfalls auf dem richtigen Platz gewesen, grübelte der Jäger weiter, und das Katzenfell will ich mir gerben, für eine Mütze wird es vielleicht reichen.

Ein Jäger muß nicht nur ein Tier pelzen können, er muß auch etwas vom Gerberhandwerk verstehen. Das Fell der Hauskatze ist warm und haltbarer und schöner als das der Wildkatze. Nur wenige wissen, daß Wildkatzenfell von geringem Wert ist und daß die begehrten Wildkatzenpelze durchweg Hauskatzen ausgezogen wurden, Katzen, die man eigens zu diesem Zweck züchtete. Der Pelz der wild lebenden Tiere ist im allgemeinen schöner und haltbarer als der der gezüchteten oder der Haustiere. Daß es sich bei der Wildkatze anders verhält, ist ein Beweis dafür, daß die Hauskatze nicht von ihr abstammt. Vorfahr der Hauskatze war die nubische oder Kaffernkatze, die im Ägypten der Antike gezähmt wurde. Von dort verbreitete sie sich über Europa und Asien. Die chinesische Hauskatze stammt also genauso aus Ägypten wie etwa die englische. Die Ägypter dürften schwer unter der Mäuseplage gelitten haben, darum verehrten sie die Katze als heiliges Tier. Wer eine Katze tötete, büßte es mit dem Leben, denn hundert Sklaven konnten die Speicher der Pharaonen nicht so gut vor den hungrigen Mäusen bewahren wie eine einzige Katze.

Miklós dachte bestimmt nicht an diese historischen Tatsachen, denn er schaukelte den Kater ziemlich respektlos in seinem Schnappsack, und es fiel ihm gar nicht ein, daß er im alten Ägypten deswegen hingerichtet worden wäre, etwa vor 5000 Jahren.

Bald jedoch vergaß er die Katze; er verfolgte die Spur Karaks, der im Kommen und Gehen denselben Weg genommen und dort, wo der Jäger jetzt stand, das Tempo verlangsamt hatte, die Spur zeigte es genau.

Fest stand, Karak hatte mal wieder Glück gehabt; wäre er nicht Ini, seiner künftigen Lebensgefährtin, begegnet, wäre er dem Kater zuvorgekommen und unweigerlich in die Falle gegangen – an des Katers Statt, dessen Vorfahren mit den Pharaonen aus einer Schüssel gegessen, was sie als Heilige ruhig hatten tun dürfen.

Ein milder Nebel geisterte über dem Fluß, die Fluren hatten die Nacht schon abgeschüttelt. Das Mondlicht war bleicher geworden, und die Sterne verschwanden in der Helligkeit, die den Tag verhieß. Das ferne Geschnatter von Wildgänsen störte die morgendlich kühle Stille nicht.

Miklós blieb am Ufer stehen, dort, wo Karak in den Sumpf abgebogen war, und überlegte, ob er ihm folgen solle. Eine Fuchsspur zu verfolgen, ist eine ziemlich hoffnungslose Sache; ein Fuchs legt in einer Nacht große Strecken zurück, und selbst wenn der Jäger sein Lager ausfindig macht, hört der Fuchs ihn kommen und nimmt rechtzeitig Reißaus. Führt aber die Fährte zu irgendeinem bekannten oder unbekannten Bau, kann ein Jäger ohne Hund nichts tun, weil er allein nicht feststellen kann, ob der Fuchs zu Hause ist.

Während Miklós aufmerksam die Spur verfolgte, rief jemand vom Wald her und winkte.

„Gut, daß ich dich hier treffe", sagte ein Bauer aus dem Dorf außer Atem. „Diesen Zettel schickt dir der Müller wegen deines Mehls. Ich hätte ihn dir in die Wohnung gebracht, so aber spare ich mir den Weg. Bist du auf der Jagd?"

„Ja. Das heißt, ich verfolge eine Fuchsspur, vielleicht führt sie mich irgendwohin."

Den „Zettel" steckte Miklós in die Tasche, denn es war kein Zettel, sondern ein Brief, und den wollte er erst aufmachen, wenn er allein war.

Die dünne Schneedecke knirschte nicht, die Kälte hatte nachgelassen. Miklós kümmerte das nicht.

„Wir erwarten Sie morgen zum Mittagessen", hieß es unter anderem in dem Brief, von Mehl stand kein Wort darin. Miklós steckte das Papier, nachdem er es fünfmal gelesen hatte, wieder in die Tasche und widmete sich mit verstärktem Eifer Karaks Spur; sie bildete eine genauso schöne Zeile wie die Buchstaben des Briefes, nur eine etwas lockerere.

Ja freilich, sagte sich Miklós später, daran hätte ich denken müssen! Die Spuren führten zu den beiden Hunden, und der Jäger stellte freudig fest, daß die Kadaver tüchtig angefressen waren. Ringsum überall Fuchsspuren! Wäre ich doch bloß in der Nacht hiergeblieben!

Nun war aber schon heller Tag. Ein Sonnabendmorgen, der schon die Verheißung des sonntäglichen Mittagessens bei den Müllersleuten in sich trug.

Der Schnee bleibt nicht liegen, dachte Miklós mit einigem Bedauern; war er einmal gefallen, sollte er doch nicht gleich wieder wegschmelzen. Es wäre besser für die Saaten, sie wären vor Frost geschützt und würden sich schneller entwickeln – und besser auch für mich, denn die Wildspuren bieten allmorgendlich eine lehrreiche Lektüre.

Der Schnee bleibt nicht liegen, stellte der Jäger erneut fest und schwenkte ab zum Fluß, um auch dort nach Spuren der nächtlichen Jäger Ausschau zu halten. Da war es schon klar, daß der Wind den Himmel über dem Nebel bald sauber fegen würde.

„Na, du“, rief Miklós erstaunt, „was mußtest du auch hier bleiben!“ Er ließ sich auf eine vorstehende Landzunge hinab, um die zerstreuten Überreste des Reihers näher zu untersuchen. Den hat jemand gründlich zugerichtet, dachte er, und im ersten Augenblick wußte er noch nicht, wer es war. Die Stätte des Kampfes war aufgewühlt, und der hin und her gezerrte Körper des großen Vogels hatte die Spuren verwischt.

Der Reiher wird krank gewesen sein, sagte sich Miklós, sonst wäre er auf seinen Schlafbaum geflogen, und der Täter war der Otter, besser gesagt: zwei Otter waren es, denn die Spuren zeigten die Tritte eines großen und die eines kleinen Otters.

Die Tritte logen nicht, und sie waren nicht am Ufer, sondern im seichten Wasser zu sehen, im weichen Lehm, so scharf wie mit dem Meißel eingeschnitten.

Miklós starrte die Spuren mit der Schwimmhaut so aufmerksam an, als erwarte er eine laut vernehmbare Auskunft von ihnen. Nun waren sie also schon zu zweit. Wo aber? Wo mochten sie hausen? Die alte Frage bedrückte ihn so sehr, daß er sogar den Brief vergaß. Aber die Spuren gaben keine Antwort.

„Wo sind sie nur?“ rief der Jäger laut und sah zu der schiefen alten Espe hinauf, an der kein einziges Blatt mehr saß und deren Rinde rauh und rissig war. Unter ihren Wurzeln aber bewahrte sie treulich die trockene warme Höhle und in ihr die beiden Otter.

Jawohl zwei Otter. Denn vergangene Nacht hatte sich Lutra davon überzeugt, daß das kleine Weibchen solcher Auszeichnung würdig war.

Als Lutra am Abend zuvor den Kopf aus dem Wasser steckte und tief den frischen Schneegeruch einatmete, verhieß die veränderte und unberührte Welt der weißen Ufer ungefährdete Freiheit und erfolgreiche Jagd. Denn wenn der Otter auch besser zu sehen ist, wenn er ans Ufer geht, so sieht er doch auch, wenn er im finstern Fluß schwimmt, jede Regung auf den weißen Ufern besser, und sei es nur ein Mäuschen, das sich rührt.

Diesmal jedoch waren es nicht nur Jagd, Beute und Nahrung, um die es ging. Im Wasser, am Ufer in den bekannten Sträuchern, im anheimelnden Rauschen der Mühle lag eine Sehnsucht, eine Verheißung, die Lutra lange nicht mehr verspürt hatte. Sein einzelgängerisches Wesen lockerte sich, er wurde fröhlich, fast leichtsinnig, kümmerte sich nicht um den Hunger, schwirrte hin und her im Wasser, schnüffelte am Ufer, stand lauschend auf Steinen und schwamm schließlich ans andere Ufer, wo er unlängst das kleine Otterweibchen getroffen hatte. Furchterregender, eifersüchtiger Haß trieb ihn an, ein mörderischer Zorn, eine kampfbereite Spannung, die ihn immer überkam, wenn er allein oder zu zweit sein wollte.

Er hätte sich den Zorn sparen können, denn das kleine Weibchen hockte allein am Ufer, fraß mit gutem Appetit und nahm von Lutra überhaupt keine Notiz. Der aber spürte, daß die Otterdame ihn sah, und die eben noch empfundene Kampfeslust wich einer leichten Fröhlichkeit. Er schwamm ans Ufer, schnaubte leise, worauf die Dame erschrocken zusammenzuckte, aber beide wußten, daß das nur Spiel war.

Daraufhin stieg Lutra ans Ufer, beroch den schönen großen Hecht, fraß aber nicht von ihm, obgleich das Weibchen zur Seite trat, bereit, die Beute dem Mächtigen zu überlassen.

Lutra machte indessen eine Bewegung, als wollte er nicht in den Hecht, sondern in das Weibchen beißen, das beiseite sprang: „Ich habe Angst! Bitte, friß lieber vom Fisch!“

Nun machten sich beide über den Hecht her, wobei sich ihre Nasen wiederholt berührten. Jedesmal sprang die Kleine zurück, als bitte sie um Entschuldigung, während Lutra gleischsam unter seinem Schnurrbart lächelte.

Ringsum wurde die Landschaft heller und freundlicher, ja sogar wärmer. Das Spiel ging weiter und wurde mannigfaltiger. Das Weibchen flüchtete ins Wasser, was aber mehr kokette Aufforderung als Flucht war.

„Ich möchte jagen! Das Wetter ist schön. Und überhaupt ...“

„Aber bitte, wenn du jagen willst, jagen wir gemeinsam.“ Lutra schnaubte, ja er pfiff sogar, was unter Ottern entschieden als Liebeserklärung gilt. So schwammen sie verspielt flußabwärts, hielten aber plötzlich inne, denn auf dem Ufer stand einsam im Sand, nicht weit von einem Strauch, ein Reiher. Warum sich dieser vorsichtige Vogel auf die Erde niedergelassen hatte, war nicht zu ermitteln. War er flügellahm und fühlte sich zu schwach, um auf einen hohen Schlafbaum zu fliegen? Hatte man ihn irgendwo aufgestört, und hielt er hier nur eine kurze Rast?

Er stand wie ein grauer Schatten auf dem Schnee und ließ es sich nicht träumen, daß ein gutes Stück weiter oben ein kleiner Otter schon ans Ufer geschwommen war und sich ihm im Schatten der Bäume näherte. Lutra schwamm indessen weiter flußabwärts und betrug sich bei weitem nicht so, als wolle er sich dem Reiher unsichtbar machen. Es war das unbewußte Spiel der Jagd, die Aufmerksamkeit der Beute abzulenken von der wirklichen Gefahr – und das gelang. Der große Vogel nahm mit seinen kalten Augen jede Bewegung Lutras wahr, doch schien ihm der Otter weit genug entfernt und daher ungefährlich zu sein.

Nicht ungefährlich war der lange Schatten, der sich lautlos heranschlich. Lutra sah ihn genau und hielt in sanftem Bogen auf den Reiher zu. Das war der Augenblick, wo der noch hätte auffliegen können; im nächsten rollte ein Steinchen, der Reiher sprang erschrocken hoch und schlug mit den Flügeln – zu spät, das kleine Otterweibchen hatte ihn schon angesprungen. Jetzt kam Lutra an und machte den ziellosen Hieben des Reihers ein Ende.

Lutra schnaubte fröhlich, als hätten ihm die Federn die Nase gekitzelt: „Eine gute Jagd war das. Du bist geschickt, Kleine. Eine Freude, mit dir zu jagen!“

Eine Anerkennung dieser Art mochte im Schnauben gelegen haben, denn die kleine Jagdgefährtin zerrte neckisch am Federkleid. Lutra riß ebenfalls daran, ein wunderbares Spiel. An Fressen dachten sie nicht; sie ließen den verspäteten Wanderer liegen. Der Winter hatte den Reiher gewogen und als zu leicht befunden.

Die Otter kreisten spielerisch im Wasser und vollführten die vollkommensten Kapriolen der Schwimmkunst, die nur sie beherrschten. Während Lutra mit weitausholenden Schlägen schwamm, drehte sich und wirbelte die Kleine um ihn, rücklings, auf dem Bauch, seitlich. Kein Fisch hätte es ihr nachmachen können. Zwischendurch steckten sie die Köpfe heraus, um Atem zu schöpfen, und dann ging das Spiel weiter, bis sie plötzlich aufmerkten.

Trübes, aufgewirbeltes Wasser floß auf sie zu, und winzige Wellen verrieten eine ungewohnte Bewegung.

Jagd! Grausam glänzten die Augen der kleinen Otterdame, und beide verharrten einen Augenblick – dann trennten sie sich und schwammen in verschiedene Richtungen. Das war kein Spiel mehr, sondern das Gebot des Lebens. In ihren Gebärden, in der Jagd zu zweit, lebte das Erbe der Vorfahren fort, aber auch das unbewußte Verlangen nach Nachkommenschaft. All ihre Schönheit, die gesteigerte Anspannung ihrer Muskeln, ihrer Sinne lagen in dieser Jagd. Es war keine einsame Jagd, es war die Jagd miteinander, füreinander, die Jagd für eine gemeinsame Zukunft.

Im trüben Wasser schwirrte da und dort ein Fisch an ihnen vorbei. Beide griffen sich einen, fraßen ihn schnell über Wasser. Dann kam ein ganzer Schwarm größerer und kleinerer Karpfen vorüber; von denen brachten sie einige ans Ufer, bissen sie an und ließen sie liegen, denn sie waren satt und wollten nicht den Fraß, sondern die Jagd.

Immer noch war das Wasser in Bewegung, eine unverständliche Sache, zumal den Fischen anzumerken war, daß sie bereits im Halbschlaf des Winters gelegen hatten, als irgend jemand sie aufstörte. Dieser Störenfried war ein zentnerschwerer Wels, der sich ebenfalls schon, vom Wasser mit einer Schlammschicht zugedeckt, zur Ruhe begeben hatte. Die ahnungslosen Karpfen hatten sich einfach im Schlamm auf den großen Wels gelagert. So etwas kommt vor, und der verschlafene Wels hat eigentlich nichts dagegen. Es war aber noch nicht kalt genug, und die Karpfen hatten sich so lange auf dem Rücken und sogar auf dem Kopf des Welses hin und her gerekelt, bis es dem zu bunt wurde und er mit einer einzigen Bewegung die ganze Gesellschaft wegfegte, bis auf einen anderthalb Kilo schweren einfältigen Burschen, den er schluckte.

Darauf folgte dann die kopflose Flucht und die reiche Jagd der Otter. Aber noch ein anderer jagte und fischte da im Trüben. Ein gewaltiger Hecht, der ebenso gefräßig wie groß war. Die Raubfische üben sich um diese Zeit stark im Fasten, denn die Friedfische verschwinden in ihren Winterquartieren. Doch der Hecht ist unersättlich, auch dann, wenn der Schwanz der letzten Beute ihm noch aus dem Maul hängt.

Dieser Hecht war fast einen Meter lang, und nachdem er ein halbes Dutzend kleinere Karpfen verschlungen hatte, folgte er, mit dem nächsten im Maul, dem kopflos flüchtenden Schwarm. Vor lauter Gefräßigkeit merkte er nicht, daß er inzwischen nicht nur ein Verfolger, sondern auch ein Verfolgter war. Zwei Schatten wichen im trüben Wasser nicht von ihm – der eine unter, der andere über ihm.

Fast im gleichen Augenblick fielen sie über ihr Opfer her. Der Hecht riß mit furchtbarer Kraft den von unten angreifenden kleinen Otter hinab, der allein wohl nicht mit ihm fertig geworden wäre. Aber da hatte ihn Lutra auch schon von oben gepackt, und die beiden Otter zerrten ihn im wirbelnden, brodelnden Wasser ans Ufer.

Der große Fisch ergab sich nicht so leicht. Er schlug noch um sich, als die Otter ihn schon in den Sand gelegt hatten. Sie besahen sich den Fisch und holten keuchend Atem, ihre Flanken flogen. Dann biß sich die Otterin ein Stück von dem dicken Rückenfleisch des Hechts heraus.

Der Biß traf den Fisch an einer empfindlichen Stelle, denn er versetzte im letzten Aufflammen des schwindenden Lebens dem kleinen Otter einen Schlag, daß er hinstürzte. Als er sich wieder aufrappelte, hielt Lutra den Fisch fest.

Der abnehmende Mond stand hoch, Nebel dämpfte das Leuchten des Schnees. Im dunklen Wald am anderen Ufer schrie die Eule in langen Abständen, bekam aber keine Antwort und schwieg schließlich. Der Fluß glitt still südwärts, er hatte den aufgewirbelten Schlamm weggetragen.

Die kleine Otterin legte sich neben Lutra.

„Das war eine schöne Jagd!" fanden die beiden.

Dann sprang sie auf und lief zum Wasser, Lutra folgte ihr nicht. Sie stellte sich auf die Hinterpfoten und ließ einen Pfiff hören. Da erst schlängelte sich Lutra zu ihr. Die Kleine sprang kokett zur Seite und stürzte sich ins Wasser. Lutra ihr nach!

Es war ein Spiel, aufregender als die Jagd, von einem Ufer zum anderen, und als Lutra Richtung auf seine Höhle nahm, verfolgte schon die Kleine den Großen. Beim Eingang stutzte sie, ließ Lutra vorangehen, dann schlich sie, klein und bescheiden, hinter ihrem großen Jagdgefährten in die Röhre.

Der Morgen brach an, und der Mann mit der Flinte und Rucksack besah sich die Bescherung. Miklós schnitt dem Reiher beide Flügel ab: gute Federbesen für Tante Julie. Die Reste des Vogels scharrte er zu einem kleinen Haufen zusammen, vielleicht lockten sie doch noch einen Otter heran. Ottereisen hatte er zu Hause drei Stück.

Ein schönes Otterfell ist das passendste Geschenk, das ein Jäger seiner Braut bringen kann.

„Krahkrah!" schrie eine Nebelkrähe.

Das schreckte Miklós aus seinen abschweifenden Gedanken. Er blickte zur Krähe hinauf, die große Kreise um die Espe zog. Dort muß etwas sein!

„Krahkrah! Ein Mensch, ein Mensch!" krächzte die Krähe. „Ich möchte hinfliegen und trau' mich nicht."

Miklós stand schon am hohen Ufer und drückte den Hut in die

Stirn, denn das Wasser blendete stark. Er sah etwas, konnte aber nicht ausmachen, was es war. Auch dort war der Schnee zertreten, und auf dem dunklen Fleck lag etwas Langes. Was, zum Teufel, mochte das sein?

Der Jäger lief auf dem Pfad, und als er die große Espe erreichte, dröhnte die Erde unter ihm. Die Otterin sah Lutra besorgt an, doch der rührte sich nicht, blinzelte nur müde: „Schlaf, hier bist du sicher!“

Miklós beeilte sich. Der Pfad bog hier vom Fluß ab, er konnte den geheimnisvollen Gegenstand nicht sehen, die Krähe schrie aber noch immer aufgeregt, setzte sich dann auf einen Baum und belauerte von dort den Menschen, der jetzt die steile Böschung erstieg.

Was ist das? Ein Hecht! Und im selben Augenblick rutschte er so schnell das steile Ufer hinunter, wie es eben eine wasser- und feuerfeste Jägerhose aushält.

„Merkwürdig!“ Er drehte den großen Fisch um. Der war noch ganz frisch. Hier ein kleiner Biß, dort noch einer. Wie von Hundezähnen.

„Krahkrah!“ jammerte die Krähe. Sie stieß sich vom Ast ab, denn der Jäger mit dem schrecklichen Hecht unter dem Arm ging schon im Wald und näherte sich ihrem Schlafbaum.

Der Jäger war scheu wie das Wild. Er blieb erst wieder stehen, als er im dichten Gesträuch einen geeigneten Platz fand, sich dem Hecht zu widmen. Er stieß mit den Füßen das verschneite trockene Laub beiseite und schlitzte dem Fisch den Bauch auf. Er ahnte richtig, daß der ungebührlich geschwollene Bankiersbauch Überraschungen barg.

Das scharfe Messer pflügte zischend zwischen Schuppen, und aus dem Schlitz quollen Karpfen heraus.

„So ist das, alter Bursche“, sagte der Jäger und klopfte dem Hecht den Rücken. Er schnitt ihn mittendurch, denn er konnte das einen Meter lange Untier nur in zwei Hälften – in ein Tuch gewickelt, wie es sich gehörte – im Rucksack verschwinden lassen.

Also vorwärts! kommandierte er sich selbst, schritt aber bei weitem nicht so rüstig aus, denn der Sack hatte einen beachtlichen Umfang und ein ebensolches Gewicht.

„Gut fünfzehn Kilo“, keuchte Miklós. Er eilte und schwitzte, wäre gern schon zu Hause gewesen – weil einer, den man nicht fragt, nicht lügen muß.

„Was hast du in dem vollen Sack, Miklós?“ hätte ihn jemand fragen können, und er hätte mit rotem Kopf lügen müssen: „Mein Mehl!"

Es kam nicht dazu. Miklós trabte, keuchte und schwitzte und trat in Tante Julies Garten, als würde er verfolgt.

„Wohin so eilig, Jäger?" Miklós fühlte sich höchst ungemütlich.

„Nach Hause, Tante Marie!" Miklós sah die alte Frau Kardos an wie ein Huhn die Weihe.

„Sag mal, Miklós, aber aufrichtig, hast du meinen schönen großen Kater erschossen?"

„Den Schwarzen, Tante Marie? Den habe ich noch heute morgen gesehen. Den erschießen? Nicht einmal, wenn ich ihn auf dem Feld träfe!"

„Na, dann wird er vielleicht noch kommen."

„Sicher. Wenn er nur nicht irgendwo Rattengift gefressen hat. Überall legen sie jetzt Gift aus. Aber Ihrer war doch kein Herumtreiber!"

„Nein, der ging nie aus dem Garten hinaus, er hat ja immer genug zu fressen bekommen."

Endlich konnte Miklós ins Haus treten, und wohlerzogen den Schnee von den Stiefeln fegend, klopfte er an die Küchentür – eine Aufmerksamkeit, die Tante Julie immer rührte.

„Was brauchst du anzuklopfen, du bist doch hier zu Hause, mein Sohn."

Diesmal beendete Miklós die Höflichkeitszeremonie viel schneller.

„Verschließ die Tür, Tante Julie, es soll uns keiner hereinkommen."

Die alte Frau schob aufgeregt den Riegel vor, und Miklós legte den langen Fisch auf den Fußboden, als wäre er noch aus einem Stück.

„Mein Gott!" Tante Julie strahlte, schluckte aber zugleich und sah Miklós an. „Hast du ihn gefunden?"

„Geschossen, Tante Julie. Er ist herausgekommen ans Ufer – und puff!"

Die Wahrheit durfte der Jäger nicht sagen, denn ein von Ottern getöteter Fisch war für Tante Julie Aas und kam nicht auf ihren Tisch.

„Nein, wirklich? Das hast du aber mal fein gemacht, Junge. So etwas Gutes essen nicht einmal die Pfaffen."

„Aber kein Wort darüber, Tante Julie, hörst du!"

Darauf gab die Alte keine Antwort. Eine krumme Sache wie heimliches Fischen war für sie ein aufregender Sport, und in diesem Ausnahmefall konnte sie sogar schweigen.

„Vom Kopf und vom Kleinzeug koche ich Suppe. Ein Stück brate ich, na, und bei diesem Wetter bleibt er eine Woche lang frisch, und da mache ich Sülze und einen feinen Fischsalat mit Bohnen, nicht? Und die Suppe mit Paprika, oder lieber säuerlich, mit Sahne. Morgen, gut?"

Miklós kratzte sich den Kopf. „Tja, mit morgen ist das so 'ne Sache..."

„Wieso?"

„Nämlich... na, du ißt doch Wildgänse nicht gern..."

„Na und? Wie kommen die Gänse zum Fisch? Wo willst du mit deinem Drehkopf wieder hinaus?"

„Ich habe nämlich Wildgänse geschossen und mir gesagt, wozu sie nach Hause bringen, und hab' sie dem Müller geschenkt. Tja, und das war eben das Malheur; denn als ich heute an der Mühle vorbeiging, rief er mir von oben zu, ich solle morgen zum Wildgansessen kommen. Was hätte ich darauf sagen können? Wir bringen unser Korn zu ihm, und er bedient uns immer ordentlich, das muß man schon sagen, nicht wahr?"

„Sooo, na, dann weiß ich Bescheid."

„Aber nur wegen der Gänse, Tante Julie", sagte Miklós und umfaßte die Schultern der alten Frau.

Tante Julie entwand sich seinen Armen.

„Ja, die Gänse! Aber ich bin auch eine alte Gans, Miklós, und mich betrügt man nicht so leicht... Na, gib deine Sachen heraus, damit ich sie bügeln kann."

„Aber..."

„Übrigens sagt man, daß sie ein ordentliches Mädchen ist, die Esti, und daß sie schön ist, sieht jeder, der nicht blind ist. Aber jetzt fort mit dir!"

Miklós, halb lachend, halb gerührt, ging in seine Stube. Eine angenehme Müdigkeit summte in seinen Knochen. Tante Julie hatte Esti akzeptiert, und Tante Julie war die öffentliche Meinung in Person.

In der Küche klapperten die Töpfe, die Herdtür fiel zu, Wasser platschte, und das Feuer knisterte. Vor dem Fenster tropfte es von der Traufe, und die Sonne schien so blank, als wäre es Frühling.

Es wird matschig sein, ich werde bis zu den Knien bespritzt in der

Mühle ankommen. Im Wald kann ich mir immerhin die Schuhe mit einem Tuch abwischen.

„Was soll mit dem Rucksack sein?“ fragte Tante Julie in der offenen Tür. „Und warum ißt du eigentlich nicht?“

„Hab’s vergessen. Weißt du, Tante Julie . . .“

„Ja, ich weiß“, winkte die Alte ab. „Ärgere mich nicht, ich bin so schon zornig genug.“

„Aber ich hab’ noch nicht alles gesagt.“

„Nicht alles?“ Tante Julies Augen leuchteten neugierig. „Gibt es noch etwas?“

„Leider. Tante Lisa hat mir doch das Legen eines Eisens aufgenötigt. Und in die Falle ist die Katze von Frau Kardos gegangen.“

„Die schwarze?“

„Ja.“

„Gott sei Dank. Dieser Kater hat die Küken gefressen und außerdem Vögel gefangen. Weiß es die Marie schon?“

„Keiner weiß es, nur du jetzt.“ Er holte das weiche schwarze Katzenfell aus dem Rucksack. „Und du weißt es auch nicht.“

Die alte Frau wurde nachdenklich.

„Alte Frauen haben ihren Kummer. Die eine verliert ihren Hahn, die andere ihre Katze und die dritte ihren Jäger . . . Aber“, sie machte eine resignierte Handbewegung, „schade ist es um keinen von ihnen!“

Um die Mittagsstunde war keine Spur mehr vom Schnee. Die Furchen saugten die Feuchtigkeit ein, die Fußpfade trockneten, die Saaten reckten sich, und die Saatkrähen suchten lautlos die Äcker ab.

Die Flur sah fast verschlafen aus. Die Wildgänse hatten sich schon satt gefressen und schlummerten jetzt, nur ein oder zwei Wachtposten standen auf einem Bein, um die eingenickte Schar, wenn Gefahr drohte, aufzuwecken. Sogar die Bussarde hockten untätig auf der traurigen Akazie; die ungewohnte Wärme machte sie müde. Mäuse aller Gattungen waren schon am Morgen aus den unterirdischen Gängen herausgekrochen, damit die Sonne ihnen den Pelz trockne, und die Bussarde hatten nichts dagegen, ihnen schmeckte ein trokkenes Mäuschen besser als ein durchnäßtes. Um die Mittagszeit aber wollten ihre zum Platzen vollen Bäuche auch von trockenem Mäusebraten nichts mehr wissen.

Nur im Röhricht neben der Hütte, wo die beiden Hunde und die

Katze der Frau Kardos ihren – allerdings gestörten – ewigen Schlaf schliefen, ging es erstaunlich lebhaft zu. In der Nacht hatten Karak und seine zukünftige Gattin die glücklosen Hunde geschröpft, am Morgen hatte der Jäger sie besucht und ihnen die abgehäutete Katze zugesellt.

Aber da war noch etwas. Der Jäger hatte Stäbe neben die Hunde in die Erde gesteckt und einen weißen Lappen darangebunden, und der wehte jetzt fröhlich im sanften Mittagswind.

„Krah!" erklärte kurz eine Nebelkrähe aus der zahlreichen Vogelgesellschaft rings um den Kadaver.

Elstern und Krähen sahen sehnsüchtig von hohen Sträuchern auf den prächtig gedeckten Tisch hinab und schrien gierig; aber das Zeichen des Menschen wehte, dieses verdammte weiße Zeug, als sagte es: „Kommt mir nicht zu nahe!"

Keiner wagte sich heran, trotzdem flogen sie nicht davon, vielleicht würde das schreckliche Mal verschwinden, und dann wäre die Bahn frei.

Miklós hatte mit der verfressenen Gesellschaft gerechnet und den Lappen als Vogelscheuche zurückgelassen: die Krähen hätten in höchstens zwei Tagen die Kadaver verputzt. Und die sollten beim nächtlichen Ansitzen noch gute Dienste tun.

Eine Elster flog schnatternd über die kleine Lichtung, hielt über den Hunden rüttelnd wie ein Falke an, aber herabzustoßen wagte sie nicht und schwenkte ab.

Laut schreiend ermunterte ein Häher die Mitglieder der Versammlung, rührte sich aber selbst aus dem Dickicht sowenig heraus wie die anderen. Nur die kleinen Meisen schwirrten fröhlich um die Sträucher, nach Puppen und schlafenden Würmern suchend. Der Sperber folgte ihrer Spur.

Blitzschnell verschwanden die Ammern im Dickicht der Sträucher – der Sperber war zu spät gekommen und drehte in der Luft ab. Das war eine Gelegenheit für die Grauen. „Krahkrah!" ertönte ihr Schlachtruf, und sie stürzten sich auf den Sperber, jagten den kurzflügligen Räuber, den größten Feind der kleinen Singvögel. Der Sperber versuchte im Weidengebüsch zu verschwinden, doch die Krähen ließen nicht locker, er mußte Höhe gewinnen, und in einer steil ansteigenden Spirale verschwand er in den sonnbeschienenen Wolken.

Es war ein kleiner Sperber, ein Männchen also, denn bei den Sperbern wie auch bei anderen Raubvögeln ist das Weibchen manchmal fast doppelt so groß wie das Männchen. Und doppelt so gefährlich. Das Männchen nimmt es mit größeren Vögeln gar nicht erst auf. Vereint aber sind Sperbermännchen und -weibchen die ständigen Widersacher der Meisen, der Fliegenschnäpper und anderer nützlicher Gartenvögel. Sobald die kleinen Meisen das Nest verlassen und mit naivem Eifer in die große Welt schwirren, vertilgt der Sperber ganze Familien und beraubt auf diese Weise die Obstgärten um Zentner von Früchten, denn die schädlichen Insekten nehmen überhand, die die Meisen sonst vertilgen würden.

Der Sperber war verschwunden, die Nebelkrähen verfolgten ihn nicht länger und baumten auf der alten Espe auf, um den Blick auf die drei Kadaver zu genießen, vielleicht entschloß sich eine tollkühne Elster doch noch zum Schmaus. Im Röhricht hatte sich nichts verändert, wohl aber am Fluß. Dort war etwas zu sehen, das tags zuvor noch nicht da war.

Die Grauen besahen sich den sonderbaren Haufen genau und blickten dann einander an.

„Krah!" sagte eine alte. „Krah, man sollte sich das ansehen!"

Eine von den jungen faßte Mut, stieß sich ab vom Baum, flog hin und ließ sich sogleich hinab. Unten auf dem Sand angelangt, verharrte sie eine Weile und schnitt dann den Haufen an.

„Sie frißt!" riefen die andern, und einige Minuten später waren die Überreste des Reihers auseinandergezerrt. Die Krähen zogen, rissen, fraßen das Reiherfleisch, das zäh wie ein Hosengurt ist, aber ein guter Krähenmagen verdaut alles, was sein Eigentümer schlukken kann. Von Zeit zu Zeit regelten die älteren mit einem gehörigen Schnabelhieb die Meinungsverschiedenheiten, wobei sich zwischen zwei Streitenden ein Dritter den strittigen Bissen holte.

Die Krähen beeilten sich mit dem Fressen, denn in ein paar Minuten würde das Wasser die Überreste des Reihers holen. Nein, nicht die Krähen hatten ihn zu dicht an den Rand gezerrt, das Wasser war gestiegen, als wollte es zumindest die Federn, den Kopf und die beiden Pfeifenstielbeine für sich beanspruchen.

Der Fluß schwoll.

In den Bergen war es schon seit Tagen warm, das große Wasser verschlang die Bäche, und die trübe rasende Strömung wollte gar nicht zu dem ruhigen schönen Wetter passen. Die Uferwände weichten auf, und ab und zu platschte eine größere Scholle ins Wasser; sogar die alte Espe erwachte und seufzte besorgt im warmen Windhauch.

„Was hast du denn, Fluß, bist du verrückt geworden?"

„Ich? Was fällt dir ein, alte Espe. Was kann ich dafür? Da kommen die vielen schmutzigen Bäche, und ich muß sie aufnehmen. Der Berg schickt sie, der Wald schickt sie, jeder, dem es paßt. Das Wetter ist verrückt geworden, nicht ich."

„Du weichst das ganze Ufer auf", klagte die alte Espe. „Ich fühl's an meinen Wurzeln und bin ängstlich."

„Schimpf auf den Winter", sagte der Fluß grollend. „Ist das überhaupt ein Winter? Dieser Dummkopf bringt ein bißchen Schnee, verkriecht sich dann irgendwo, läßt sich vom Südwind unterlaufen, vergißt den Nordwind aufzurütteln, und natürlich schütten dann die Berge diese Brühe ins Tal. Glaubst du, mir paßt das?"

„Dann gib nur acht, lieber Fluß", sagte die Espe besorgt und schlief wieder ein.

Nachdem Tante Julie dem beabsichtigten Bund mit Esti so nebenbei ihren Segen erteilt hatte, glaubte der Jäger, nun unbesorgt den Ereignissen entgegengehen zu können. Doch Tante Julie ließ ihm keine Ruh.

„Aber Tante Julie, ich hab' ja noch nichts gesagt. Die Eltern wissen vielleicht noch nichts davon. Sie könnten ja auch sagen . . ."

Tante Julie stemmte die Hände in die Hüften mit einer so uralten kämpferischen Bewegung, daß dem Jäger das Wort im Halse steckenblieb.

„Oh, du verirrtes Kalb, du mutterloser Frosch, hast du eine Ahnung. Die Müllerin weiß genau, wieviel Hemden und wieviel Hosen du hast, wie oft du krank warst, um wieviel Uhr du vom Tanz nach Hause kommst, wer dir Briefe schreibt, wie oft du betrunken gewesen bist . . ."

„Wie schrecklich!"

„Dumm bist du. Schlimm wäre es, wenn sie das alles nicht wüßte und ihr einziges Kind einem nichtsnutzigen Tagedieb geben würde. Sie denkt nicht daran. Esti hat von Laken, Kissen- und Bettbezügen, Handtüchern, Tischtüchern je ein Dutzend, von Küchentüchern zwei Dutzend. Daran kannst du sehen, daß die Müllerin eine kluge Frau ist. Vor kurzem erst hat sie die kleinen Kissen neu stopfen lassen, weil sie weiß, daß du gern auf harten Kissen liegst . . ."

„Du meine Güte!"

„Was jammerst du? Das Mädchen ist ordentlich, aus der wird eine tüchtige Frau. Die Hemden vom Müller kannst du dir ansehen, wie die gewaschen und gebügelt sind! Dabei haben die Müllersleute noch nie eine Bürste für Kragen und Manschetten im Genossenschaftsladen gekauft."

„Weh mir!"

„Was bist du so entsetzt. Die Spatzen pfeifen es doch schon vom Dach, nur ihr wißt das nicht. Aber eins gibt es doch, das noch niemand weiß, nur ich."

„Was ist das?"

„Wo ihr wohnen werdet. Das weiß nur ich. Umsonst zerbricht sich die Müllerin den Kopf."

„Wo werden wir wohnen, Tante Julie?"

„Hier!" rief die Tante triumphierend. „Hier werdet ihr wohnen. Ich zieh mich in die kleine hintere Stube zurück, die ist groß genug für mich. Denn, weißt du – sie nahm die Hände von den Hüften –, so ein alter Besen möchte ja auch irgendwohin gehören . . ."

Die Gedanken wirbelten Miklós im Kopf herum wie die Strudel im Fluß. Er lief durch die Abenddämmerung, blieb immer wieder stehen, lächelte vor sich hin, überlegte lange und sagte manchmal sogar: „Jaja."

Wenn jetzt Tiger, Pumas, Jaguare oder gar ein Mastodon im kälter werdenden Winterabend spazierengegangen wären, Miklós hätte sie nicht bemerkt. Es war Samstagabend, Miklós hätte gut und gern zu Hause bleiben können, er wollte jedoch endlich seine Ruhe haben vor Tante Julies nicht enden wollenden Enthüllungen und hatte ohnehin das Gefühl, er sei bisher blind in der Welt herumgestiegen. Denn er wußte von nichts, aber von ihm wußte jeder alles.

Er ging also zu Tante Lisa auf den Hof, stellte das Eisen auf und band der alten Frau auf die Seele, die Nachbarn zu benachrichtigen, denn er könne keine Verantwortung übernehmen.

„Gut, daß du es sagst, die Marie hat schon ihren Bazi hier gesucht."

„Welchen Bazi?"

„Na, den großen schwarzen Kater. Ich habe ihr gesagt, du hättest an keine Katze Hand gelegt, und die Falle, die hätte ich selbst gesehen, die sei leer gewesen."

Diesmal tat Miklós einen Fisch ins Eisen, einen von denen, die der große Hecht im ganzen verschluckt hatte. Der Hecht hat zwar Zähne wie ein Hund, doch die sind nicht zum Kauen da, sondern nur dazu, die Beute zu packen und festzuhalten. Den Sonnenbarsch und den Zwergwels hält er so lange zwischen den Zähnen, bis sie tot sind. Verschluckt er sie lebend, spreizen sie ihre Stachelflossen, und der Hecht erstickt.

„Hu, wie der stinkt", sagte Tante Lisa und schüttelte sich, als Miklós den kleinen Karpfen in die Falle legte.

„Ja, der riecht schon, deswegen hab' ich ihn ja gebracht. Aber jetzt möchte ich mir die Hände waschen."

„Komm herein, der Wein für dich ist auch noch da. Nicht, daß du im Dorf erzählst, ich hätte dir nicht einmal einen Schluck angeboten."

„So etwas tu ich nicht. Aber ich möchte auch nicht, daß man erzählt, ich käme zu dir, Tante Lisa, um mir einen anzutrinken."

Inzwischen war es finster geworden, und schwerer Nebel lag über den Feldern. Nur der Fluß erinnerte noch an geschmolzenen Schnee und raste südwärts, als eile er dem Frühling entgegen.

Unweit des Sumpfes hielt der Jäger inne, der kühle Hauch, der über den Wiesen lag, vertrieb seine Gedanken. Die uralten Stimmen der Finsternis sprachen zu ihm, und Miklós drang in die geheimnisvolle nächtliche Welt des Röhrichts ein.

In der Schilfhütte raschelte unter seinen Füßen das zerbrochene Rohr. Er legte den Rucksack in die Ecke, setzte sich auf den Jagdstuhl und blickte durch den schmalen Spalt hinaus in die Welt, die sich jedoch erst richtig zeigen würde, wenn der Mond aufging und der Nebel sich auflöste.

Jetzt noch die Pfeife! Das war natürlich nur eine dumme Angewohnheit, denn an einer leeren Pfeife saugen ist wie das Spielen auf einer Geige ohne Saiten, und rauchen durfte er ja nicht.

Wäre es Tag und säße er auf Vögel an, könnte er fröhlich qualmen, denn die Vögel haben so gut wie keinen Geruchssinn. Allerdings müßte er darauf achten, daß der Rauch sich in der Hütte verteilte. Wenn er durch die Öffnung drang, merkte es das scharfäugige Volk sofort. Aber jetzt lauerte Miklós dem Fuchs auf, und Meister Karak wußte bei günstigem Wind schon auf dreihundert Schritt, ob dieses hochaufragende Lebewesen Mensch in der Hütte war oder nicht.

Inzwischen war es heller geworden, vielleicht hatten sich auch die Augen des Jägers an die Finsternis gewöhnt

In einem Schilfbündel raschelte eine Maus, sonst aber war nur Stille zu spüren, die Stille, die ein Teil der Finsternis ist. Der Jäger

saß reglos, schloß zuweilen die Augen: Dann sah er sich selbst, sah die Mühle, sah das Mädchen, wie es die kleinen Kissen straff füllte, damit sein Kopf die richtige Unterlage habe.

Doch bevor er den interessanten Faden weiterspinnen konnte, klopfte jemand sanft auf das Schilfdach, und der Jäger wußte, über seinem Kopf hielt eine Eule Mahlzeit. Sie rutschte und trippelte auf dem Schilf, riß an etwas und war in der großen Stille eigentlich ziemlich laut.

Kein Kauz! Er blickte zu der Stelle, von der das Rascheln herkam. Wenn er den Fuß der Eule packte, ein schöner Schreck wäre das ...

„Huhuhuhu!" schrie die Eule, wodurch sie nicht nur mitteilte, daß von der Maus nichts mehr übrig sei, sondern auch ihre Artzugehörigkeit verriet.

Katzeneule! Und der Jäger dachte liebevoll an den gefiederten Kollegen, den er um seine Augen beneidete. Ich würde nicht einmal einen Elefanten sehen, und er holt sich eine Maus aus dem Gras.

„Huhuhuhu!" rief erneut der Kollege, schwieg aber dann, denn die Maus begann wieder im Schilf zu rascheln. Sicherlich hörte sie den gefährlichen Feind. Das Schilfbündel war indes so dicht, daß sich die Maus sicherer fühlte als ein Mensch vor den Eisenstäben eines Raubtierkäfigs.

Nun wurde es aber schon heller. Der alte Weidenbaum hob seinen Wuschelkopf aus dem Nebel, und auf die kahlen Büsche hauchte der kalte Mond einen blassen Schein. Die Eule schwieg, flog aber nicht weg, denn unter ihren Füßen knackte zuweilen das Schilf.

Miklós konnte die Hundekadaver noch nicht sehen, doch der Nebel war nicht mehr so dicht, und die Umrisse der kleinen Lichtung begannen sich abzuzeichnen. Das Brausen des Flusses war jetzt gut zu hören. Der Wind hat sich gedreht, stellte der Jäger fest und sah nur noch geradeaus und nach links; denn von rechts, von Westen, konnte nichts kommen, der Wind trug den Menschengeruch in diese Richtung.

Der Wind trieb schläfrig den Nebel fort, es war die Zeit, in der sich alles zu regen, alles zu beleben begann, und Nebel und Dunkel spielten mit der Phantasie.

Die Eule war weggeflogen, hatte sich so plötzlich vom Schilfdach abgestoßen, daß Miklós das Gewehr in die Hand nahm – denn sie hatte sicher etwas gesehen!

Miklós lauschte, spannte die Muskeln an, blieb aber sitzen, denn ein Geräusch entfernte sich im Sumpf.

Wind bekommen, dachte der Jäger, es müssen aber zwei gewesen sein. Und darin hatte er recht, denn es waren Meister Karak und seine Gattin, die in entgegengesetzte Richtung flüchteten.

Um der Wahrheit die Ehre zu geben, war die Flucht nicht Karaks Verdienst, sondern das der Füchsin. Karak wollte vom Fluß aus die Hunde besuchen, doch die Fähe bekam Wind von der Hütte her, und Karak rannte ihr nur nach, als sie sich erschrocken umdrehte. Der Menschengeruch war ganz warm.

Für heute ist es aus, stellte Miklós fest und gähnte. Besser, ich gehe schlafen.

Er erhob sich gemächlich, brachte den weißen Lappen als Vogelscheuche wieder an und verließ tunlichst geräuschlos das Schilf. Wäre kein Wind gewesen, ginge er jetzt nicht mit leeren Händen nach Hause. Aber Jäger und Fischer gehen nie auf sicher.

Der Mond war aufgegangen, und der Wind hatte die Wolken weggefegt, das Band des Fußpfades führte den Jäger sicher heimwärts.

Die Falle sehe ich mir morgen an, es ist ja noch nicht einmal Mitternacht, dachte Miklós, doch bevor er den Gedanken zu Ende gedacht hatte, begann die Turmuhr Mitternacht zu schlagen. Dann also doch lieber jetzt gleich, danach tue ich das Eisen in den Stall und muß nicht in aller Frühe aufstehen.

Die Gärten lagen im Schatten, der abnehmende Mond spendete nur spärliches Licht. Die schlafenden Knäuel der Hühner verloren sich in der Dämmerung, die Falle war im Schatten der Holzscheite nicht zu sehen.

Und plötzlich stieg ihm ein fürchterlicher Gestank in die Nase. Freude durchzuckte ihn; in der Falle saß ein gewaltiger Iltis. Im Todeskampf hatte er noch ein paar Tropfen vom Sekret seiner Stinkdrüsen verspritzt.

Der Iltis wird oft gehaßt, obgleich er dort, wo man das Geflügel nachts im Stall hält, nur nützlich sein kann. Er ist ein Meister im Mäuse- und Rattenfang und vertilgt auch Schlangen; ein Vipernbiß macht ihm nichts aus. Keine noch so große Ratte ist vor ihm sicher.

Ein mutiger kleiner Kerl, soviel steht fest, der in der Not auf Hund und Menschen losgeht – wer kann es ihm übelnehmen, da er nun einmal als Iltis und nicht als Nachtigall zur Welt gekommen ist.

Miklós hatte ein edles Fell erbeutet und mußte es dem Eigentümer abziehen, solange der noch warm war. Nach Hause konnte er es nicht mitnehmen, Tante Julie würde ihn mit dem stinkenden Tier zusammen hinausjagen. Es half also nichts, er mußte Tante Lisa wecken. Sie hatte ihm schließlich den Auftrag gegeben, mochte sie nun mitriechen.

Er klopfte ans Fenster. Die Tante freute sich sehr über die Beute und hielt die Lampe, solange Miklós mit dem Iltis hantierte.

Zu Hause wollte Miklós sich in aller Stille einschleichen, doch Tante Julie war wach und wollte über den Verlauf des Abends ausführlich unterrichtet werden: „Was hat Lisa zum Iltis gesagt, und was hast du darauf geantwortet... Na geh schon, man muß dir ja die Worte aus der Nase ziehen. Dein Essen steht bereit."

Miklós futterte still und hatte das Gefühl, es lohne sich nicht mehr, zu Bett zu gehen, der Tag hatte ja schon begonnen.

Es war der Sonntag!

Dieser Tag brach indes ohne jede Besonderheit an, sofern man den Nebel nicht rechnete; der war so dicht, daß man eine Leiter an ihn hätte lehnen können. Miklós freute sich über diesen Nebel; denn wenn er im guten Anzug durchs Dorf ging, was nicht oft vorkam, würde man ihn auf Schritt und Tritt fragen: „Gehst du freien, Miklós?" oder: „Wie fein du dich gemacht hast!" Der Jäger war ein zurückhaltender Mensch und liebte derartige Fragen nicht.

Miklós hieß also den Nebel willkommen. Er schlief schon lange nicht mehr, denn Tante Julie leitete den Sonntag mit festlichem

Geschirrklappern ein. Zwischendurch hielt sie Selbstgespräche oder sprach mit unsichtbaren Bekannten, Lebenden und Toten, erzählte aber auch ihre Tagespläne den schweigenden Krügen und den klappernden Kasserollen unter ihren Händen.

„Ich muß Mais rebeln, ist ja kaum noch was da. Miklós wird mir helfen."

„Denkst du wohl, Julie! Er wird doch wieder erst um Mitternacht eintrudeln."

„Ist ja kein schlechter Junge. Ich werd' schon mit ihm auskommen. Den halben Garten überlasse ich ihm."

„Die Milch läuft über, du Dussel! Hol der Teufel diese Finsternis."

„Ob ich ihn wecke? Ach was! Pfui, hat dieser Iltis gestunken... Er soll nur schlafen, der Arme rennt ja wirklich genug herum."

Miklós traute sich nicht aufzustehen, da er nach Tante Julies Feststellung noch zu schlafen hatte. Na schön, dann würde er eben schlafen oder an den Garten denken, in dem Esti die Paprikasetzlinge pflanzte.

„Ich will ihm warmes Wasser machen zum Rasieren", hörte er Tante Julie. „Er soll sich hübsch machen. ‚Blumenbeete, Rosenstöcke, mächtig sind die Weiberröcke!' "

Die Tür ging auf. „Dein Rasierwasser ist warm! Ob auch deine Frau daran denken wird?"

Der Vormittag verging langsam. Miklós bastelte herum, schließlich schulterte er die Flinte.

„Dann geh' ich jetzt, Tante Julie."

„Hast du es aber eilig!"

„Ich seh' mich erst noch um am Fluß und geh' auch langsam, bis ich hinkomme, ist es Mittag."

Der Jäger lief über den Fußpfad und freute sich, weil er sich im Nebel geborgen fühlte. Er wollte erst draußen in der Flur haltmachen. Dort konnte er auch umherwandern, ohne Gefahr zu laufen, Neugierigen Rede und Antwort stehen zu müssen. Der Weg war nicht matschig und glatt, doch es war kaum etwas zu sehen und nur das Rauschen des Flusses zu hören.

Nun erwachte auch schon der Wind, es wurde heller, aber der Hochnebel blieb. Rastlos lärmten die Wildgänse. Miklós ließ sich in seinen Gedanken nicht stören. Er dachte daran, daß er mit Esti bei Tante Julie wohnen würde... Doch in diesem Augenblick flog eine Gans so niedrig über seinem Kopf, daß er sie mit einem Besenstiel hätte herunterschlagen können.

Ein Esel bist du! Jagst du oder träumst du? fragte er sich und entschloß sich – welch eine Schande! – für die Jagd. Er blieb stehen und starrte in den wirbelnden Nebel, in dem sich einstweilen nichts rührte.

Ja, eine gebratene Gans wird dir nicht so bald wieder zufliegen, rügte er sich selbst, drehte sich aber sofort um, denn jetzt vernahm er hinter sich lautes Schnattern.

Der Nebel verschlang den Knall, doch die Gans sauste herunter.

Nun kann ich wenigstens ein Geschenk mitnehmen, dachte Miklós. Blumen wären natürlich passender!

Da kamen schon wieder zwei Gänse, bevor er hätte nachladen können. Aber die eine Patrone traf noch. Die zweite Gans fiel beinahe auf die erste.

Zwei schöne Gänse! Blumen mag ein Gärtner bringen...

Der Nebel lichtete sich. Miklós band die Füße der Gänse zusammen und ging auf die Mühle zu. Plötzlich sprangen die beiden Hunde des Müllers aus dem Nebel hervor.

„Na, ihr beiden?"

Die Hunde setzten sich sofort. Betyár, der Rüde, hielt eine Vorderpfote in die Luft, als Zeichen seiner im Kampf erhaltenen Verwundung, und gab mit Schwanzwedeln zu verstehen, sie seien ausschließlich durch die Schüsse herbeigerufen worden, vielleicht könnten sie sich nützlich machen.

„Ihr solltet lieber nicht herumstrolchen! Aber wenn ihr nun mal da seid, dann kommt schön mit nach Hause."

Betyár schlich sich vorsichtig an Miklós heran. Darf ich mal riechen?

Nun gaben sie dem Jäger wohlerzogen das Geleit, und da sie nicht bellten, was sonst als Begrüßung auch dem vertrautesten Gast gebührt, merkte man in der Mühle nicht, daß Miklós bereits angelangt war.

Bin ich etwa zu früh gekommen? dachte Miklós scheu. Da bemerkte er den Schlüssel in der Mühlentür und stieg zur kleinen Stube hinauf, wo sich – wie er wußte – der Müller um diese Zeit aufzuhalten pflegte.

„Ich hab' die Schüsse gehört und mir gedacht, da wird er bald hier sein. Zwei Schüsse, zwei Gänse. Na, setz dich, mein Junge. Wir wollen uns unterhalten, bis die Suppe weich wird."

Der Müller nahm Gläser aus dem Schrank, schenkte ein und stieß mit dem einen das andere an. „Na, greif zu!"

Miklós war auf den starken Schnaps nicht vorbereitet und schluckte heftig. „Das reinste Feuer!" sagte er ächzend.

„Beim dritten merkst du nichts mehr davon." Der Müller lachte. „So ist das, mein Sohn", sagte er zum wiederholten Male. Sonst pflegte er nicht „mein Sohn" zu Miklós zu sagen, der Jäger fühlte den Hauch familiärer Wärme.

Das ist der Augenblick, sagte er sich, um mit dem Vater zu sprechen, und wenn er ihm sein Anliegen vorgebracht hatte, würde ihm das Reden unten leichter fallen.

„Onkel Kálmán" begann Miklós und stand auf. „Vielleicht hätte ich noch nichts gesagt, und es würde sich ja auch gehören, daß ich einen anderen für mich sprechen ließe..."

Der Müller machte ein tiefernstes Gesicht, hörte dem Burschen zu, der ihm seine einzige Tochter wegnehmen wollte. Die Mühle stand still, nur der Fluß brauste, und draußen schwamm der Nebel, während der Jäger seine Werbung um das Mädchen in wohlgesetzten Worten vortrug.

Kálmán Csendes antwortete nicht sogleich. Er blickte zum Fenster hinaus, als wollte er sich diese Minute als Erinnerung bewahren; dann stand er auf, und – etwas ungelenk – umarmte er Miklós.

Dann setzten sie sich wieder und schwiegen, als wären sie von der Gewichtigkeit der Worte ermüdet.

„Miklós, mein Sohn", des Müllers Gesicht strahlte mehr von innen her, „Miklós, mein Sohn, ich weiß es aus Erfahrung, daß es einem schwerfällt, seine Werbung in Worte zu fassen, und dann obendrein noch zweimal hintereinander. Und doch sage ich dir, du sollst es unten noch einmal so sagen, als wüßte ich noch nichts davon! Du verstehst mich doch? Meine Frau würde es mir nie verzeihen, daß du zuerst mit mir unter vier Augen gesprochen hast."

„Ich verstehe."

„Nichts verstehst du. So leicht versteht man das nicht. Und besser, du erfährst es von mir. Weißt du, für die Frauen ist das doch etwas anderes als für uns. Eine große Sache, aber ein bißchen auch Theater – mit Tränen der Rührung... Kurz, sag, was du zu sagen hast, unten noch einmal!"

Nun lachten sich die beiden Männer schon wie Komplizen zu.

„Ja, so machen wir es, Onkel Kálmán", sagte fröhlich der Jäger, da er nun die breiten Sackträgerschultern des Müllers, der ernste

Ruhe ausstrahlte, an seiner Seite wußte und die ermutigende Wirkung von sechs Gläschen Treberschnaps in sich spürte.

„Da bring' ich einen Jäger", sagte der Müller gemütlich, „und er wiederum bringt zwei Gänse, weil er nächsten Sonntag auch hier zu Mittag essen möchte."

„Er soll nur kommen", antwortete Frau Marie, wischte sich die Hände an der Schürze ab und ließ Miklós in die Stube eintreten, wo das einladende Klappern der Teller zu hören war.

„Das habe ich aber nicht gesagt, Onkel Kálmán", protestierte der Jäger und hielt Estis Hand lange fest.

„Na, ich setze mich ein Weilchen, unserem Gast zuliebe, du, mein Kind, paß solange draußen auf und füll Wein in die Flasche!" sagte die Müllerin, und gehorsam lief Esti in die Küche.

Die Müllerin wußte nichts von dem Umtrunk im Mühlenstübchen, und so holte sie nun auch einen Appetitanreger aus dem Buffet, von dem sie selbst einen Schluck nahm. Miklós warf seinem zukünftigen Schwiegervater einen Seitenblick zu und erhob sich mit gebührendem Ernst.

„Liebe Tante Marie, lieber Onkel Kálmán, da ich niemanden habe, den ich an meiner Statt hätte schicken können, muß ich nun selbst, so feierlich ich kann, sagen, was ich sagen möchte."

Und er sagte es.

Der Müller erlebte ein zweites Mal diese schönen und ernsten Minuten im Familienleben, und seine Frau, die Miklós' Erklärung noch nicht erwartet hatte, saß still auf ihrem Stuhl und begann zu weinen.

Die leisen Geräusche aus der Küche waren verstummt.

Der Müller unterbrach das Schweigen: „Na, sag ein Wort, Mutter. Ich weiß zwar, was du einwenden wirst, man muß wohl zuallererst Esti fragen."

Frau Marie winkte halb lächelnd, halb traurig ab.

„Esti? Um die ist es schon geschehen. Sie hat den Nußkuchen statt mit Zucker mit Salz bestreut. Der hat dieser... dieser Halunke schon völlig den Kopf verdreht."

Sie stand auf, umarmte und küßte Miklós.

„Komm herein, mein Kind", rief der Müller in die Küche.

Esti kam ahnungslos, aber die Feierlichkeit, die verweinten Augen ihrer Mutter und Miklós' ernstes Gesicht machten sie stutzig.

„Miklós möchte dich zur Frau haben. Jetzt sag du, ob du ihn zum Mann nehmen willst!"

„Vater...“

„Nicht mich sollst du umarmen, du Dummchen; mich hat es schon vor zwanzig Jahren erwischt.“

„Neunzehn“, berichtigte die Müllerin. „Esti, trag auf, und setzt euch nebeneinander.“

Der Wind schien nur aufgekommen zu sein, um den Nebel wegzufegen; sobald er es geschafft hatte, legte er sich wieder und bewegte nicht einmal mehr ein Grashälmchen. Nun, im Sonnenschein stellte sich auch heraus, daß die Flur gar nicht so leer gewesen war unter dem Nebel. Die Gänse hatten sich niedergelassen, und die Rohrammern pickten die Samen der Gräser auf. Drei von den Bussarden traten die Luft, der vierte hielt Mahlzeit auf der Akazie. Er war ein ansässiger Mäusebussard, vertrug sich aber mit den Behosten.

„Wozu mich beeilen“, antwortete er auf die fragenden Blicke der Gäste aus dem Norden. „Zu fressen gibt's genug, kalt ist es nicht, und Platz ist für uns alle.“

Die Behosten hatten nichts einzuwenden. Einer nach dem anderen flog ab. Sie schlugen verschiedene Richtungen ein, mieden aber sorgfältig die Nebelkrähen, von denen immer eine auf der Espe Wache hielt. Das wenigste war, daß die Krähen den Vorbeifliegenden eine Grobheit nachriefen, wenn sie auch zu faul waren, sie eine Weile zu belästigen.

Der Fluß stieg noch immer und verriet durch das starke Brausen die riesige Kraft, mit der er sich südwärts schob.

„Ich steh' ja kaum noch auf den Füßen“, klagte die alte Espe, aber der Fluß sagte nichts darauf, er wußte selbst nicht, was kommen würde. Die Ufer lockerten sich, und nun fielen nicht nur ausgewaschene Erdklumpen ins Wasser, sondern mit der Erde auch Sträucher, die der Fluß irgendwo wieder ans Ufer schwemmen würde, wo sie weiterleben konnten, wenn der Schlamm sie nicht zudeckte.

Lutra schnüffelte umher, denn das Wasser hatte den Tunnel schon gefüllt, und durch die gelbe trübe Flut drang kein Licht.

Der große Otter war ernst. „Etwas geht vor“, sagte er mit einem Blick auf seine Frau, die er inzwischen geheiratet hatte.

„Das ganze Ufer wackelt“, antwortete ängstlich die kleine Otterin und wandte sich dem Tunnel zu.

Aus dem trüben Wasser kroch ein großer Frosch hervor; wahrscheinlich hatte ihn das Wasser aus seinem Winterquartier herausgeschwemmt, und jetzt blinzelte er blöde in die Welt, noch nicht ganz wach. Lutra wandte sich gelangweilt ab, der magere Bissen reizte ihn nicht. So sorgte denn das Weibchen dafür, daß der Frosch nicht erst ganz wach wurde. Dann legte sie sich wieder zu ihrem Herrn, hielt aber die Augen offen, denn eine Spannung vibrierte in der Luft; selbst auf der trockenen Seite der Höhle rieselte Erde von der Wand.

Kein Ton außer dem Brausen des Flusses drang herein, höchstens ab und zu das Krähengekreisch von weit her. Laut und finster war es jetzt in der Höhle, nichts verriet die warmen Sonnenstrahlen in der Außenwelt.

Im Wald trocknete das Fallaub schnell. Ein großer Grünspecht flog zwischen den Bäumen, und sein schallender Ruf klang wie eine Verheißung des Frühlings. Dann klammerte er sich an einen Baumstamm und begann zu klopfen. Wenig später ließ er sich auf die Erde hinab und machte Inventur in einem Ameisenhaufen, aus dem er mit seiner langen, klebrigen Zunge Puppen und Larven herausholte.

In großer Höhe über dem Wald flogen Wildgänse zu den fernen Seen, um ihren Durst zu stillen; auf dem rasenden Fluß mochten sie sich nicht niederlassen. Später würden sie vielleicht zurückkommen, aber es konnte auch geschehen, daß sie die Zeit verplauderten, die Köpfe unter die Flügel steckten und sich bis zum Morgen von den sanften Wellen schaukeln ließen. Dort drohte ihnen keinerlei Gefahr; das Wasser war nicht tief, und nicht einmal der Otter hätte sich ihnen unbemerkt nähern können.

„Gagalilik", lärmten die Jungen, „welch ein Sommer, welch ein herrlicher Sommer." Sie streckten die Füße im Wasser aus, das so lau und so samtweich war wie nirgends in ihrer nördlichen Heimat.

Die Alten waren stiller, sie sagten nur: „Freßt! Freßt und paßt auf!" Mehr sagten sie nicht, aber in dem wenigen steckte die ganze Weisheit ihrer Erfahrung: Der Winter kann über Nacht kommen, und wenn er da ist, überleben nur die Starken.

Im Röhricht näherte sich eine Elster den Hundekadavern. Sie wollte sich vergewissern, ob der schreckliche Lappen noch wehte. Ja, er war da! Und er verbot jede Annäherung.

Über dem Dorf zog in großer Höhe ein Taubenschwarm seine Kreise, zuweilen blinkten weiße Flügel, ein Paar weniger als vor einer halben Stunde, denn Kili, der Habicht, hatte sich eine Taube, die schwächste Fliegerin, ausgesucht und so lange gejagt, bis er sie in seinen Krallen hatte. Bei der Verfolgung kümmert er sich nicht darum, ob Menschen in der Nähe sind oder nicht, und er drückt zuweilen seine Beute mitten in einen Hof hinab, folgt ihr, wenn es sein muß, sogar in die Scheune oder in den Stall. Es gibt kaum eine Rettung vor dem Habicht. Die Tauben kreisten noch in der Höhe, als der Habicht schon längst ihre Gefährtin verzehrt hatte.

Die Krähen und Elstern nehmen gern die Brosamen von Kilis Tisch an, aber da heißt es achtgeben. Besonders wenn es sich um das kräftigere Habichtweibchen handelt, kann man nie wissen, wann es von Mordlust erfaßt wird. Und dann treibt es seinen Zoll bei den Kostgängern ein. Es kommt immerhin vor, daß die Nebelkrähen, wenn sie zahlreich sind, Kili von seinem Opfer vertreiben, dem aber nützt das nur so viel, als es nicht vom Habicht, sondern von den Nebelkrähen gefressen wird.

Inzwischen hatte sich aber die Strömung des Flusses verändert. Er wirbelte und brauste nicht mehr so laut, griff die Ufer nicht mehr an. Die Bretter des Mühlenwehrs krachten nicht mehr so heftig, und das Getöse erschreckte niemanden mehr, am wenigsten Miklós und Esti.

Die beiden liefen auf dem Waldweg und sprachen kaum, denn Worte sind nur watschelnde Hausenten im Vergleich zu den Schwalben der Gedanken und Gefühle.

Als Miklós sich verabschiedete, hatte die Müllerin zu Esti gesagt: „Begleite deinen Bräutigam!“ Und Esti ging Arm in Arm mit ihrem Miklós, langsam, damit dieser Tag nicht allzuschnell vergehe.

Die Alten saßen unterdessen beieinander, sagten ab und zu etwas und hingen ihren Gedanken nach.

Es war schon Nachmittag, der Schatten der alten Espe legte sich über den Fluß. Von den Fluren her kam der Wind wieder auf, und als die beiden jungen Leute unter dem Baum stehenblieben, ächzten schon die in den Himmel ragenden Zweige und schwankten seufzend, als suchten sie einen Halt. Das Wasser sank zusehends, und über dem Fluß und den durchweichten Ufern schwebte Dunst, die Ankündigung nächtlichen Nebels.

Sie standen und sahen sich an, als irgend etwas Großes ungestüm zu rauschen begann und Miklós gerade noch das Mädchen von der sich öffnenden Uferwand wegreißen konnte.

Aus dem Rauschen wurde ein Brausen, krachend rissen die Wurzeln und warfen Erde auf, die alte Espe stürzte in den Fluß.

Esti hielt sich kreidebleich an Miklós fest, dem das traurige Ende des alten Baumes leid tat. Plötzlich streckte er den Arm aus, zeigte auf das Ufer und rief aufgeregt: „Da, sieh mal!"

Die Wurzeln hatten das Dach von der Otterburg abgehoben wie den Deckel von einem Topf, und aus der Höhle sprangen zwei Otter heraus und verschwanden mit einem Satz im Wasser.

Miklós zitterte am ganzen Körper und drückte Estis Arm so fest, daß es dem Mädchen weh tat.

„Hier also waren sie. Hast du den Riesenkerl gesehen?"

„Miklós, wenn du mich nicht gepackt hättest, wäre ich mit dem Ufer ins Wasser gestürzt."

„Ich geb' schon acht auf dich, meine Esti. Wie riesengroß der eine war. Und meine Flinte ist nicht einmal geladen! Esti, ich werde nicht eher ruhen, bis dieser Pelz dir gehört."

Es dämmerte schon, als Esti nach Hause ging und Miklós ihr lange nachsah, aber es ist nicht bestimmt, ob er sie oder Lutra im Sinn hatte.

Anderntags kreisten die Krähen verzweifelt über der gestürzten Espe und baumten schließlich auf einer einsamen Eiche am Waldrand auf. „Krahkrah! Die Espe ist hin! Von nun an hocken wir auf dir, du alte Eiche!"

Die Eiche war nicht entzückt über die laute Gesellschaft.

„Bitte, wenn es euch gefällt." Die knochentrockenen Blätter raschelten. „Auf mir habt ihr einen guten Platz... Der Jäger kommt heran, ohne daß ihr ihn bemerkt. Plötzlich tritt er dort zwischen den Sträuchern hervor."

„Krahkrah! Das ist schlimm, du hast recht!" Und der Schwarm flog hinaus auf das Feld, wo er am Feldweg die einsame Akazie fand, den Speisebaum von Falken und Habichten.

„Die sollen anderswohin ziehen", krächzten die Grauen, „nach Hause in ihre Heimat. Von nun an gehört der Baum uns, und da soll uns mal einer..."

In großer Eile besetzten sie die Akazie, auf der nur ein einziger Vogel hockte, und das war kein Bussard, sondern ein Rotfußfalke. Von dem konnte man nicht wissen, ob er ein Ankömmling aus dem Norden oder ein Einheimischer war, der auf kälteres Wetter wartete und sich herumtrieb, noch unentschlossen, ob er weiter südlich ziehen solle. Dem Rotfußfalken sah man auch nicht an, ob er hungrig war oder satt, müde oder ausgeruht. Er saß da wie ausgestopft, nur seine Augen lebten. Die waren sehr lebhaft.

„Hau ab! Hau ab! Scher dich fort, das ist unser Baum!" krächzten die Grauen, von denen viele noch nie einen Rotfußfalken gesehen hatten.

Die älteren waren vorsichtiger und streuten nur aus der Höhe ihre Flüche auf den vornehmen Fremden, ermahnten aber zugleich die zu freche Jugend: „Aufgepaßt! Aufgepaßt! Krahkrah! Das ist nicht Kiö, der faule Mäusefänger, das ist ein Falke! Aufgepaßt!"

Das junge Volk ließ sich nichts sagen. Der Falke sah kleiner und schlanker aus als die Bussarde – und vor dem sollten sie sich fürchten?

„Scher dich weg!" schimpften sie. Und als der Falke sich abstieß vom Baum, flogen sie ihm sogar nach. Aber der Falke ließ sie hinter sich wie ein Rennauto einen Pferdewagen.

Das war ein Flug! Einen Augenblick später war er schon beim Wald, schoß über den kleinen Sumpfwald mit schwirrender Leichtigkeit. Dann drehte er um, und als die Krähen auf dem Baum Platz nahmen, näherte er sich schon.

„Er kommt zurück! Er kommt zurück! Dieser Frechling!" riefen die jungen durcheinander. „Dem geben wir es jetzt." Und sie stießen sich keck und zornig von der Akazie ab.

Der Falke stieg in die Höhe.

„Ihm nach! Krahkrah!"

„Tut das nicht! Haben wir's euch nicht gesagt?" warnten die Alten.

Dem Rotfußfalken brauchten die Vorwitzigen nicht nachzufliegen. Er kehrte zurück, und er kam wie der zischende Blitz. Und er stieß die großmäuligste Graue aus der Schar – von ihr blieb nur ein Federknäuel in der Luft, das wirbelnd hinabfiel, im nächsten Augenblick aber hatte der Falke das Knäuel schon in den Krallen und zog ab.

Die Nebelkrähen waren für einige Augenblicke starr vor Entsetzen, warfen sich aber dann mit Todesverachtung in die Luft, hinter dem Falken her, der – durch die Krähe belastet – niedrig flog. Am Waldrand setzte er sich auf den Grenzstein, hackte in die Krähe und verstreute ihre Federn.

„Er reißt sie! Er reißt sie schon!" krächzten die Verwandten und ließen sich auf den Falken fallen, aber vorsichtig, einige Meter über der Erde schwangen sie sich wieder empor.

Der große Aufruhr lockte eine Elster herbei. Sie kam aus dem Wald und flog zögernd von Baum zu Baum, und als sie den Falken erblickte, begann sie leise zu schnattern.

„Habt ihr den Verstand verloren? Ihr dummes Volk! Wie könnt ihr es wagen, euch mit einem Falken anzulegen. Nicht einmal zusehen mag ich!“ Und sie zog sich leise zurück, dahin, wo sie hergekommen war.

Es tat ihr nicht leid um die Krähe, sie hatte Angst um sich selbst.

Der Rotfußfalke ließ sich das Frühstück gut schmecken, nahm die Krähen überhaupt nicht zur Kenntnis. Er saß inmitten des blutigen Federhaufens und riß das Krähenfleisch von den Knochen. Natürlich verschlang er dabei auch ein paar Federn; die brauchte er als Garnierung und hatte den darin enthaltenen Kalk für seine Knochen und zur Verdauung nötig. Auch zum Ersatz der beim Mausern verlorenen Federn dienten ihm der in Knochen, Haaren und Federn der Beutetiere enthaltene Kalk und Phosphor.

Der Rotfußfalke schluckte schon langsamer und machte längere Pausen. Er sah vor sich hin, als überlege er, ob er noch weiterfressen solle. Dann aber löste er sich – die auf den Bäumen ringsum schimpfenden Krähen keines Blickes würdigend – fast gewichtlos von dem Stein und flog in geringer Höhe zum Fluß. Dort schwenkte er in scharfem Bogen zum Wald ab, schwang sich zum Himmel auf und verschwand.

Miklós bemerkte den seltenen Raubvogel nicht, er verhandelte gerade mit dem Fischer Jani. Die Fischergenossenschaft hatte von der Gemeinde die Espe gekauft, und nun kamen die Mitglieder mit Axt und Säge; auch ein Wagen, mit Pferden bespannt, war da. Auf den alten Baum erhob kein anderer Anspruch, Espenholz ist nicht viel wert, und ihn ans Ufer zu ziehen, ist umständlich und gefährlich, dazu brauchte man die Pferde.

„An dieser Stelle hier wollen wir den Stamm zersägen, Jani. Den Stumpf lassen wir zurück, den rührt nicht an, ich habe einen Plan damit.“

„Was für einen Plan?“

„Ich sag' dir's ein andermal. Jetzt beeilt euch, solange das Holz auf dem Wasser schwimmt und die abgesägten Äste auf die Sandbank geschwemmt werden. Von dort könnt ihr sie mit den Pferden herausziehen und gleich zerlegen. Wenn das Wasser weiter zurückgeht, macht ihr euch an den Rest.“

Jani blickte in die Grube, auf den Boden von Lutras trockener, mit Moos und Gras ausgelegter Höhle. „War er wirklich so groß?“

„Ja, hätte ich ihn nicht selbst gesehen, ich würde es nicht glauben. Mit Schwanz zusammen bestimmt anderthalb Meter. Der andere sah neben ihm wie eine Ratte aus. Und hier sind wir über ihm hin und her gegangen.“

„Schießen konntest du nicht?“

Miklós sah zu Boden. „Meine Flinte war nicht geladen. Esti wäre fast in den Fluß gestürzt, hätte ich sie nicht weggerissen.“

Jetzt senkte auch Jani den Blick. „Aha“, sagte er. „Na freilich.“

Nun sahen sie einander an.

„Denn seit gestern bin ich verlobt. Aber das sag' ich nur dir, Jani. Ich mag das viele Gerede nicht.“

Der Fischer reichte Miklós die Hand und sagte kein Wort. Die beiden harten Hände hielten sich lange fest als Ausdruck aller unausgesprochenen guten Wünsche.

„Wir dachten, Onkel Gábor sollte der Brautführer Estis sein und du mein bester Mann.“

„Ich danke für die Ehre, Miklós. Hättest aber auch einen respektableren finden können.“

„Mir bist gerade du recht, Jani. Du bist genauso ein armer Bursche, wie ich selbst einer bin.“

Jani kehrte mit einem guten Gefühl im Herzen zu den Holzfällern zurück. Die hatten die große Baumsäge bereits angesetzt, die Zähne fraßen sich mit einem harmonischen Klang in das Holz und streuten weißes Sägemehl über das durchweichte Ufer.

Das Wetter änderte sich plötzlich. Die Sonne wurde matt, Dunst verwandelte den hellen Tag in opalene Dämmerung. Wind kam auf. Die Holzfäller schlugen die Hände zusammen und hauchten sich auf die Fingernägel. Bald darauf flammte ein Lagerfeuer auf. Auch Miklós kauerte am Feuer; ihm war kalt.

„Wenn wir Schnee bekommen, kannst du den Wunderotter eher ausmachen“, sagte Jani, „Onkel Gábors Hühnerauge hat den Winter angekündigt.“

„Ich überlege gerade, wohin die beiden Otter gegangen sein könnten.“

„Im Schnee wirst du ihre Spuren finden.“

Das hoffe ich, denn den Pelz habe ich Esti schon versprochen.“

Jani lächelte. „In solcher Verfassung ist man leicht groß im Versprechen.“

„Aber ich halte auch, was ich zusage, vorausgesetzt, daß ich den Otter schieße oder er mir ins Eisen geht. Ich habe noch einen anderen Plan: Deck das Otternest dicht mit Zweigen zu und die Zweige mit einer Erdschicht!"

„Das mach' ich. Aber dafür darf ich als erster das Fell messen."

Das Feuer knisterte, aber der Rauch stieg nicht in die Höhe, er breitete sich nur aus und entschwand allmählich. Der leicht bittere Geruch lag über dem Fluß, und als Lutra Witterung davon bekam, dachte er bestimmt nicht daran, daß der Fischer Jani Petrás sein Fell messen wollte.

Lutra vermißte schmerzlich seine Höhle; der Platz unter der Weide war eng und Lutra weder an Gesellschaft noch an Unbequemlichkeit gewöhnt. In dieser Junggesellenwohnung, in der er sich manchmal zum Schlafen ausstreckte, wenn ihn der Morgen in dieser Gegend ereilte, hatte er sich wohl gefühlt, solange das andere, bessere Nest da war. Aber jetzt, wo es nur noch dieses eine gab und sie zu zweit darin hausen mußten, sich gegenseitig beengten, war es ihm klar, daß er hier den Winter nicht verbringen wollte.

Übrigens war es auch der Platz, den der flüchtende Iltis einmal verstänkert hatte mit seiner übelriechenden Ausscheidung; der Geruch war natürlich längst verflogen und auch von dem zusammengetragenen faulenden Beutezeug kaum noch etwas da. Dafür hatten die Ameisen gesorgt, und nun kümmerte sich die kleine Otterfrau um Sauberkeit. Sie machte sich gleich nach dem Einzug ans Reinemachen. Die hereinhängenden Wurzeln nagte sie ab und bereitete ein leidliches Lager. Aber – es war zu eng, und erweitern ließ es sich nicht.

Am meisten störte indes die kleine Öffnung in der großen Baumhöhle das Otterpaar. Die alte Weide war innen völlig hohl. Oben aber, etwa zwei Meter hoch, hatte ein übereifriger Specht ein rundes Loch geschnitten, und dieses Loch ließ die Otter nicht zur Ruhe kommen.

Einmal steckte eine kleine Meise den Kopf herein. „Zirrzirrzerezere, ist jemand da?" wollte sie neugierig wissen. Das Dunkel gab keine Antwort, und so stellte die Meise selbst fest: „Niemand da, niemand da!" und flog davon.

Dann wieder kam ein Specht mit seiner roten Mütze und der gesamten Ausrüstung. „Rititititii", schrie er schon von weitem, „den Meißel her, den Hammer her, wo tut's denn weh, alte Weide? Gemach, gleich haben wir die Stelle."

Da zog die Otterin unten an einer Wurzel, die Wurzel riß, und Doktor Specht samt Werkzeug schoß entsetzt davon. Meise und Specht konnten vertrieben werden, nicht aber der Wind. Der kam und benutzte jede Gelegenheit, um mit seiner musikalischen Begabung zu prahlen. Und gerade die kleine Öffnung, der regelmäßige Kreis, eignete sich vorzüglich zum Flöten, manchmal auch zum Oboe- und Klarinettenspiel, je nachdem, ob der Wind von oben oder von der Seite hineinblies, ob er mit vollen Backen oder nur mit gespitzten Lippen pustete.

Die beiden Otter fanden keinen Augenblick Ruhe, und wenn sich der Wind einmal am Abend legte, begann der kleine Kauz sein Kuwittkuwitt zu schreien, woraus jeder, der die Sprache verstand, entnehmen konnte, daß die alte Espe tot sei, am Waldrand Krähenfedern herumlägen und daß der Winter dem Wald, dem Feld und allen Bewohnern den Tod angesagt habe.

„Auch dir?" fragte Karak, fröhlich mit seinem buschigen Schwanz wedelnd. „Auch dir?"

Karak war unterwegs zum anderen Ende des Dorfes in einer wichtigen Angelegenheit, und seine schlauen Augen leuchteten grün im Finstern.

Der Kauz blies sich wichtigtuerisch auf und wich, wie Wahrsager im allgemeinen, einer direkten Antwort aus.

„Der Wind hat's gesagt, und alle wissen es."

„Wenn es alle wissen, wozu schreist du es dann in die Welt hinaus?"

„Weil es keiner vergessen darf, auch du nicht, Karak. Ich will dich begleiten, damit du es nicht vergißt."

Daraufhin rannte Karak wie gehetzt davon, hinein ins Riedgras am Wiesenrand, und legte sich flach hinter einen Erdhügel.

Warum muß ich auch immer mit allen Leuten anbändeln, ich alter Dummkopf. Begleiten will er mich!

In Wirklichkeit rührte sich die kleine Eule gar nicht von der Stelle, sie wollte den Fuchs bloß erschrecken, weil sie unangenehme Fragen ebensowenig mochte wie ein Wahrsager.

Das Otterweibchen sah Lutra an, dann warf es einen Blick auf den Ausgang; es hielt die Zeit der Jagd für gekommen. Lutra rührte sich aber nicht, als wolle er sagen: „Geh nur, ich bleibe noch eine Weile, irgendwo werden wir uns schon treffen."

Das Weibchen schnüffelte lange am Wasser, hörte das Plätschern der Wellen im kurzen Tunnel. Vielleicht würde sich ihr Mann die

Sache überlegen. Aber Lutra blieb liegen, und das Weibchen verschwand im Wasser.

Lutra lag zusammengerollt wie ein Kuchenteig, spürte aber, daß draußen etwas vorging, obgleich weder ein Lichtschimmer noch ein Ton zu vernehmen waren und auch die Luft nichts verriet. Die Zerstörung der Höhle hatte ihn tief bedrückt und weckte in ihm eine Sehnsucht nach irgend etwas Fernem.

Er empfand weder Hunger noch Durst, hatte keine Schmerzen, auch keine Angst und war dennoch mürrisch und lustlos, weil die alte Höhle verlorengegangen war, und mit ihr schien alles für ihn verloren zu sein, selbst der Fluß und das Weibchen. Nicht daß sie hätten aufgehört zu sein, sondern so, daß er sie nicht mehr haben mochte, nicht sehen wollte. Es war, als ob sein Instinkt und die feinen Antennen seiner Sinne ununterbrochen Wellen ausgesandt hätten, die irgendwo weit hinter den Bergen reflektiert wurden. Und der große Otter fand seine Ruhe wieder. Der Ort, den die Wellen seiner Sehnsucht abtasteten, zeichnete sich in seinem Gehirn schon ab wie auf einer Landkarte; aber es drängte noch nicht.

Das Käuzchen war weggeflogen. Die Stille wurde bedrückend. Der Mond war nicht aufgegangen, und auch Sterne waren nicht zu sehen. Ein bleierner Dunst lag in der Luft, der auf den Zweigen, Halmen und sogar auf den Wegen zu Reif wurde.

Ein alter Hase bewegte ängstlich witternd die Nase und übertrug ein nervöses Zittern auf seine Schnurrbarthaare. „Etwas liegt in der Luft! Ich mag das nicht!"

Auch der Hamster hatte einen bösen Traum. Ihm war, als seien seine Speicher leer, und dieser Gedanke machte ihn sofort hellwach. Er kratzte seinen ansehnlichen Bauch und begutachtete dann die vermauerten Öffnungen, und diese ungewohnte körperliche Bewegung machte ihn hungrig. Er nährte sich ausgiebig mit Mais und kaute etwas Hafer hinterher, denn Hafer war bekömmlicher. Dann torkelte er auf sein Lager zurück, rekelte sich und schloß die Augen. „Ein Unwetter ist im Anzug, aber irgendwie werden wir es schon aushalten. Schwer ist das Leben." Er seufzte in seiner sommerlich warmen Höhle voller Mitleid mit sich selbst – einen anderen bemitleidete er nie – und schlief dann ein.

„Kalt ist uns, kalt, kalt", piepsten die jungen Mäuse in ihren dünnen Mäntelchen, und ihre schwarzen Knöpfchenaugen blickten ängstlich in die Finsternis.

„Schmiegt euch eng aneinander", rieten die Eltern.

Die Mäuselöcher waren nicht zugestopft, und die schneidende Kälte drang in die Höhlen.

Alle schwiegen, nur die Wildgänse schnatterten fröhlich auf dem Wasser. „Liliklik, gute heimatliche Luft."

Das Wasser war nicht sehr kalt. Und wenn es noch so kalt würde, Lutra kümmerte das nicht, denn der Otter bewahrt seine Körpertemperatur sogar auf dem Eis. Aber das Wasser hat ohnehin sein Sondergesetz. Kein Gewässer, das die nötige Tiefe hat, kann bis zum Grund zufrieren, wie groß auch immer die Kälte oben sein mag. Weder kälteres noch wärmeres Wasser kann eine vier Grad warme Wasserschicht über dem Grund von ihrem Platz verdrängen.

Und diese Schicht hält die Bewohner der Gewässer am Leben, in ihr leben die Fische, Krebse, Schnecken, Frösche, Schlangen und die vielen Milliarden unendlich kleiner und primitiver Organismen. Würden die Gewässer bis zum Grund durchfrieren, müßte jegliches Leben erlöschen, denn im Eis gibt es kein Leben.

Natürlich kann man dieses vier Grad warme Wasser nicht etwa als angenehm bezeichnen; das menschliche Herz würde nach wenigen Minuten darin stillstehen, aber die Bewohner der Gewässer haben sich angepaßt.

Herumschwirren können weder Fische noch andere Wassertiere bei solcher Kälte, aber sie wollen das auch gar nicht. Die Körpertemperatur der Fische paßt sich der Temperatur des Wassers an, in dem sie sich gerade befinden; und sie regelt mit unerbittlicher Genauigkeit das Leben der Fische. Die Temperatur schreibt die Zeit der Paarung, die Dauer der Verdauung, die Menge der Nahrungsaufnahme, das Wachsein und den Winterschlaf vor, der zwar kein richtiger Schlaf, aber auch kein Wachsein ist, denn das Herz schlägt selten, die Lunge atmet kaum, und der Fisch nimmt manchmal wochenlang keine Nahrung auf.

Doch wie gesagt, Lutra kümmert sich nicht um die Temperatur des Wassers, sein Pelz hat Eigenheizung.

Auf der Landkarte, die der große Otter im Kopf hatte, leuchtete nun ein Punkt auf und trieb ihn flußaufwärts, weiter von seiner alten Höhle und seinem Weibchen fort. Dieser Punkt zog ihn an, drängte ihn zur Eile und beherrschte all seine Wünsche und Bedürfnisse, und er wies ihn jenseits der Berge. Und es blieb kein Punkt mehr, es wurde Wasser, Fisch, Höhle, eine fremde und doch bekannte Gegend, die er nie gesehen hatte, von der er dennoch wußte, daß sie existierte. Und er ahnte auch schon, wo sie lag.

Noch etwas trieb ihn an: das erschreckende schattenlose Mondlicht, in dessen bleichem Schein die Sterne nach und nach verblaßten.

Lutra bewältigte mit wunderbarer Leichtigkeit seinen Weg durchs Wasser, er fühlte keinen Hunger und keine Lust zum Jagen. Kam ihm ein Fisch entgegen, schnappte er ihn, aber er suchte nicht nach Nahrung, weil er Zeitverlust und Umwege scheute. Es war um Mitternacht, als er die Stelle erreichte, wo sich der Fluß nordwestwärts wendet und das gleichmäßige Brausen des Stauwerkes zu hören ist. Bei dem Brausen fiel ihm die Mühle, dann der Mensch ein. Als der Fluß bald wieder nach Norden drehte, schwankte Lutra keinen Augenblick wie etwa ein Autofahrer, der zunächst die Straßenkarte studiert, vielmehr stieg er ohne Zögern ans Ufer.

Irgend etwas sagte dem großen Otter, daß sein weiterer Weg vom Wasser wegführte.

Lange saß er am Ufer und betrachtete den Fluß. Auf der Landkarte seiner Sehnsucht aber zeigte der Pfeil genau nordostwärts, er mußte also Fluß und Wasser, den Schutz und das heimische, vertraute Element, zurücklassen. Und Lutra schwankte nicht, sondern schlug den Weg landeinwärts ein, zu den kahlen Hügelzügen hin. Hinter ihnen zeichneten sich im unsicheren Schein des Mondes Berge ab, dunkle Wälder, von tiefen Schluchten zerfurcht.

Das Röhricht am Ufer hatte er bald durchquert, nun schlängelte er sich in gleichmäßigem Tempo, weder langsam noch schnell, den kahlen Hang hinauf. Die Bewegung eines Otters an Land ist kaum mit der eines anderen Tieres vergleichbar, und nur das Wort „schlängeln" kommt seinem gleitenden Schleichen nahe. Seine kurzen Beine und sein Körper sind dem Leben im Wasser angepaßt, doch auch auf dem Trockenen kommt er gut vorwärts.

Auf dem Hügel hielt er an: Die Nacht war stumm, die Luft ohne die Düfte des Sommers. Rauhreif knisterte unter seinen kurzen Beinen, und je höher er stieg, desto dichter wurde die Reifdecke. Weiter oben standen schon Sträucher, ein, zwei verkrüppelte Bäume, die die Axt des Holzfällers verschmäht hatte und die höchstens dazu taugten, daß der Hirte seinen Ranzen an einen ihrer knorrigen Äste hängte, wenn es Mittagszeit war. Allerdings vermochte man sich jetzt im rauhen Winter kaum vorzustellen, in dieser Gegend könne jemals die Sonne scheinen oder gar ein Fliegenschwarm über die von der Hitze ermatteten Schafe herfallen.

Der nächste Hügel war noch höher, die Sträucher dichter. Lutra mußte sich den Weg durch das Gestrüpp bahnen, schlug aber sofort die nordöstliche Richtung wieder ein, wenn er ein Hindernis genommen hatte. Dann verlangsamte er das Tempo, denn trockenes Laub raschelte unter seinen Pfoten, er suchte sich also einen Pfad, auf dem er lautlos dahineilen konnte.

Lang war der zurückgelegte Weg, kurz noch die Nacht. Der Pfad verlief jetzt neben einer Straße, und Lutra schlängelte sich langsamer vorwärts; er witterte einen Geruch in der Luft wie um die Mühle. Stallgeruch, Heuduft, erkalteter Rauch, kurz der Geruch einer menschlichen Siedlung. Die Stille war indes noch ungestört, und der große Otter beäugte lange das am Rand einer großen Lichtung versteckte Försterhaus. Nichts regte sich, und die Geräusche aus dem Stall waren eher beruhigend. Dennoch gab es hier sicher Hunde – und kein Wasser, keine leichte Flucht. Ein Kampf auf Leben und Tod wäre unvermeidlich.

Lutra überlegte, schnüffelte und verspürte Hunger. Er schlich näher, Schritt für Schritt. Ein fremder Ort, wo ihm jetzt die Sinne und sein untrüglicher Instinkt die Richtung wiesen, den Zugang zu den Ställen hinter dem Garten verrieten. Starker Gänsegeruch kam von dort, der schwere säuerliche Geruch einer Mastgans.

Hinter dem Zaun, in einem Hühnerstall, atmete mühsam eine verfettete Gans. „Hach . . . hach", schnappte sie nach Luft.

Angeekelt war sie vom Mais. vom Leben, vom Menschen, von allem; doch die Verdauung funktionierte noch richtig, ihr Fett und ihre Leber schwollen an. Es wäre gut zu wissen, was in ihren ungebrochenen blauen Augen stand und was sie dachte, wenn die schrillen Schreie der Wanderer aus dem Norden, der flugtüchtigen Verwandtschaft, zu ihr auf das schmutzige Stroh drangen – wie jungfräulich weißer Schnee auf den Misthaufen fällt.

Der Stall hatte eine Tür, die nur durch einen kleinen Holzriegel verschlossen war. Lutra suchte eine Spalte, und schon bei der leisesten Berührung fiel der Holzriegel, und die Tür ging auf.

Die Gans schwieg. Draußen rührte sich nichts. Mit einem einzigen Griff packte Lutra den Hals des lebensmüden Vogels. Einen Ton gab er nicht mehr von sich, flatterte nur leise und kurz mit den Flügeln.

Die Gans war schwer wie ein kleiner Sack. Doch der große Otter trug sie leicht durch den Garten über die Lichtung und setzte sie erst im Wald hinter dem Haus ab, sicher vor unmittelbarer Gefahr.

Es war nicht zu leugnen, so etwas Feines hatte Lutra sein ganzes Leben lang noch nicht gefressen. Dreimal hatte er schon aufgehört, aber das mürbe fette Fleisch verlockte ihn immer wieder, er mußte sich schließlich losreißen, denn der Hahn des Försters krähte schon den Morgen ein. Es war höchste Zeit, möglichst weit von diesem Ort wegzukommen.

Das fühlte Lutra sehr richtig; denn der Morgen brach nicht nur hell, sondern überaus laut um das Försterhaus an. Der unheilvolle Lärm klang anfänglich so, als mordete man die Försterin, später, als mordete sie andere. Die Försterin war nicht etwa so sanft wie unsere Esti, sondern vielmehr eine in Breite und Höhe imposante Amazone mit einer dem Körper angepaßten Stimmkraft. Und diese Stimme, die bald versagte, bald schallte, zeugte von einer ungewöhnlichen Erregung.

„Acht Kilo wog sie schon! Acht Kilo! Und was hab' ich mich mit ihr geplagt! Und da ist sie nun, die ..."

Mit dem „da ist sie nun" war natürlich nicht die fette Gans, sondern die Bescherung gemeint.

„Was gibt's denn schon wieder?" rief eine tiefe Stimme von der Veranda.

„Komm her! Komm nur schnell! Hab' ich's nicht immer gesagt!"

Die Statur des baumlangen Försters fand in seinem Schnurrbart eine würdige Ergänzung. Der Schnurrbart war auch in seinem augenblicklich ungepflegten Zustand noch imposant.

„Zertritt mir nicht die Spuren!" rief er näher kommend. Er hatte noch Pantoffeln an den Füßen.

„Die kannst du dir an den Hut stecken! Hast du nicht gesagt, hier kommt kein Fuchs hin?"

„Dabei bleibe ich auch", erklärte der Förster und blinzelte fassungslos auf Lutras gewaltige Tritte. „Das war kein Fuchs."

„Was denn sonst! Vielleicht ein Krokodil?"

„Ein Otter!" stellte der Förster fest, und so wie er war, in Pantoffeln, ging er der Spur nach. Auf einen Pfiff stürzte ein zottiger Vorstehhund aus der Küche herbei.

„Das sieh dir an, Karo. So etwas hast du dir nicht träumen lassen."

Der Hund nahm die Spur auf und verschwand zwischen den Sträuchern.

„Was für Tritte! Was für eine Spur! Das muß ein verdammt großes Tier sein. Was aber sucht der jetzt hier auf dem Berg?"

Karos tiefe Stimme meldete aus dem Dickicht. Auf einen schrillen Pfiff des Försters hin raschelte es in den Sträuchern, und der Hund kam hervor, mit den Resten der Gans in der Schnauze. Selbstgefällig wedelte er mit seinem gestutzten Schwanz, bewegte sogar das Hinterteil, als er die Beute vor die Pantoffeln seines Herrn legte.

Der Förster besah sich die Reste der Gans aufmerksam und hob sie dann auf.

„Das kriegen wir zwei Wochen lang aufs Butterbrot geschmiert, Karo", sagte er und streichelte den Kopf des Hundes. „Was tun wir jetzt?"

Er ging zur Küche und warf die tote Gans auf den steinigen Vorhof. In der Küche herrschte Stille. Die Försterin saß auf dem Stuhl und vergoß dicke Tränen.

„Acht Kilo wog sie, vielleicht auch schon neun. Habe ich es nicht immer gesagt, wir müßten einen Hofhund haben, nicht diesen dreckigen Vorstehhund, der die ganze Nacht hier in der Küche auf der faulen Haut liegt!"

„Du hast ihn daran gewöhnt. Geh 'raus, Karo!"

Karo, der ein Lob erwartet hatte, schlich traurig hinaus auf den Vorhof, beroch die Gans und runzelte stark die Stirn. Ein Bissen davon würde ihm gut schmecken, doch die Disziplin siegte auch diesmal, und der Setter legte sich neben das Federbüschel, knurrte die Katze an, die sich interessiert näherte. Die Katze spazierte daraufhin in die Küche, wo sich der Förster rasch ankleidete.

„Ich geh' ihm nach", sagte er. „Der Otter ist auf der Wanderschaft. Ich will's probieren, wenn ich den kriege, kannst du drei solche Gänse für das Fell kaufen. Füll mir reichlich Brot und Speck in den Ranzen, Tee in die Thermosflasche und etwas Schnaps, ich weiß nicht, wann ich nach Hause komme. Die Kinder nehme ich zum Treiben mit."

„Sie schlafen noch", sagte die Frau, von der Aussicht auf ein Otterfell besänftigt. „Ich wecke sie."

Draußen wollte es nicht recht hell werden. Geheimnisvoll ist ein Wald im Rauhreif, es gibt keine Ferne, die Töne fallen zu Boden, und nur der Rauhreif rieselt da und dort sanft knisternd auf die hartgefrorenen trockenen Blätter herab.

Karo vergaß die Beleidigung sofort, als er die Stimmen der Jungen hörte. Er stellte sich startbereit vor die Tür. Das Jagdfieber hatte die Jungen schon erfaßt. Einer war des Försters Sohn, der andere ein Verwandtenkind, und die beiden verbrachten die Schulferien hier, glücklich, der Stadt entronnen zu sein.

„Ein Otter? Wirklich?"

„Ja."

„Onkel Laci, hast du schon einen Otter geschossen?"

„Einmal einen."

„Der Otter lebt aber doch am Wasser? Wie kommt er dann hierher?"

„Das weiß der liebe Himmel. Eßt, dann gehen wir los."

Der Förster war ein schweigsamer Mann, der im ganzen Jahr nicht so viel redete wie dann, wenn die Jungen im Hause waren.

„Den Rest von der Gans kannst du für Karo braten."

„Wo ist er denn, der arme Karo?"

Der Setter kratzte winselnd an der Tür, weil er seinen Namen gehört hatte.

„Hier bin ich, hier bin ich!" besagte das Winseln. „Ich höre meinen Namen, spüre allerlei gute Gerüche, aber man läßt mich nicht ein, denkt denn keiner an mich?"

„Na, komm 'rein, du Siebenschläfer", sagte die Försterin, schon nicht mehr so zornig. „Von dir aus hätte das elende Tier auch mich stehlen können."

„Dich, Mutti?" Der Junge lachte und sah seine massive Mutter liebevoll an. „Nicht einmal ein Löwe!"

„An dir hätte er sich die Zähne ausgebissen", sagte der Förster gelassen.

„Ihr habt wohl schon lange keine Ohrfeigen bekommen, wie!"

Karo stieß aufgeregt mit der Schnauze an die Röcke der Frau: „Worte, überflüssiges Gerede – und nichts zu fressen."

Der Ärger verflüchtigte sich. Die Försterin fütterte Mann, Kinder und Hund, niemand dachte mehr an die arme fette Gans, die acht Kilo, vielleicht sogar neun, gewogen hatte und morgen schon zehn – die Menschen sind ja voller Phantasie. Sie lag auf den Steinen des Vorhofs hingestreckt, zerrissen und verschmiert.

Nicht einmal Lutra dachte mehr an die Gans – eigentlich eine Undankbarkeit. Nachdem er die innere Landkarte überprüft hatte, stellte er fest, daß er das ferne Wasser im Dunkeln nicht mehr erreichen konnte, folglich mußte er sich nach einem Quartier für den Tag umsehen. In fremder Gegend war das nicht leicht. Zunächst eilte er bergauf, aber das Gelände zeigte nirgends einen geeigneten Schlupfwinkel.

Der Wald war von Schneisen durchschnitten, und sooft Lutra an so einen Einschnitt kam, huschte er jedesmal erst nach langem

Sichern über den kahlen Streifen. Die Schneisen waren keine Straßen, wenn dort auch zuweilen Wagen fuhren, sondern gerade, fünf bis sechs Meter breite Gassen, die die Bäume nach Art und Alter voneinander trennten. Denn es ist unterschiedlich, wann Eichen, Buchen, Eschen und Fichten gefällt werden dürfen, wann sie das wertvollste und das meiste Holz geben. Hartholz entwickelt sich viel langsamer als Weichholz, während die Espe es in dreißig Jahren zu einem Riesenbaum bringt mit meterstarkem Stamm, erreicht die Eibe nicht einmal in hundert Jahren eine solche Höhe und Stärke.

Lutra interessierte sich nicht für Höhe und Stärke der Bäume – er klettert so gut auf einen Baum wie ein Eichhörnchen schwimmt, also nur in der Not und schlecht. Es kam freilich bei sommerlichen Streifzügen vor, daß er sich ungeschickt auf eine schief gestellte niedrige Weide hinaufzwängte, aber das tat er höchstens einem Sonnenbad zuliebe und auch wegen der Aussicht von da oben. Als Fluchtmöglichkeit kam ein Baum für ihn nicht in Betracht.

Er hatte schon ein gutes Stück Wegs zurückgelegt, als es wirklich Morgen wurde und die Suche nach einem Schlupfwinkel sich nicht länger aufschieben ließ.

Der Wald stieg hier sehr steil an, stellenweise krochen Steine hervor, und weiter oben blickte ein schroffer Felsen weit vorgeneigt ins Tal hinab.

Lutra hob den Kopf und nahm Richtung auf den Felsen, denn an dessen Fuß schmiegte sich dichtes Gebüsch, dort konnte vielleicht eine Höhle sein. Mit Mühe zwängte er sich durch das bürstendichte Gestrüpp und hielt unter einem Wacholderstrauch an. Weiter ging es nicht; den steilen Felsen konnte er nicht bewältigen. Der Otter zögerte nicht lange, scharrte sich ein Lager im alten Laub und legte sich schnaufend. Nach otterlicher Berechnung hatte er alles zu seinem Schutz getan, seufzte und schloß die Augen, wobei er die vielseitige menschliche Berechnung völlig außer acht ließ.

Die beiden Jungen wollten die Parzelle oberhalb des Forsthauses durchtreiben, der Förster winkte ab. Weiter!

Und wieder ging es bergan. Der Vater voran, neben ihm Karo, der es zwar mit dem Stummelschwanz quittierte, wenn einer der Jungen ihn ansprach, aber seine Position unmittelbar neben dem Förster nicht aufgab. Dem Vater folgte der Gast und als letzter der Förstersssohn.

Bei der dritten Querschneise hielten sie an, und der Förster traf flüsternd seine Vorbereitungen.

„Ihr wartet, bis ich die nächste Schneise oben erreiche. Wenn ihr mich dort einbiegen seht, geht ihr los! Laci, du gehst mit Karo zweihundert Schritt, und Jóska geht hundert Schritt. Ihr brecht alle zugleich auf und kommt leise und langsam klappernd auf mich zu. Karo, du bleibst bei den Jungen!"

Der Hund sah seinen Herrn nachdenklich an und antwortete mit dem Schwanz. „Gut, ich bleibe, weil du es befiehlst. Aber lieber würde ich mit dir gehen."

Als der Förster die Hügelmitte erreicht hatte, schlugen die Jungen den vereinbarten Weg ein.

„Hier bleibst du stehen, Jóska. Komm, Karo."

Hundert Schritt weiter hielt auch Laci an, hob die Hand und gab das Zeichen zum Treiben.

Da stand der Förster schon auf seinem Platz, die Flinte in der Hand, die Jungen kamen aus fünf- bis sechshundert Schritt Entfernung auf ihn zu, mit Karo in ihrer Mitte. Die beiden Kinder trieben klug und richtig. Sie hüstelten manchmal, klopften an die Baumstämme, und der Hund lief witternd zwischen ihnen hin und her. Kein anderes Geräusch war zu hören, aber der Förster wußte schon, daß hier kein Otter zum Vorschein kommen würde; er hatte inzwischen dessen Spur gefunden, die zur nächsten Parzelle hinüberwechselte.

Kaum hatte das Treiben begonnen, schien sich hinter dem Geflecht der rauhreifbedeckten Sträucher etwas zu rühren. Ein Schatten, fast nur wie eine Vision. Der Förster hob die Flinte, langsam, sehr langsam. Bei dem zweiten Strauch, ein Stück näher, hatte der Schatten schon eine rote Farbe. Der Förster legte an, zwischen zwei Bäumen verharrte ein schöner Fuchs und horchte auf das Geräusch, das die Treiber hinter ihm machten. Da knallte der Schuß.

„Wauwauwau! Ich hab' ihn, ich bring' ihn!" schlug Karo Lärm, doch im selben Augenblick wechselte er den Laut, und der Förster griff schnell in die Tasche und lud auf Kugel.

Durch den dichten Wald brach, vor dem Hund flüchtend, ein kleines Rudel Wildsäue. Vorn die alte Bache, hinter ihr die nun schon herangewachsenen Frischlinge. Die Büchse folgte ihnen ohne Hast und nicht vergeblich, denn hinter dem Rudel brach seitlich ein schöner Keiler aus.

Die Büchse blitzte zweimal hintereinander mit dem scharfen Knall von Kugelschüssen; der Keiler aber verschwand mit unverminderter Geschwindigkeit im Dickicht auf der anderen Seite.

Das Brechen hörte auf. Karo erreichte den Fuchs, besah ihn sich, packte dann Karaks entfernten Verwandten an den Weichen und brachte die Beute im Paradeschritt seinem Herrn.

Der Förster legte dem Setter die Hand auf den Kopf. „Du bist mein bester Hund, Karo."

Karo zitterte förmlich unter dem Gewicht der liebevollen Hand und strahlte aus seinen bernsteinfarbenen Augen so viel Treue, Glück und bedingungslose Hingabe aus, wie sie nur bei Hunden zu finden sind.

Die beiden Jungen kamen herbei und hoben, einer nach dem anderen, den Fuchs hoch.

„Ich glaube, wir haben auch einen Keiler", sagte der Förster, „aber er ist nicht im Feuer zusammengebrochen. Wir werden ihn später suchen. Hab' ich nicht gut getroffen, und wir stören ihn jetzt, rennt er bis ans Ende der Welt, bestimmt aber ins fremde Revier. Kommt! Diese Parzelle lassen wir aus und treiben die nächste durch. Es soll hier inzwischen etwas ruhiger werden."

Als sie die Querschneise hinter sich hatten, blieb der Förster stehen.

„Ihr habt schön leise getrieben", lobte er die Jungen. „Hätte Karo die Säue nicht aufgescheucht, wären sie so still gekommen wie Lämmer. Der Fuchs hat nach euch gelauscht, als ich ihn schoß. Jetzt aber wollen wir uns beeilen. Der Wind bringt Schnee, das liegt schon seit gestern in der Luft."

Der Wind war zunächst kaum zu merken, er trug den Zigarettenrauch, den der Förster unter seinem bemerkenswerten Schnurrbart ausstieß, sachte südwärts. Der neblige Berghang schien noch grauer geworden zu sein.

„Wir machen es so wie vorhin", verfügte der Förster, „Karo, du bleibst."

Wieder wedelte Karo betrübt mit dem Stummel.

Im allmählich stärker werdenden Wind begann das zweite Treiben. Von den Bäumen brach jetzt öfter der Rauhreif, und der Wind trug das Hüsteln und Klopfen weg, so daß der Förster nichts davon hörte und ebendarum noch angespannter horchte. Die Büchse in der Hand, blickte er sorgfältig in die Runde und nahm die kleinste Regung der Zweige wahr. Die Jungen waren bestimmt schon losgegangen, und wenn es einen Fuchs in der Parzelle gab, mußte er in den nächsten Augenblicken zum Vorschein kommen, denn der Fuchs ist der erste oder der letzte beim Treiben. Entweder bricht er bei Beginn des Treibens hervor oder er wartet, bis auch der letzte blöde Hase geschossen ist, und flüchtet dann plötzlich über die Schneise.

Minuten vergingen. Ein Hase war in die nächste Parzelle gehoppelt, aber der Förster wollte keinen Hasen schießen. Er hätte auch den Fuchs nicht geschossen, hätte er nicht gewußt, daß der Otter nicht im Treiben sein konnte.

Jetzt stieg ein Fasan unter lautem Protest auf, dann stoben, kaum ein paar Schritt weit, zwei Rehe an ihm vorbei. Schon hörte er das Klopfen der Jungen und überlegte, warum eigentlich der Otter gerade auf diesen steilen steinigen Berghang gekommen sein sollte. Und wäre er wirklich da gewesen, hätte er die Parzelle schon hinter sich gelassen, denn Otter legen, wenn sie wandern, gewaltige Strecken zurück. Bei solchen Gedanken ließ seine Aufmerksamkeit allmählich nach. Er wartete nur noch darauf, daß die Jungen zum Vorschein kamen, damit sie auf die Suche nach dem Keiler gehen konnten.

Da sprang blitzschnell ein stattlicher Fuchs hinaus in die Schneise. Bei dem ersten Schuß kam er zu spät, der Einschlag der Schrotkörner zeichnete sich deutlich im von Rauhreif bedeckten Gras ab. Der zweite Schuß saß. Und der Fuchs rollte raschelnd ins Gebüsch auf der anderen Seite.

Der gewaltige Schnurrbart verzog sich bei dem Lächeln, mit dem der Förster sich selbst gratulierte; doch kaum war der erfolgreiche

Schuß in der Schneise verhallt, als der Jäger wie versteinert dastand. Was ist denn das? Hätte ich bloß . . .

Im Bruchteil einer Sekunde wußte der Förster, was geschehen war und was geschehen würde.

Er wiederholte in Gedanken alle Bewegungen, mit denen er den ersten und bisher einzigen Otter seines Lebens erlegt hatte. Er spürte seine damalige Flinte in der Hand, sah die Mondnacht, sah auch den kleinen Laci, der damals drei Wochen alt war. Er spürte den langen Knüppel in der Hand, mit dem er den Otter aus dem Wasser herausgeschoben hatte, und das alte Messer, mit dem er ihm das Fell abzog.

Sehr wohl wußte er, daß seine Büchse leer war, daß, sie neu zu laden, keine Zeit blieb. Er wußte, daß er einen so großen Otter noch nie gesehen hatte und nie wieder sehen würde. Und daß er seiner Frau lieber nichts davon erzählen sollte, wußte er auch; denn die Frau würde ihm gut anderthalbtausend Ratschläge erteilen, auf welche Weise er diesen Rekordotter, dieses Urbild aller Otter, hätte schießen müssen. Und er wußte ebenfalls, daß er es doch berichten würde, wollte er an dieser Nachricht, diesem Erlebnis nicht ersticken.

All das ging dem Förster durch den Kopf, und er stand da, zitternd und machtlos mit der ungeladenen Büchse, während Lutra gemächlich über die breite Schneise trottete und wie ein Spuk gegenüber im Gebüsch verschwand.

„So ein Pech!" ächzte der Förster und gab alle Verfolgungspläne auf; denn der aufgestörte Otter würde lange, sehr lange nicht mehr stehenbleiben und einige Schritt weiter bereits im fremden Revier sein.

Der Schnurrbart hob und senkte sich beim Seufzen wie die beiden Flügel eines sterbenden Vogels. Der Förster blickte nicht einmal Karo nach, der hinter dem Fuchs her war.

„Wauwau! Hier lief er! Hier ist er gelaufen. Ich hab' den Knall gehört. Ich hol' ihn schon. Hauhau, da ist er ja." Und schon hatte er ihn in den Fängen und trug ihn stolzierend seinem Herrn zu.

„Geh weg, Karo, ich mag den stinkenden Fuchs gar nicht sehen."

Der Hund legte verwundert den Fuchs hin, hob ihn wieder auf, drehte sich im Kreis vor dem Förster, tat ein paar Schritte, so daß er seinem Herrn wieder gegenüberstand, und legte die Beute erneut hin.

„Brav, Karo, sehr brav, mein Hund, nicht bei dir liegt der Fehler. Wäre dieser verdammte Fuchs nicht gekommen . . ."

„Noch ein Fuchs“, rief der kleine Neffe. „Was für ein erfolgreicher Tag!“

„Das kann man wohl sagen. Bleib hier, Karo, paß auf den Fuchs auf!“

Fast hätte Karo die Hinterpfoten zusammengeschlagen, so eifrig nahm er den Befehl zur Kenntnis, sofort setzte er sich neben den ehemaligen Feind.

„Kommt.“

„Wohin, Vati?“

„Wirst es gleich sehen.“ Als er Lutras Wechsel erreichte, nahm er ein Maßband aus der Tasche, blickte die beiden Jungen an und sagte: „Hier ist der größte Otter der Welt hinübergewechselt, und ich habe mit ungeladenem Gewehr zugesehen.“

Lutra hatte keine Ahnung davon, daß der Fuchs ihm den wertvollen Pelz gerettet hatte. Seine Aufmerksamkeit war auf das von hinten kommende Geräusch gerichtet, und die fremde Umgebung, das Rieseln des bröckelnden Rauhreifs, der leise Gegenwind, die Schüsse hatten seinen Orientierungssinn verunsichert. Wohl sah er den Jäger hinter dem Strauch, doch der stand so reglos und verschwommen da, daß der Otter die Gefahr nicht gewahr wurde, die ihm drohte. Hätte der Jäger auch nur die allergeringste Bewegung gemacht, wäre aus Lutra ein Blitz geworden. So aber lief der große Otter, der nur wenig erschrocken war, verhältnismäßig gemächlich auf die andere Seite und verschwand in den Büschen. Zu rennen begann er erst, als Karos triumphierendes Kläffen ihn schreckte. Er umrundete den steilen Berg, schlängelte sich durch die schroffen Felsen, warf einen raschen Blick in das ferne Tal, verharrte, und da jeder Lärm verklungen war, brach er das verhaßte Herumstreifen bei Tage ab.

Die Gegend wurde immer unwirtlicher. Auf dieser Nordseite quälten sich nur ein paar Wacholdersträucher zwischen den Steinen und ein oder zwei verkümmerte Buchen, die in fünfzig Jahren nicht höher als fünf Meter gewachsen waren, und das schüttere Gras, auf das jetzt der Rauhreif frostige Kunstblumen säte.

Lutra nahm Richtung auf die Felswand; als er aber einen finsteren Spalt erblickte, wechselte er sofort dorthin. Vor der Öffnung hielt er an und sicherte lange. Er nahm genau wahr, daß hinter dem Loch ein langer verwinkelter Gang war, der sich als Versteck vorzüglich eignete. Als er hineinschlüpfte, mischte sich eine schwache lauwarme Ausdünstung in die Witterung, die aber keinerlei Gefahr verhieß. Langsam kroch er vorwärts und nahm wohlgefällig den mehlfeinen trockenen Sand unter seinen Pfoten wahr. In Jahrtausenden hatten die Winde diesen Sand fein gemahlen; es kann aber auch sein, daß einstmals Wasser hier aus dem Berg quoll und das feine Sandmehl aus den Steinen rieb.

Lutras Augen hatten sich schon an das Dunkel gewöhnt, und witternd und immer wieder zögernd schob er sich weiter vor, bis er endlich eine dicke Sandschicht auf einem niedrigen Sockel für geeignet hielt, Rast zu machen. Als er auf den Stein hinaufkriechen wollte, hielt er inne und hob den Kopf. Was ist denn da? Was sind denn das für Lebewesen? Von dem Steinbrocken aus widmete er sich sofort der Frage, wie er an die hochhängende Nahrung herankommen könnte. An der Decke und in den Spalten der Höhle hatten sich Hunderte von Fledermäusen in tiefem Winterschlaf festgekrallt.

Hundert und aber hundert kleine Regenschirme hingen einzeln oder in Bündeln wie Bienenschwärme auf den Ästen. Fledermäuse, Vampire, Blutsauger, Hexengeschmeiß oder gar der geflügelte Beelzebub; Fledermäuse, die die Milch verderben, die Ziegen plagen, daß sie blutige Milch geben, den Speck im Rauchfang, den Schinken auf dem Dachboden anfressen. Nur ihren Leumund können sie nicht verderben, denn an dem ist nichts mehr zu verschlimmern. Es wäre an der Zeit, daß der Mensch endlich den Kopf aus der Finsternis des Aberglaubens, des dummen Geredes hinaussteckt und in der zu Tode gehetzten Fledermaus das sieht, was sie ist: ein nützlicher Freund, ein fliegendes Säugetier, das verdient, mit allen Mitteln geschützt zu werden.

Für Förster und Bauern, Gärtner und Winzer ist sie ein großer Helfer, aber auch für die Menschheit überhaupt, da sie die Insekten vertilgt, die Schlafkrankheit, Malaria und Tropenfieber verbreiten.

All das gilt uneingeschränkt für die Fledermäuse in unseren Breiten. In den Tropen gibt es allerdings gierige Früchtevertilger, die zu Hunderten einen Obstgarten besetzen und in einer einzigen Nacht kahlfressen, und – was schlimmer ist – es gibt auch echte Blutsauger, die Mensch und Tier Blut abzapfen. Damit es nicht erwacht, betäuben sie vor dem Saugen ihr Opfer, das jedoch keinen nennenswerten Schaden nimmt. Ein Glück, daß nur die kleinen Fledermäuse aus Mittel- und Südamerika Blutsauger sind, nicht aber die indischen fliegenden Hunde und fliegenden Füchse mit einer Flügelspanne von anderthalb Metern, die leben glücklicherweise von Früchten und haben außerdem eine Vorliebe für Wein, und zwar für Palmwein. Gegen die schädliche Wirkung maßlosen Alkoholgenusses sind allerdings auch die geflügelten Füchse nicht gefeit: Man findet oft in den zum Palmweinzapfen aufgestellten Gefäßen ertrunkene, vom Schlag getroffene geflügelte Säufer.

Nun ist es aber wirklich an der Zeit, uns um Lutra zu kümmern, der ungeduldig witterte, wie er wohl schnell zu einem Fledermausfrühstück kommen könne. Schon zum zweitenmal war er hingefallen, da er sich so lange reckte und streckte, bis er das Gleichgewicht verlor. Die Fledermäuse hingen von der Höhlendecke herab, und von seinem Steinblock hätte Lutra sie erreicht, wenn er sich in seiner ganzen Länge hätte aufrichten können. Ein Otter sitzt zwar, auf den Schwanz gestützt, genauso sicher wie eine sechsfach vergrößerte Zieselmaus; sich auf die Hinterbeine zu stellen gelingt ihm aber nur schlecht und nur für kurze Zeit. Auch hier machte die Übung den Meister, denn Lutra war beim vierten Versuch zwar wieder von seinem erhöhten Stand heruntergepurzelt, hatte aber dabei einen kleinen Regenschirm erwischt und heruntergerissen, der mit einem schwachen Zirpen sein geheimnisvolles Leben aushauchte. Dann reckte sich Lutra erneut und schlug wieder eine Fledermaus, die breitete in ihrem Schreck die Flügel aus, was ihr aber nichts half. Weitere konnte er zum Glück nicht erreichen, und er strengte sich auch nicht sonderlich an, sondern scharrte sich im weißen Sand ein Lager, rollte sich zusammen und schloß die Augen.

Die Luft war jetzt reglos, keine Spur von Wind, und doch drang von Norden eine immer beißendere Kälte ein, die ein feines Schneepulver über die Gegend streute, das sich geräuschlos wie Rauch verbreitete. Auch ohne Wind nahte der Winter wie eine stumme Flut, die jeder spürte, der im Wald herumstieg. Der Förster trieb die Jungen an, die fröhlich den Keiler bergab zogen, den sie dreißig Schritt von der Anschußstelle gefunden hatten. Die beiden Kugeln waren durch Lunge und Herz gedrungen. Der Förster hatte ihm einen Zaum aus dem Gewehrriemen angelegt, und die beiden Jungen zogen das zentnerschwere Tier mühelos den rutschigen Abhang hinab.

Doch der Förster hatte weder am Keiler noch an den Füchsen Freude. Das Schwarzwild gehörte nicht ihm, sondern der Jagdgesellschaft, und die beiden Fuchsfelle deckten kaum den Preis der Mastgans, zumal deren Gewicht, bis sie nach Hause kamen, in der Vorstellung seiner Frau von acht Kilo auf zehn gewachsen sein würde. Den Otter hatte er sich entgehen lassen.

Nur das Maßband bestätigte die außerordentliche Größe dieses Tiers, dessen Körperlänge samt Schwanz sicher kaum weniger als anderthalb Meter ausmachte. Miklós hatte seinem Freund Jani das Vorrecht eingeräumt, den Otter zu messen, ein anderer war ihm zuvorgekommen. Da aber das Fell noch Lutras Eigentum war, hatte so ein theoretisches Messen für einen praktischen Menschen, wie Jani einer war, keine Bedeutung. Für den Fischer ist nur der Fisch im Netz ein wirklicher Fisch und nur das Fell in der Hand ein echtes Fell. Alles andere ist Träumerei.

Jani steckte übrigens tief in der Arbeit. Er wollte Miklós' schlauen Plan mit Mátyás Göncöl, dem Traktoristen, verwirklichen, der jetzt gerade hoch im Sattel saß und grinsend dem Fischer zuhörte.

Der Traktorfahrer wollte unter Geratter und Dieselölgestank an den mit der alten Espe beschäftigten Fischern vorbeischuckeln und hielt es für ausreichend, ihnen mit seiner Mütze von unbestimmbarer Farbe und Form zuzuwinken. Er war unterwegs zur Maschinenstation, um seinen Schlepper über den Winter in Reparatur zu geben, und ahnte nicht, daß nach beendetem Herbstpflügen auf ihn noch eine andere Aufgabe wartete.

„Halt mal an!" Jani stellte sich vor das Fahrzeug. „Dich brauchen wir!"

Böses ahnend reichte Mátyás Jani seine ölige Hand. „Ich hab's eilig."

Der Schlepper puffte, spuckte; der an Stille gewöhnte Fischer sah ihn befremdet an.

„Könntest du diese verdammte Maschine nicht einen Augenblick zur Ruhe bringen. Ich werde taub von dem Getöse."

„Sprich nur weiter, ich hör'dich. Hättest du sechzig PS im Leib, würdest du auch brüllen."

„Man müßte diesen kleinen Stumpf geradestellen, so wie er stand, als der Baum noch dran war. Was ist das schon für sechzig PS!"

Der Fahrer lachte übers ganze Gesicht. „Nur so einfach zurückschubsen, was? Daß das Zeit und Kraftstoff kostet und mir obendrein die Kette zerreißen kann, das kümmert dich wohl nicht?"

„Wir bezahlen dir's."

In diesem Augenblick kam Miklós gelaufen, wer konnte denn wissen, wann wieder einmal ein Traktor hierher verschlagen wurde.

„Guten Tag, Matyi. Natürlich bekommst du es bezahlt. Übrigens war ich gerade in der Maschinenstation, und der Chef hat' s erlaubt. Es ist nämlich wichtig für den Uferschutz. Der Stumpf wird wieder treiben, und die Wurzeln halten die Erde fest."

„Hast du das schriftlich?"

„Nein. Er hat es bloß gesagt."

„Schlimm. Dann kann ich es nur auf eigene Verantwortung tun", sagte der Fahrer und grinste.

„Mach keinen Blödsinn. Du kriegst alles bezahlt. Benzin, Öl, was du willst."

„Was ich will?"

Jetzt lachten schon alle drei, denn die Sache war ja eigentlich schon geregelt.

„Und dazu noch eine ordentliche Flasche Schnaps. "

„Wickelt die Kette um den Stumpf und gebt mir beide Enden."

Nun versammelten sich alle um den Schlepper.

„Die Kette wird reißen, der Stumpf hat seine zwanzig Doppelzentner", meinte der mißtrauische Anti.

Der Schlepper fuhr im Rückwärtsgang so nahe wie möglich an den Stumpf heran: die Fischer befestigten die Enden der Kette am Zughaken. Mátyás drehte sich um.

„Weg von da!"

Die Maschine gab noch zwei oder drei Schüsse ab und rührte sich so langsam von der Stelle wie ein verschlafener Hirschkäfer. Die Kette hob sich, spannte sich wie eine Saite, der riesige Stumpf bewegte sich ächzend, die Kette knirschte, der Schlepper röchelte zornig, und der Stumpf der alten Espe fiel mit schwerem Aufschlag samt Wurzeln zurück in seine alte Grube. Die Kette lockerte sich, und der Schlepper blubberte erleichtert.

Die Fischer sahen mit Respekt die Maschine an, aber auch Mátyás – des Ruhmes voll – streichelte nicht ohne Rührung seinen Traktor.

„Ich dank' dir, Mátyás", sagte Miklós. „Für die Rechnung komme ich auf. Aber ich muß dir noch etwas sagen."

Der Traktorist blinzelte nachsichtig.

„Ich hab' mit dem Chef nicht gesprochen, aber wenn du das jetzt nicht geschafft hättest, hätten wir den Stumpf später nie mehr zurücksetzen können. Sei also nicht böse!"

„Seht euch diesen Jäger an! Glaubst du, ich hätte das nicht gewußt? Der Chef ist ja im Urlaub."

Die Maschine begann erneut ihr Trommelfeuer. Mátyás schwenkte seine unbestimmbare Kopfbedeckung und ratterte davon.

Der Jäger hatte große Pläne mit der restaurierten Otterburg. Er dachte sich, daß die Otter eine Zeitlang nicht ins alte Nest zurückkehren würden, mit der Zeit aber vielleicht doch entdeckten, daß die prächtige Höhle wieder da war, und dann wieder einziehen wollten. Dann sollte aber die Höhle nicht nur eine Burg, sondern auch eine Falle sein. Der ahnungslose Miklós konnte ja nicht wissen, daß schon ein anderer inzwischen Lutra Maß genommen hatte, Lutra selbst aber seinen Esti versprochenen Pelz zunächst einmal, zwanzig Kilometer weit weg, bei bester Gesundheit am eigenen Leibe trug.

Bei bester Gesundheit und auch satt und abenteuerlustig blickte Lutra aus dem Höhleneingang in die winterliche Dämmerung.

Finster war es noch nicht, aber Lutra drängte es fort; eine innere Unruhe und auch das Wetter trieben ihn an. Er fühlte, daß der Windhauch der Vorbote eines Sturms war, und er spürte auch das Gewicht der sich türmenden Schneewolken.

Lutra brach auf, sah sich nicht um; er eilte, denn leise und furchterregend begann der Wald zu brausen. Der Winter gab den Winden das Zeichen. Schon rasten sie pfeifend und tobend über dem Tannenwald, zerrissen den Bauch der Wolken, die ihre Schneelast ausschütteten. Dann stemmten sich die Winde gegen die Tannen, die Wurzeln krachten, die aufgerissene Erde seufzte, und eine ganze Reihe gewaltiger Bäume stürzte zwischen die Felsen. Andere zerbarsten in der Mitte, und bevor die eine Hälfte niederbrach, griff der Sturm in die Zweige und stieß sie hinab ins Tal. Der Schnee fiel dicht und dick, er hatte kaum Platz in der Luft; und abermals kamen ganze Wolkenkolonnen und schütteten ihre Schneeladung aus. Der Schnee fiel nicht, er flog. Die Felsen standen noch schwarz, aber das Tal erstickte schon fast.

Der Winter freute sich. Denn in diesem weißen Wirbelsturm war jeder taub und blind, nur er sah und hörte.

Er sah Dächer von Häusern fliegen, Zäune kippen, Vögel an Wände klatschen, sah zerbrochene Apfelbäume und Milchkrüge, scheuende Pferde, in Gräben gestürzte Wagen und den taumeligen Flug entsetzter Wildgänse nach Süden. Er sah den aufgewirbelten Fluß, der die alte Mühle beinahe von den Pfählen riß. Das große Mühlrad ächzte und stöhnte gequält, der Schornstein schwankte, in der Stube schossen Flammen und Rauch aus dem Ofen, und der

Raum zwischen den Doppelfenstern füllte sich mit Schnee, obgleich keine Scheibe schadhaft war.

Die Krähen hatten sich noch rechtzeitig ins Dorf verzogen und suchten Schutz im Windschatten der Häuser und Scheunen. Und ausnahmsweise hielten jetzt auch die Nebelkrähen Frieden. Habichte und Sperber schmiegten sich an die Baumstämme und dachten nicht ans Jagen. Die Meisen steckten zu sechst oder acht in einer Baumhöhle und wärmten sich gegenseitig. Die Fasanen suchten Schutz im dichten Gebüsch. Die Rebhühner waren längst eingeschneit, was kein Unglück war; nur naß durfte der Schnee nicht sein, sonst erstickten sie.

Die Zieselmäuse kümmerten sich nicht um Schnee und Wind. Der Schnee mochte die Eingänge zudecken, der Wind draußen sich noch so wahnsinnig gebärden, sie erwachten nicht einmal, und der Hamster legte sich höchstens auf die andere Seite. Schwer ist das Leben, dachte er gähnend, aber irgendwie halten wir's schon aus. Weniger gut ging es den Eichhörnchen, von denen einige sich in verlassenen Habichtshorsten eingerichtet hatten, die sie oben und unten mit Moos fütterten. Diese Nester schwankten jetzt wie angekettete Boote im Hafen. Seekrankheit plagte zwar unsere buschigen Akrobaten nicht, aber der Ast konnte abbrechen, das Nest hinunterfallen, wo sollten sie dann Unterkunft finden? In eine fremde Wohnung einzubrechen war gefährlich, sie gehörte womöglich einer Eule oder gar einem Marder, und dem Eindringling würde eine allzu freudige aber auch endgültige Aufnahme zuteil.

Unberührt vom Sturm lebten auch unsere lieben Freunde, das Ehepaar Karak. Ihr Schloß lag dank der baukünstlerischen Begabung des Einsiedlers, des Dachses, so günstig, daß es nicht vom Sturm bedrängt wurde. Und Ini, die hübsche Füchsin, bemühte sich eben um eine Hasenkeule, wobei ihr Karak mit unverhohlener Sorge, man könnte auch Neid sagen, zusah. In seinen Augen stand geschrieben: „Ini, denk an morgen!"

„Morgen bringst du etwas anderes, wie ich dich kenne, Karak."

„Freilich." Karak blähte sich auf; innerlich aber war er seiner Sache gar nicht so sicher. Wo in aller Welt finde ich ein Langohr bei diesem Schnee. Darum kümmert sich so ein leichtsinniges Weib natürlich nicht.

So ähnlich dachte er bestimmt, sagte es aber nicht, denn welcher Burgherr wird schon so unfreundlich zu seiner ihm eben erst angetrauten Gattin sein.

Karaks Sorge war um so verständlicher, als er den Hasen gefunden, richtiggehend fertig serviert gefunden hatte. Er war ganz gemütlich hinter den Gärten im Dorf herumgeschnürt und dann plötzlich stehengeblieben. Sieh da, ein Hase! Er mußte sich hinsetzen, weil der Hase völlig unnatürlich auf dem Rücken lag. Und das gab zu denken. Karak besichtigte genau wie eine Amtsperson den Tatort; er ging um die Leiche herum, stellte fest, daß der Ort ziemlich zerwühlt, aber vom Täter keine Spur und auch keine Witterung zu entdecken war.

Sonderbar! Sehr behutsam packte er den Hinterlauf, um den Hasen von der verdächtigen Stelle wegzuzerren. Doch der Hase kam nicht, er war nämlich an den Pfosten des Zauns angebunden.

Karak ließ den Hasenlauf los – nicht gern – und sah sich des längeren um, konnte aber nichts Verdächtiges wahrnehmen; so packte er das verstorbene Langohr um die Weichen und wollte losziehen. Da krachte aber der Zaun, und Karak ließ – jetzt schon erschrocken – den Hasen fahren. Was war hier los?

Wie sollte er wissen, daß es sich um eine gewöhnliche Schlinge, eine gemeine Erfindung handelte? Der Besitzer des Gartens hatte nämlich bemerkt, daß ein Hase zu Besuch kam, nicht wegen der erfrorenen Kohlstummel – Hasen mögen nämlich Kohl nicht! Vielmehr kam er, um die bittere Rinde der jungen Bäume anzunagen, die verdauungsfördernd und nahrhaft ist. Der Gartenbesitzer tat nicht, was er hätte tun sollen: nämlich seine Bäume gegen Hasenschaden umwickeln oder den Zaun reparieren; er legte lieber eine Schlinge aus dünnem Kupferdraht an die Einschlupfstelle. Der ahnungslose Hase konnte ja den Draht von einer harmlosen Ranke nicht unterscheiden. Er steckte vielmehr gutgläubig den Kopf in die Schlinge, die sich um seinen Hals zusammenzog. In diesem Fall springt der erschrockene Hase in die Höhe, der Draht würgt ihn, und je mehr das unglückliche Tier herumspringt, desto enger schließlich wird die Schlinge um seinen Hals, bis es endlich erstickt.

Das war geschehen. Karak hatte aber von all dem keine Ahnung.

In der Luft lag keinerlei Gefahr. Die wackelnde Zaunlatte sah auch nicht sonderlich fest aus, der Hase hatte ja schon tüchtig daran gerissen. Karak brauchte sich nicht mehr sehr anzustrengen, das Holz zerbrach, und der Fuchs rannte mit der Beute heimwärts, so schnell er konnte.

Die Schlinge blieb am Hals des Hasen, auch während Ini an

seinem Schenkel kaute. Der Geruch des Hasenfleisches verbreitete sich in der Höhle, eine Verführung, der Karak nicht widerstehen konnte. Er gesellte sich zu seiner strammen Gemahlin, und jetzt dachte er selbst nicht mehr an morgen.

Das Toben des Winters drang immer weniger in den Bau, weil die Ausgänge mit Schnee verstopft waren. Und wenn der Sturm nach langem Raufen einen alten Ast abbrach, war das im Fuchsbau kaum zu hören.

In den Höhlen war es still, die meisten hatte der Schnee zugeweht. Nur wenige Tiere besaßen eine so große Behausung, wie sie der Weidenbaum am Ufer bot, wo das Otterweibchen vergebens auf die Heimkehr Lutras wartete. Sie wartete eine ganze Nacht und einen ganzen Tag. Inzwischen tönte es in der Höhle, als bliese jemand Oboe oder risse an einer Baßgeige. Schließlich machte sich die Otterin ans Großreinemachen – das beste Mittel gegen Alleinsein. Der Schnee füllte mehr und mehr die schräge Höhlung unter dem Baum aus. Die Otterin begann zu scharren, um seitwärts den Bau zu erweitern. Unter der steinigen Oberschicht fand sie Sand, und das Graben ging leicht. Die Vorderpfoten brachen den Boden auf und übergaben das geförderte Material den Hinterpfoten, die es mit energischen Tritten ins Innere der alten Weide weiterbeförderten. Besonders vorsichtig brauchte die Otterin nicht zu sein, denn draußen tobte der Sturm. Als er allmählich nachließ und nach ein paar Stunden ganz aufhörte, war im Innern der Weide ein Wall von Schutt und Sand entstanden.

Der große bequeme Raum lag nicht unter der Weide und der Sand war trocken. Das Otterweibchen beschnüffelte müde, aber mit dem guten Gefühl von Ruhe und Geborgenheit sein neues Heim und dachte gewiß nicht: Mein Lutra, wo bist du nur? Ebensowenig erregte sie sich etwa so: Hol dich der Teufel, du treuloser Herumtreiber! Woran sie dachte, waren ihre Jungen, die sie ohnehin allein auf die Welt bringen und aufziehen mußte. Lutra hatte sie dazu nicht mehr nötig. Jüngere Paare halten zwar im allgemeinen zusammen, aber die alten Männchen machen sich nichts aus dem Familienleben und verabscheuen das Winseln der Jungen. Mag sein, daß die Otterin ein unsicheres Mangelgefühl empfand, Kummer aber empfand sie nicht.

Lutra dachte nicht mehr an seine Frau; dazu hatte er auch gar keine Muße; er mußte sich im tiefen Schnee vorwärtsbohren, dem Ziel zu, das er jetzt schon ganz nahe wußte. Mochte der Winter toben, soviel er wollte, all das konnte Lutra nicht erschrecken und nicht von seinem Ziel abbringen.

In der Luft lag Wassergeruch. Zwischen rieselnden Schneeflocken schwebte Wasserdunst, und als Lutra in der Talsohle aus dem Wald schlich, leuchteten seine Augen, denn ein grünlichschwarzer schlängelnder Gebirgsbach zerschnitt die erstarrte weiße Landschaft. Lutra kroch hin zum Bach, roch am Wasser, trank einen Schluck, und damit verschwand die zwei Tage dauernde Sehnsucht. Lutra war angekommen.

Dieses Wasser war reiner als das des Flusses, es floß schneller und lauter. Wenn es auch kälter und dunkler war, so war es doch durchsichtiger, und Lutra tauchte so sicher wie einer, der sich daheim fühlt, im Bach unter.

Hoppla, hier mußte er vorsichtig sein, denn die Strömung war reißend und der Grund zerklüftet, überall Felshöhlen, wirbelnde Strudel. Aber das war für solch einen Meisterschwimmer kein Hindernis. Lutra schwamm rasch, aber sehr aufmerksam stromabwärts, behielt das Ufer im Auge und strebte einem dumpfen Brausen zu, wo das Wasser tiefer war und sicherlich etwas Nahrhaftes barg. Denn Fledermäuse mochten auf der Wanderung als Wegzehrung angehen, das Beste für einen Otter blieb doch der Fisch.

Das Wasser raste dahin. Hier schäumte es immer. Und doch war das Toben des Sturmes in der Schlucht nicht so stark zu spüren wie oben am steilen Ufer, denn die Steine und Felsen, zwischen denen sich der Bach wand, hielten den Wind auf, er rutschte an ihnen ab und jagte hoch oben weiter.

Auch sonst kümmerte sich der Bach wenig um Winter und Wind. Er kam aus großer Tiefe, aus einer verborgenen Höhle in den Bergen hervor, war sommers nicht viel wärmer als winters, und, aus der dunkeln Gefangenschaft der Berge befreit, raste er so unbändig talwärts, daß nur allerstrengster Frost ihn hinter Eisfenster einschloß.

Dieses Wasser war immer reißend, immer schäumend, immer kalt, die Bewohner der großen Teiche wie Karpfen, Welse, Barsche konnten hier nicht existieren, nicht einmal Hechte und Zander. Sie vermochten sich hier weder zu vermehren noch zu ernähren, sie hätten all ihre Kraft verbraucht, um von der Strömung nicht wie ein Blatt weggerissen zu werden. Auch hier herrschte das Gesetz der Anpassung, das in Jahrmillionen die Lebewesen so gestaltete, wie es ihrer Umgebung, den durch die Umgebung gestellten Anforderungen am besten entsprach. Die Wüstenantilopen trinken selten Wasser; das Knieholz legt sich auf den Felsen, damit Wind und Schnee es nicht zerbrechen; die Eule sieht auch nachts, und der Maulwurf sieht auch bei Tage nicht. Mit einem Wort, die Lebewesen und ihre Organe passen sich der Lebensweise an, die ihnen ihre Umwelt auferlegt.

Wie könnten im rasenden Gebirgsbach der faule Karpfen, die flache Brasse, der träge Wels und die fast runde Karausche leben? Das wäre, als wenn die schwerfälligen kurzflügligen Fasanen über Bergspitzen kreisen sollten, die Ärmsten, die es sich dreimal überlegen, bevor sie aufsteigen, und es kaum erwarten können, nach einem Flug von ein paar hundert Metern auf einer windstillen sonnigen Lichtung niederzugehen.

Welcher Fisch ist es nun, der in solch einem reißenden Wasser lebt und sich vermehrt? Die Forelle! Die Bachforelle!

Der Fisch der kalten, schäumenden, prickelnden, raschen Gewässer ist die Forelle. Sie fühlt sich in der eisigen Flut erst richtig wohl. Die Strömung reißt sie nicht mit, ihr ist nicht kalt, sie braucht sich nicht anzustrengen, obgleich ihre Nahrung aus fliegenden Insekten besteht, derentwegen sie manchmal zwei Meter hoch aus dem Wasser springen muß. Was sind schon zwei Meter für sie, die sich bei ihren Wanderungen mit Sprüngen von fünf bis sechs Metern über die Wasservorhänge der Kaskaden wirft. Dieser schöne, rotschwarz gesprenkelte Fisch ist mit seinem zylindrischen, muskulösen Körper für solches Wasser geschaffen. Allerdings würde sie im warmen, fauligen Wasser, in dem es sich Karpfen, Weißfische und Karauschen wohl sein lassen, sowenig leben können wie eine an die frische Luft der hohen Berge gewöhnte Gemse in einem stickigen Stall. Es gibt zwar hier auch noch die Äsche und einige andere Kleinfische, die kommen aber für Lutra nicht in Betracht, um die kümmert er sich höchstens gelegentlich. Zwar hatte Lutra bisher noch keine Forelle gefressen, wenn er sie aber erst einmal kosten wird – und das wird er –, denkt er an alle Arten von Weißfisch, Fröschen und Geflügel so zurück wie ein Weintrinker an eine schlabbrige Limonade.

Lutra kümmerte sich jetzt nicht mehr um den Sturm, sondern näherte sich der Stelle, von der das starke Brausen herkam; vorsichtig, denn es war ja unbekanntes Gelände. Aber sicher wußte er, daß in der Nähe des Brausens ein tieferes Wasser und in diesem Wasser Fische sein mußten. Der Bach sprang hier in die Tiefe, wer weiß, seit wann, und wusch eine Grube aus so groß wie ein geräumiges Zimmer. In der Mitte dieses Zimmers ging es stürmisch zu, in den Ecken aber, hinter den Felsen, war es still, und Lutra ließ sich wie ein Schatten hinab.

Im schwarzgrünen Wasser war es dunkel, aber die Augen des Otters öffneten sich groß. Hinter einem Felsen schwebte ein Fisch mit roten Punkten; seine Flossen bewegten sich kaum, Lutra näherte sich ihm von der Seite, tauchte ein wenig tiefer, um vom Felsen gedeckt zu sein. So kam er ganz nahe heran und schoß von unten wie eine Rakete empor.

Der Fisch, der zu schlafen schien, konnte von all dem nichts bemerkt haben, und dennoch war es ein Wunder, daß Lutra ihn fing. Der Fisch war nämlich im letzten Augenblick so schnell, daß er um eine Kleinigkeit Lutra aus dem Maul geschlüpft wäre, was noch keinem anderen gelungen war. Der Otter kletterte mit seiner Beute auf einen flachen Stein und fand, daß er etwas so Leckeres in seinem ganzen Leben noch nie gefressen habe. Das Fleisch hatte kaum Gräten und war so mürbe und wohlschmeckend wie das Wasser, in dem es gewachsen war. Der Fisch wog gut ein Kilo, und Lutra ließ fast nichts von ihm übrig. Sogar die Überreste fand der gesättigte Otter verlockend und hätte sich mit ihnen noch weiter abgegeben, wenn der scharfe Wind ihn nicht beinahe von dem Stein geweht hätte. Lutra hatte einen langen Weg hinter sich und verlangte nach Ruhe, was zugleich anzeigte, daß Mitternacht vorbei war. Er mußte für ein Quartier sorgen.

Wie gut wäre jetzt die alte vertraute Höhle! Lutra schwamm gegen den Strom, obgleich er sich leicht von der Strömung hätte tragen lassen können. Der Bach wand sich zwischen Felsen hindurch, sprang von Steinbänken herab, und unter jedem Wasserfall verbarg sich eine Aushöhlung. Doch Lutra mochte sie jetzt nicht erkunden. Ihm war wie einem Wanderer zumute, der bei Schneesturm ein Dorf, aber leider noch keinen Schlafplatz gefunden hat.

Der große Otter besah sich die Ufer und die Winkel zwischen den Steinen und den ausgewaschenen Wurzeln der Erlen. Er fand da und dort einen Platz, wo er sich für die Nacht hätte niederlassen können, aber sie waren alle naß, denn der stürmische Bach zerstob an den Felsen, und der Wasserdunst drang in alle Höhlen mit weiten Schlupflöchern.

Lutra wanderte aufwärts, hielt zwischendurch mal an, unter oder über Wasser, und horchte auf das, was ihm der Bach erzählte.

„Hu-luck-hu-luck“, hörte er von weitem und wandte sich sogleich dem Laut zu. Im wirbelnden Schnee konnte er den über den Bach gebeugten Fels und darunter das rasende tiefe Wasser kaum sehen.

Hier war kein Platz zum Fischen, denn der Bach schoß dahin, ohne zu wirbeln. Selbst Lutra konnte sich nur mit Mühe festhalten, während er sich umsah.

Die Felswände waren finster und stumm, der Grund bestand aus glattem Stein, über den das Wasser wie über eine Eisbahn schlitterte, und dennoch klang es jetzt wieder: „Hu-luck-hu-luck.“

Und jetzt entdeckte Lutra eine schmale Öffnung hinter einer vorspringenden Kante, und in diese Öffnung konnte das Wasser nur dann eindringen, wenn der starke Wind eine Welle emporstieß.

Lutra mußte sich am Felsrand festklammern, um nicht weggerissen zu werden, dann machte er einen vorschriftsmäßigen Klimmzug und zwängte sich in den schmalen Korridor. Hier konnte er endlich verschnaufen und dann das feine Netz seiner Sinne vor der Öffnung ausspannen. Er vernahm nichts. Weder der Widerhall der Strömung noch die Luft in der Höhle verrieten etwas. Der Weg war frei.

Lutra schlich weiter, mußte aber fast gleichzeitig um eine Ecke biegen und sich wieder hochziehen. Dann aber, nach der bedrückenden Nähe der Steine, fühlte er die Weite und die Sicherheit eines luftigen Raumes. Die Außenwelt hörte für ihn auf zu sein, und hätte ein sommerlicher Wolkenbruch mannsgroße Felsen in den Bach gerollt, Lutra hätte es nicht gestört.

Die Höhle war das richtige für ihn. Der Boden sandig, ein grauer und grober, von Jahrtausenden gehärteter Sand; die Wände waren trocken wie Pergament, nur die Decke hatte der zuweilen eindringende Wasserdunst geschwärzt.

Der Otter lief einmal im Kreis, die Höhle wäre für eine Bärenfamilie groß genug gewesen. Er wählte einen Winkel, die Anspannung wich von ihm, denn jede Vorsicht war nun überflüssig und der letzte Funken Fremdheit in der Geborgenheit der Felsen erloschen. Den Blick auf die Höhlenöffnung gerichtet, holte er tief Atem, dann schloß er die Augen.

Der anbrechende Morgen stritt noch eine Weile mit den Wolken, aber der Schnee fiel nur noch schütter und weich, und über Berg und Tal breitete sich große Stille aus.

Die Bäume richteten sich auf, der Fluß beruhigte sich, die Spatzen und Ammern flogen aus den Strohhaufen heraus, in die sie sich am

Abend zuvor hineingebohrt hatten, um das in den Strohhalmen steckende bißchen Sommerwärme auszunutzen.

Die Menschen schaufelten Wege in den Schnee, zum Stall, zum Schweinekoben. Auf den Zäunen saßen Krähen, schwach und sanftmütig vor Hunger, sie konnten nirgends hinfliegen, überall wären sie im Schnee versunken.

Die Stille schien eins mit der Luft geworden zu sein, war dicht und bedrückend. Die Hunde bellten nicht, die Hühner kamen nicht aus dem Stall heraus, der Hase rührte sich nicht aus seinem Nest, die Krähen plusterten sich auf und hungerten stumm, denn alle in Wald und Feld hungerten, mit Ausnahme der Winterschläfer, und selbst sie hatten keinen ruhigen Schlaf.

Ausnahmen gab es natürlich auch jetzt, und eine solche waren Karak und seine werte Gemahlin. Tags zuvor hatte sie der Winter noch bedrückt, hatten sie sich um die Beute gestritten, jetzt aber zogen sie in bestem Einvernehmen in das Röhricht. Die vergangene Nacht, wir wissen es, war völlig ungeeignet zur Jagd gewesen. Sie waren zwar zu zweit ausgezogen, doch hatte sich Karak schon am Waldesrand niedergesetzt und hoffnungslos in die Finsternis gestarrt. Ini riskierte zwar den Weg bis zum Röhricht, machte aber dort kehrt und verließ sich auf Karak, dem bestimmt etwas einfallen würde. In Wirklichkeit fand sie ihn schnarchend im Schlafsaal ihrer Burg.

Das resolute Weibchen sah ihn mit Augen an, die Funken sprühten. „Da liegst du?"

„Wo soll ich denn liegen?" Karak blinzelte. „Vielleicht im Schnee?"

„Ich bin zumindest so weit gelaufen, wie ich vorankam, du aber scheinst hier darauf zu warten, daß ich dich füttere. Darauf kannst du warten – bis deine Flöhe Hungers sterben."

Karak versuchte einzulenken: „Aber Ini, zanken wir uns nicht. Du warst draußen, und ich war auch draußen. Es geht nun einmal nicht."

Schmeichelnd legte er seine Schnauze auf ihren Hals, aber Ini schnappte sogleich zu. „Du sollst mich kennenlernen", sagte sie und bleckte die Zähne.

Karak wich bis an die Höhlenwand zurück und fühlte, daß es hier und jetzt nicht um einen kleinen Streit ging, sondern um etwas ganz anderes. Sein Blick bekam Tiefe, er faßte die gesamte Höhle ins Auge, in der sich Ini und der Rest des erwürgten Hasen befanden.

Hätte Karak jetzt angegriffen, hätte er einen schweren Stand gehabt und nicht leicht entscheiden können, wer Herr im Hause war. So machte er es auf eine andere Art und riß den Hasenkopf an sich.

„Ich habe Hunger!" sagte diese Bewegung. Daraufhin verlor aber die Füchsin völlig den Kopf und stürzte sich auf den Hasenrest, benahm sich also genauso, wie Karak es vorausgesehen hatte.

In dem Augenblick, als Ini nach dem Hasenkopf griff, der nur noch an den Ohren zu erkennen war, packte Karak das Weibchen am Hals und verprügelte es tüchtig. Ini war zwar sportlich gestählt, aber doch eine andere Gewichtsklasse als ihr Gatte.

„Laß mich los!" röchelte sie, rasend vor Wut. Doch Karak ließ es nicht bei Halbheiten bewenden.

„Laß mich los!" ächzte das Weibchen, aber Karak fühlte instinktiv, daß dies der entscheidende Augenblick war.

„Ich geh weg von hier!" weinte die Füchsin und wäre gern geflüchtet. „Ich geh weg von hier, töte mich nicht!" Karak hielt sein Erziehungswerk noch nicht für beendet, tat ein übriges und stieß die arg zugerichtete Füchsin mit einer energischen Geste aus dem Bau hinaus in das tobende, Äste brechende Unwetter. Dann kehrte er beruhigt zum Hasenkopf zurück.

Was Ini draußen machte, konnte nicht einmal die Eule sehen bei dem heulenden Schneesturm. Fest steht, daß nach geraumer Zeit Karak ein Scharren am Eingang hörte, in der Höhle Inis Nase und ihre schlauen, jetzt bettelnden Augen erschienen.

„Darf ich 'reinkommen?"

Karak öffnete faul die Augen und tat, als wäre er eben erst erwacht. „Ach, Ini! Wo warst du denn?"

Ini kauerte sich gebrochen, verschneit und sehr bescheiden in die entfernteste Ecke der Höhle und blinzelte müde. „Ich habe mich ein wenig umgesehen."

„Es lohnt nicht, Ini, du weißt das so gut wie ich. Bei diesem Wetter geht es nicht. Und ich habe dir das schon einmal erklärt. Hast du es vielleicht vergessen?" Karak gähnte ausgiebig.

Ini senkte den Kopf, und in dieser Gebärde war die Antwort enthalten. „Ich habe es nicht vergessen."

Daraufhin ging Karak zu dem Weibchen, leckte den blutigen Schnee von dem unbestreitbar hübschen Kopf und machte Ini damit glücklicher, als wenn er ein ganzes Rehkitz in die Höhle gebracht hätte.

Schwer ist es, aus einer Füchsin klug zu werden. Vielleicht hatte sie insofern auch recht, daß eine Schlägerei vergeht, aber das Bewußtsein, einen Mann zu haben, auf den sie sich verlassen konnte, zurückbleibt. Wenn er sie so verprügelte, würde er genauso jeden anderen zum Schutz seines Weibchens und seiner Nachkommenschaft ausschalten können.

Der Tag zog vorüber, es kam die Nacht, auch sie verging, dann zerstoben die Wolken, und der Winter schien sich verausgabt zu haben. Hätte nicht meterhoher Schnee auf der Erde gelegen, würde man den arg zugerichteten Wald, das niedergestampfte Röhricht, die zerzausten Strohdächer und Heuschober gesehen haben; zunächst aber deckte der Schnee alle Verwüstungen zu.

Der Tag erwachte frisch mit einem rotgoldenen Sonnenschimmer, und als der die Schneefelder traf, entstand ein Funkeln und Flimmern. Selbst die alten Krähen mußten blinzeln, obgleich ihre Augen sonst keine Angst vor Licht und Schatten kannten.

Die Luft war klar und klirrend hart. Die Schornsteine bliesen den leichten Rauch kerzengerade in die Höhe, Türen klapperten, die Fenster blitzten im Sonnenlicht, und die Elstern flogen von Hof zu Hof und kündigten schnatternd allen, die daran glaubten, Gäste an.

Ein Gefühl der Erleichterung ging durch die Natur, ein tiefes Aufatmen. Die Ferne öffnete sich weit, und der tags zuvor noch verhangene Himmel strahlte leuchtend blau.

Es rührte sich die Flur, es rührte sich das Dorf. Auf den Disteln am Ufer turnten die Distelfinken, und der Schnee ringsum sah aus wie der Fußboden eines Eisenbahnabteils, wenn der selbstvergessene Reisende einen Kreis von Erdnußschalen um sich zieht.

Die Fahrgäste mag man deswegen tadeln, die Distelfinken mit den schwarzgelben Röckchen und der roten Mütze nicht. Sie sind der Schmuck der Schneefelder und überdies verdiente Unkrautvertilger. Die Körnchen, die diese kleinen Vögel fressen, gehen nie mehr auf, während sonst die verstreuten Unkrautsamen selbst eine Kälte von dreißig Grad überdauern.

Die Stieglitze wissen freilich nicht, daß sie nützlich sind, so wenig wie die Spatzen wissen, wie unnütz sie sind. Die Sperlinge picken etwas von dem Korn auf, das für die Hühner ausgestreut wird, andere hüpfen auf dem Trog des Mastschweins, fürchten sich nicht vor dessen massiver Gegenwart. Zu ihrem Unglück kümmern sie sich auch wenig um den Sperber; und wenn sie das graue Verhängnis wahrnehmen, fliegen sie dummerweise auf, statt sich in den Büschen zu verstecken. Das ausersehene Opfer kann nicht einmal mehr piepsen, schon hat es der Sperber auf einem friedlichen Schneehügel hingebreitet.

Nach zweitägigem Fasten zogen auch die Rauhfußbussarde aus zur Jagd. Die Ornithologen behaupten zwar, Raubvögel vertrügen das Fasten gut, allerdings haben sich die Betroffenen hierzu nicht geäußert. Sie vertragen es natürlich, wenn es unbedingt sein muß; aber das tut auch der Mensch, sogar noch länger. Trotzdem sagt niemand von ihm, er vertrage das Fasten gut.

Die heimatlichen Bussarde waren seit ein paar Tagen verschwunden. Ihr Instinkt hatte ihnen dringend zur Abreise geraten in ein Land, wo statt Eisblumen Zitronen blühen. Zurückgeblieben waren nur die Behosten, die auf Heu- und Strohhaufen auf das Glück warteten. Das Glück wimmelte und piepste und nagte unter ihnen im Schober, es balgte sich sogar. Und eben bei der Balgerei kam es vor, daß der ein oder andere Krakeeler vor die Tür gesetzt, in diesem Fall in den Schnee geworfen wurde. Daß er nie mehr zurückkam, dafür sorgten die behosten Bussarde.

Lutra hatte in der vergangenen Nacht die Grenzen seines Jagdreviers abgesteckt, Bekanntschaft mit der Gegend, den Ufern rechts und links, bachauf- und bachabwärts geschlossen. Nach Mitternacht war dem Wind die Puste ausgegangen, man spürte, daß sich die Wolken auflockerten und bis zum Morgen den Himmel freigeben würden.

Lutra brach ziemlich spät zu seinem Erkundungsgang auf; er hätte ihn gern mit der Jagd verbunden; sein leerer Magen legte ihm das nahe. Am frühen Morgen aber tobten Wasser und Luft noch heftig, ein Jagdzug schien wenig aussichtsreich. Der Wind warf Schneelawinen in den Bach, abgebrochene Zweige und Äste verunsicherten das Wasser, Lutra mußte geduldig warten, bis der Sturm sein Toben eingestellt hatte.

Der große Otter glitt ins Wasser und ließ sich treiben, aber nur bis zu dem vorgeneigten Felsen, dann drehte er um, schnellte mit einer einzigen Bewegung aus der reißenden Strömung und strebte der Aushöhlung unter einem Wasserfall zu.

Die Grube war leer. Aus der nächsten schwirrte zwar etwas heraus, aber Lutra mußte einem abgebrochenen Zweig ausweichen, und inzwischen war die Forelle längst verschwunden.

Lange wanderte Lutra flußaufwärts und verharrte schließlich

unter einem verheißungsvollen Wasserfall, schwamm aber nicht gleich in das stillere Wasser hinein, in dem er schwebende Schatten sah. Zuvor mußte er die Lage erkunden. Er füllte die Lunge voll Luft und glitt dann ganz langsam vorwärts. Sechs oder acht kleine Forellen bewegten sich hinter einem Felsen, aber so schläfrig, daß Lutra keine Umstände machte. Er packte eine, und als er den Kopf aus dem Wasser hob, spürte er am Gaumen wieder den unvergleichlich feinen, frischen Geschmack. Sogleich tauchte er wieder unter.

Was heißt das? staunte er und durchsuchte zornig die Tiefe, in der nichts mehr zu sehen war. Erst bei der dritten Runde bemerkte er, daß die begehrten Fische in den Felsspalten und unter den übereinandergetürmten Steinen verschwunden waren; denn wenn auch verschlafen, hatten sie das Schicksal ihrer Gefährtin doch wahrgenommen. Lutra mußte dreimal nach oben, um Atem zu holen, bis er einen Stein von der Stelle rücken und den Fisch dahinter herausholen konnte.

Damit war sein Heißhunger gestillt. Nun besichtigte er die Gegend bachaufwärts weit ruhiger, erforschte die Windungen und Schlupfwinkel unter dem Ufer. Er bewahrte alles in seinem Gedächtnis; jeden vorspringenden Stein, jeden gestürzten Baum merkte er sich genau für den Fall, daß er seine von so vielen begehrte Haut retten mußte.

Als der Bach sehr eng zu werden begann, machte Lutra kehrt. Er war schon ein gutes Stück über seine Höhle hinausgeschwommen, ließ sich aber immer weiter ins Tal treiben. Im verbreiterten Bachbett fand er sich plötzlich einem Wehr und einer Schleuse gegenüber mit alter, aber doch genau zu erkennender Witterung des Menschen. Er kletterte auf den Damm und duckte sich sogleich, weil der Bach sich hier gabelte. Ein Teil floß rechts im Bachbett weiter, der andere bog bedächtig nach links ab und verschwand zwischen rechteckig abgeteilten Teichen. Weit hinter den Teichen stand am Ufer ein Haus.

Es war ein hübsches Gebirgshäuschen mit Obergeschoß und vorspringender Veranda, doch die Architektur interessierte Lutra nicht. Es war ein Haus, und jedes Haus bedeutete Mensch, und jeder Mensch eine Gefahr. Neben dem Haus standen auch kleinere Gebäude, die jetzt in der Morgendämmerung, im Schnee begraben, schliefen. Es zog Lutra zu den Teichen hin. Er bahnte sich ziemlich schwerfällig im tiefen Schnee einen Weg. Als er beim ersten Teich angelangt und schnüffelnd zum Wasser hinabgekrochen war, fühlte er sich wie ein Kind mitten in einer Speisekammer, in der es leckeren Kuchen, duftende Würste, zarten rosigen Braten und haufenweise Obst gibt.

Bei so einem Anblick läuft dem Kind das Wasser im Mund zusammen, und es denkt sich, das kann nur ein Traum sein. Doch, ob Traum oder Wirklichkeit, das Kind greift zu.

So erging es etwa Lutra – mit dem Unterschied, daß er keinen Augenblick an einen Traum dachte, für ihn existierte nur die hand-, besser gesagt maulgreifliche Wirklichkeit.

Der kleine Teich war voller Forellen. Und Forellen sind die Fische, die nach Lutras Beurteilung Geschmack, Duft und Aroma aller Leckerbissen auf das vorteilhafteste in sich vereinen. Lutra konnte niemals genug von ihnen haben. Dem großen Otter leuchteten die Augen, sein Jagdinstinkt flammte auf, und er richtete ein grausames Blutbad unter den zur Zucht bestimmten Mutterforellen an. Kein Wunder, daß er in diesem Schlaraffenland die nötige Vorsicht ein wenig vergaß, denn während der tollen Jagd plätscherte zuweilen das Wasser, und beim Haus schlug ein Hund an: „Wauwau, kaffkaff! Am Wasser ist was los! Am Wasser ist was los!!"

Lutra kam zur Besinnung und sah gelangweilt auf den achten Fisch unter seinen Pfoten hinab. Den ersten hatte er so gut wie vollständig verschlungen, auch vom zweiten kaum etwas übriggelassen. Vom dritten fraß er nur eine Kleinigkeit, den vierten holte er gar nicht erst aus dem Wasser. Dann biß er noch drei tot, mit dem letzten kroch er ans Ufer, eigentlich nur, weil sich dieser so tapfer wehrte, daß es sich lohnte, mit ihm auf dem Trockenen zu spielen.

Der Hund kam Lutra einstweilen nicht gefährlich vor, obgleich seine Stimme nichts Gutes verhieß. Bald darauf aber klappte ein Fenster oben im Haus. „Was gibt es, Csutak? Pack ihn!" rief jemand.

„Wie soll ich ihn packen bei diesem dreihundetiefen Schnee? Er ist da, ich spüre, ich rieche ihn!" Der Hund knurrte.

Jetzt ging auch unten ein Fenster auf: „Was gibt es, Ferkó?"

„Der Hund ist sehr aufgeregt, ich hör's an seinem Gebell. Aber er kann nicht 'runter zum Teich bei diesem Schnee."

„Knall eins hin! Damit vergrämst du wenigstens, was da ist."

Lutra hatte eben auf seiner eigenen Spur mit der Forelle im Maul den Rückzug angetreten, als aus dem Fenster oben im Haus zwei Schüsse fielen. Daraufhin warf sich Lutra ins Wasser, und der Hund rannte wütend auf der Veranda hin und her. Einigemal sprang er in den tiefen Schnee, der ihn sofort verschluckte; er mußte schnaufend und hechelnd wieder herauskrabbeln.

Das untere Fenster wurde geschlossen, das obere stand noch offen. Der Hund beruhigte sich allmählich, und als dann das obere Fenster auch zugemacht wurde, hörte Lutra dieses Geräusch schon aus weiter Ferne. Nun kletterte er wieder ans Ufer und begann auf einem großen Stein gemächlich zu fressen. Völlig gesättigt rastete er noch eine Weile. Die Jagd hätte ihn noch verlocken können, aber die Beute, der Fraß, interessierte ihn nicht mehr. Plötzlich sah er die Höhle vor sich und den Weg, der zu ihr führte. Er ließ sich vom Stein hinuntergleiten und merkte, daß das Wasser rasch heller wurde, denn im Tal hatte der Wintermorgen seine grauen Augen geöffnet.

Inzwischen war er schon zu Hause angelangt und ließ sich, satt und bequem, im trockenen, weichen Nest nieder.

In der Bucht des Gebirgsbaches neben den rechteckig abgeteilten kleinen Teichen besahen sich zwei Männer das Ufer, das Wasser, vor allem aber die blutigen Überreste von Lutras Massenmord.

„Mit meinen fast siebzig Jahren habe ich so gewaltige Otterspuren noch nicht gesehen, Ferkó. Welch ein Teufel hat uns den hergebracht?“

„Ein ganz böser, soviel steht fest. Acht schöne Mutterfische sind hin“, sagte der jüngere, vorher mit Ferkó angesprochene Mann.

„Das schlimmste ist, daß er immer wiederkommen wird. Der frißt uns die Fische bis auf den letzten weg, wenn wir nichts dagegen tun. Nicht auszudenken, was wir zu hören bekommen, wenn wir keinen Forellennachwuchs verschicken können. Es wird heißen, wir verstünden unser Handwerk nicht.“

„Wer das sagt, den möchte ich eine Nacht hier auf den Otter ansitzen lassen.“

„Was nützt uns das, Ferkó? Wir wollen uns lieber überlegen, was da zu machen ist. Komm ins Haus!“

Die beiden Männer gingen in das Gebäude, über dessen Tür in großen Buchstaben FORELLENBRUTSTATION stand.

Ferkó legte die Reste der zerrissenen Forellen auf die Blechplatte eines Tisches neben der Verandatür und murmelte etwas vom Blitz, der den Otter treffen solle – ein ziemlich unerfüllbarer Wunsch, denn Blitze waren um diese Jahreszeit äußerst selten. Dann verschwanden die beiden Männer im Haus, das sämtliche Eigenschaften und Gerüche eines Museums, eines Anglerhorstes, eines biologischen Laboratoriums, eines fischanatomischen Instituts, einer Tierhandlung und eines Büros glücklich in sich vereinte, von den Wohnzimmern ganz zu schweigen.

„Setz dich, Ferkó!“

Ferkó blickte ringsum, ob er sich in einen in Haufen Angeln, in eine Glasschüssel, auf einen ausgestopften Häher oder auf eine Sammlung von Schneckenhäusern setzen sollte, einen leeren Stuhl gab es nicht.

Plötzlich ertönte aus der Ecke eine krächzende Stimme: „Karl Uzsárdi heiß ich... Krokoak...“

„Halt den Mund, Karl!“ rief Ferkó, „stör uns jetzt nicht, sonst kriegst du nichts vom Fisch, und dich kriegt der Otter!“

Aus der dunklen Ecke spazierte ein schöner großer Rabe heraus, hüpfte dem alten Fischgelehrten Peter Uzsárdi aufs Knie und pickte mit dem Schnabel nach seinem Ring.

„Wachtmeister!“ stellte sich der Rabe nochmals vor.

„Ja, das bist du, mein Sohn“, sagte der Alte und streichelte seinem Ziehkind das samtene Haupt.

„Ferkó“, krächzte mit tiefer Stimme der Rabe.

„Ja, so heiße ich. Und wer bist du?“

„Wachtmeister!“

„Respekt, Herr Wachtmeister. Jetzt geb' ich die Fische dem Csutak.“ Ferkó ging zur Tür.

„Csutak, Csutak“, kreischte der Rabe und lief Ferkó nach. Vor der Tür begann der Hund zu winseln.

Nun stand auch der alte Uzsárdi auf, er konnte sich nicht genug an der Freundschaft dieser beiden klugen Tiere ergötzen. Karl und Csutak waren zusammen aufgewachsen, hatten aus derselben Schüssel gefressen, miteinander gespielt und um das Haus herum getollt; manchmal auch gemeinsam geschlafen. Bei so abscheulichem Wintersturm durfte Karl ins Zimmer, und Csutak hatte draußen unter der Erde eine warme Hütte. Das Wiedersehen am Morgen war dann immer ein freudiges Ereignis für beide Tiere. So auch jetzt. Csutak führte einen Tanz um Karl auf, der seinen Gefühlen diesmal in der Rabensprache Ausdruck gab.

„So, und nun laß uns einen Plan aushecken“, sagte Uzsárdi zu seinem Gehilfen.

Ferkó gelang es schließlich doch, zwischen einem Käfig und einer

Glasschüssel eine Sitzgelegenheit zu entdecken. „Fürs erste möchte ich einen Weg rings um die Teiche frei machen."

„Gut. Den frisch geschippten Schnee wird der Otter vielleicht ein, zwei Tage respektieren. Und dann?"

„Dann schlage ich rings um die Teiche Stangen in den Boden, verbinde sie mit Draht und hänge daran Lappen zum Abschrecken."

„Gut. Es gibt hier verbrauchte Schreibmaschinenbänder genug. Und dann?"

„Dann lasse ich drei Durchgänge frei und stelle dort die Ottereisen auf."

„Sehr gut."

„Außerdem setz ich mich selbst auf die Lauer."

„Eine Freude, mit dir zu arbeiten, Ferkó. Aber es wird sehr kalt sein."

„Ich halt's eben aus, solange ich's aushalte. Im Bruthaus ist alles in Ordnung, ich habe Zeit, während Sie Ihre Schreibarbeiten machen."

Der Alte warf einen besorgten Blick zum Schreibtisch hin, auf dem sich Papiere häuften. „Lieber möchte ich selbst Schnee schippen."

„Das ist nichts für Sie. Sie kommen um die Schreiberei nicht herum."

Ferkó ging, und Peter Uzsárdi blickte seinem Gehilfen lange nach. Er strich sich über den grauen Bart, blickte zum Fenster hinaus und freute sich am Sonnenschein. Dann nahm er eine versteinerte Schnecke in die Hand, drehte sie hin und her und betrachtete sie aufmerksam unter der Lupe.

„Fünf Millionen Jahre, oder sechs . . .?"

Die Papiere auf dem Schreibtisch blieben liegen.

Der Bach, der wunderbar klare Bach rannte so schnell, als wollte er sich warm laufen. Da und dort begann der Schnee von den Bäumen zu fallen.

Ferkó setzte eine Sonnenbrille auf, woraufhin Karl ihn besorgt ansah und Csutak ihn anbellte. Erst die bekannte Stimme beruhigte ihn, als Ferkó ihm zurief: „Komm, du Tagedieb!"

Es wurde still um das Haus. Der Rabe Karl saß weiter, in Gedanken vertieft, auf dem Geländer der Veranda, und in der Stube überlegte der alte Gelehrte, ob die versteinerte Schnecke fünf oder sechs Millionen Jahre alt sein mochte oder gar sieben.

Im Ofen sackte hin und wieder die Glut zusammen, das hörte sich an, als fahre jemand mit einer Bürste über die Außenwand. Draußen war aber niemand, und auch das kleinere Haus drüben sah leer aus, und doch warteten dort viele hunderttausend winzige Lebewesen auf das Frühlingserwachen.

In dem kleinen Gebäude befand sich die Brutstätte, wo das menschliche Wissen gegen Unwissenheit und gegen widrige Naturgegebenheiten kämpfte. Es war ein großer Kampf, und doch mußte man mitunter darüber lächeln: Auf der einen Seite stand die unerbittliche Natur, standen die zu jeder Schandtat bereiten Raubfischer, auf der anderen Seite gab es eine kleine Schar stiller Gelehrter. Sie lauschten der Natur die Geheimnisse ab. Und sie züchteten Fische. Viele Fische und gesunde Fische.

Wie sich die Fische vermehren, das wußten sie schon lange. Aber in dem rasenden Wasser voller Feinde wachsen aus hunderttausend Eiern nur ein paar Forellen auf. Der Rest wird vom Wasser weggeschwemmt, vom Schlamm erstickt, von Wasserinsekten, Fröschen, Vögeln, Spitzmäusen, am meisten aber von eierfressenden Fischen vernichtet.

Die Fischzüchter wollten die befruchteten Eier in Verwahrung nehmen, sie behüten, bis kleine Fische daraus wurden; die konnten dann schon selbst auf sich achtgeben.

Aber wie sollte man aus der Tiefe des Wassers, aus dem Algendickicht an den Ufern die an Steinen oder Pflanzen klebenden Eier zusammensuchen? Unmöglich.

Wir müssen noch einen Schritt zurückgehen, sagten sich die Gelehrten, und die Fischeltern einfangen, solange sie die Eier und die Milch bei sich tragen. Und dieser Weg erwies sich als der richtige.

Sie taten das gleiche, was in der Natur geschah, aber im geschlossenen Raum, im Bruthaus, wo es keinen hohen und keinen niedrigen Wasserstand, keine eierfressenden Fische, keine Frösche gab, ja, wo dann sogar die Eltern ausgeschlossen waren, die, wenn sie gerade Hunger hatten, die eigenen Eier fraßen.

Was geschieht nun weiter in der Natur? Wenn im befruchteten Ei nach einer gewissen Zeit der Embryo so groß geworden ist, daß er keinen Platz mehr findet, und sich inzwischen auch das Wasser erwärmt hat, produziert das Ei Stoffe, die die Schale zerfressen, und entläßt den Embryo als Fischlarve ins Leben. Die Larve ist noch kein Fisch, sie hat weder ein Maul noch Gedärm, statt dessen trägt sie einen schweren Dottersack am Bauch, der Nahrung enthält, den Reiseproviant des auf seinen unsicheren Weg entlassenen Fischbabys.

Die Larve kann nicht schwimmen, ist unbeholfen, versteckt sich daher irgendwo, klebt an einer Pflanze und wartet darauf, daß ein Fisch aus ihr wird. Aus zehntausend Larven wird vielleicht nur ein einziger Fisch, denn es drohen unzählige Gefahren. Daß es in unseren Gewässern doch Fische gibt, ist allein der verschwenderischen Freigebigkeit der Natur zu verdanken, mit der sie für Fischnachwuchs sorgt. Eine Karpfenmutter legt gut und gern anderthalb Millionen Eier; und jene Fische wiederum, die weniger Eier legen, behüten und pflegen ihre Brut.

Die trotz aller Verfolgungen am Leben gebliebenen Larven wachsen allmählich. Die Nahrung im Dottersack wird immer weniger; inzwischen nehmen sie bereits Fischform an, und ihr Organismus verändert sich. Die Mäuler bilden sich aus, dazu auch die Gedärme. Ist dann der Futtersack leer, kommen die Fischlein an die Oberfläche, schnappen nach Luft und füllen damit ihre Schwimmblase.

Das ist ein wichtiger Augenblick, etwa wie bei einem Kind, wenn es sich auf die eigenen Füße stellt und zu gehen beginnt; denn nun ist die Larve zum Fisch geworden. Und die luftgefüllte Schwimmblase gleicht ihr spezifisches Gewicht dem des Wassers an, macht den schwerfälligen Körper leicht. Jetzt kann dieser winzige Fisch, der so groß ist wie ein Komma, schon vor seinen Feinden flüchten, indem er blitzschnell im Wasser hin und her schwirrt, und hat einige Chancen, seine Feinde abzuschütteln und ein Zander von zehn Kilo, ein Hecht von zwanzig Kilo oder ein Wels von zweihundert Kilo zu werden.

Und wie ist es auf den Brutstationen?

Dort geschieht all das auch, mit dem Unterschied, daß es keine Feinde gibt und aus den zehntausend Eiern etwa fünftausend Fischlein das Leben beginnen können, die später als kräftige Jungfische in den Bach oder in den Fluß entlassen werden.

Ganz ohne Vorarbeit ist das naturlich nicht möglich. Zuvor muß man den Fischvater und die Fischmutter fangen und ihnen die Milch und die Eier wegnehmen. Eier und Milch werden vermischt und auf diese Weise sehr viel mehr Eier befruchtet als in der freien Natur.

Der Winter hatte das junge Ehepaar, Karak und Ini, gehörig gezaust, sich aber dann von ihnen abgewandt, weil er einsah, daß er ihre Lebenslust doch nicht brechen konnte. Er ließ sie also gewähren. Zunächst lasen sie die Krähen auf, die erfroren von den Bäumen gefallen waren. Sie teilten sich gerecht in die Beute und machten auf dem Heimweg stets einen großen Bogen um die Hütte, in der Miklós lauerte. Die Spuren des Jägers waren frisch, und der Menschengeruch drang so intensiv aus dem Schilf, daß Karaks lieber auf das Hundefleisch verzichteten, von dem ohnehin nicht mehr viel übrig war.

Noch weniger als den Füchsen konnte der Winter Lutras Strohwitwe schaden. In der Nähe einer warmen Quelle, wo das Wasser nicht gefroren war, steckte die kleine Otterin den Kopf aus dem Eis, orientierte sich und verzehrte am Ufer mit bestem Appetit den gut gekühlten Fisch. Sie ertrug das Verschwinden ihres Gatten mit Gelassenheit, besser gesagt: Sie dachte gar nicht mehr an ihn. Die neue Höhle war so gut wie die alte, an Fischen litt sie keinen Mangel, und bald würden die Jungen kommen – was brauchte sie mehr.

Lutras alte Burg mied sie wohlbedacht. Der Fall der Espe, das Erdbeben und das plötzliche Verschwinden des Höhlendachs lebten in ihrer Erinnerung als strenge Warnung.

Umsonst forschte Miklós im Lehm vor dem Eingang; die breiten Tritte blieben verschwunden, und wenn er da und dort Fischreste am Ufer fand, waren die Abdrücke daneben klein, nicht zu vergleichen mit den unvergeßlichen großen Otterspuren.

Sollte er abgewandert sein? fragte sich der Jäger, ohne eine Antwort zu finden. Übrigens lebte er in einem Durcheinander, daß er sich jeden Tag förmlich aus dem Gespinst herauswinden mußte, in das ihn seine zukünftige Schwiegermutter und Tante Julie mit ihren Plänen und Verfügungen verwickelt hatten.

Jetzt aber saß Miklós reglos in seiner Jagdhütte, ein Rest Mond und der Schnee spendeten Helligkeit. Er hätte gutes Büchsenlicht, wenn etwas käme, aber es kam nichts. Es herrschte strenger Frost. Die Mäuse verzogen sich in die Erde, man hörte sie nicht mehr in den Schilfbündeln rascheln. Die einstmals räuberischen Hunde waren tief im Schnee begraben, das heißt, was noch übrig war von ihnen, und dieses würde mit dem schmelzenden Schnee im Laboratorium der Natur verarbeitet werden. Ihre Knochen werden sich im Schilf verlieren, und an der Stelle, wo sie gelegen haben, werden Gras und Pflanzen üppiger wachsen.

Auf dem Schnee lag auch noch etwas, und zwar ein totes Ferkel, das an einer Krankheit eingegangen war. Miklós hatte es sich von dem geschädigten Eigentümer geben lassen.

Dieses verendete Ferkel lockte des Nachts Karak und am Tag die Vögel an. Eine Vogelscheuche anzubringen war überflüssig; das tote Tier war steinhart gefroren, man hätte ein Messer an ihm schleifen können, aber kein Vogel vermochte von ihm zu fressen.

Miklós träumte, und – trotz Pelz und Filzstiefel – fror er. Zuweilen schloß er die Augen; hielte er sie ständig offen, würde der Schnee sie blenden, und je schwächer die Sicht, um so reger die Phantasie.

Auch jetzt! Irgendein Schatten schien sich, von einem schwarzen Punkt gefolgt, um das Ferkel zu regen.

Miklós öffnete die Augen, aber noch immer bewegte sich was, und der schwarze Punkt lief hinterher.

Was mag das sein? grübelte der Jäger. Dann aber – Kälte und Schlafbedürfnis duldeten keinen Aufschub – machte er den Finger krumm.

Die stumme Landschaft verschlang den Schuß. Miklós raffte sich auf und kroch aus der Hütte.

Meine Augen werden wohl schlecht, oder was sonst soll das heißen, grübelte er, denn nach dem Schuß bewegte sich nichts mehr. Er sah von weitem das gefrorene Ferkel, näherte sich ihm unschlüssig; vielleicht hatten ihm seine müden Augen doch keinen Streich gespielt, obschon er kein Wild kannte, dem ein schwarzer Punkt hinterherlief. Aber schließlich mußte er sich wie jeder anständige Jäger vergewissern, ob er mit seinem Schuß nicht ein Tier verwundet hatte, das sich nun quälte.

Unter seinen Stiefeln knirschte der Schnee wie Glasscherben, und er beschimpfte sich schon wegen des unüberlegten Schusses, als er etwas erblickte und sich schnell bückte.

„Aha! Du warst es also, Marderin.“ Ein schlankes weißes Tierchen lag auf dem Schnee, nur die Schwanzspitze war schwarz. „Ein Hermelin!“ Der Jäger freute sich. Man nennt das Hermelin in dieser Gegend Marderin, obgleich es kein Marder ist. Ein Verwandter natürlich, nur größer und tüchtiger. Wehe dem Hühnerstall, in den es Eingang findet. Die meisten Leute halten es für einen Marder, wenn sie es in die Ecke treiben und erschlagen, obgleich dabei Vorsicht geboten ist, denn ein Hermelin geht auf den Menschen los. Die Verwechslung mit dem Marder ist um so natürlicher, als es im Sommer das gleiche zimtfarbene Fell hat, nur im Winter wird der Pelz des Hermelins weiß, bis auf das Schwanzende, das immer schwarz bleibt. So paßt sich das Hermelin an, denn im Schnee wäre ein brauner Pelz genauso auffallend wie im Sommer im trockenen Laub des Waldes ein weißer. Auf diese Art verschmilzt es mit seiner jeweiligen Umgebung und wird weder von seinen Feinden noch von seinen Opfern bemerkt.

Der Jäger lief auf dem hohen Ufer, unter seinen Füßen knirschte der Schnee, der Fluß war still. Auf seinem Pelzkragen blühte Rauhreif, und Eispulver setzte sich auch auf seine Brauen. „Verdammt kalt ist es", murmelte er und schlug den Weg nach Hause ein.

Im Ofen glomm noch ein wenig Glut, als Miklós eintrat, und das Lampenlicht machte die Stube auch wärmer. Schnell zog er dem Hermelin das königliche Fell ab, wusch sich die Hände, setzte sich auf den Bettrand und blickte ins Lampenlicht.

Drei Wochen, dachte er, drei Wochen, und dann habe ich eine Frau.

Die Zeit ging unbeeindruckt ihren Gang. Der Mond wuchs von Tag zu Tag und ging jedesmal später auf. Der Winter traf eine immer strengere Auslese. Auf dem Fluß war das Eis schon einen halben Meter dick; im Wald krachten im Morgengrauen die vor Frost platzenden Bäume wie Gewehrschüsse. Aber es platzten nur die Bäume, die sich schlecht ernährt und wenig Zucker im Saft ihres Gewebes gesammelt hatten. Der Sprung über den ganzen Stamm

wächst wieder zu, seine Spur bleibt jedoch zurück und macht das Holz weniger wertvoll.

Nun war die Kälte auch Karak zuviel, obgleich sein prächtiger Pelz ihm gestattete, seinen Geschäften nachzugehen. Er warf einen besorgten Blick auf Ini, die ebenso schön wie geschmeidig und diensteifrig war. Allen Anzeichen nach waren die Ermahnungen ihres kräftigen Gemahls auf fruchtbaren Boden gefallen.

Die Ammern waren verstummt, und die ständigen abendlichen Sitzungen des Spatzenparlaments fanden nicht statt. Die armen grauen Vögelchen saßen in den Büschen und dachten darüber nach, warum das morgendliche und abendliche Füttern in der Schweinekrippe aufgehört hatte und wo überhaupt der alte Dicke hingekommen sein mochte, der vor Verfettung nicht einmal mehr aus den Augen hatte sehen können. Und der Sperber schien eine Präzisionsuhr zu besitzen, denn er holte sich auf die Minute genau den Zoll, ganz gleich, ob auf dem Hof, im Garten oder auf der Straße, und es kümmerte ihn auch nicht, ob im Schnee graue Spatzen-, grüngelbe Meisen- oder rote Dompfaffedern liegenblieben.

Und die Rebhühner wurden auch von Tag zu Tag weniger, bei ihnen trieb der Habicht die Abgaben ein. Statt des zahlreichen Volkes flogen schließlich nur noch sieben auf, wenn in der Luft der böse Schatten erschien. Oft konnten sie überhaupt nicht mehr rechtzeitig aufsteigen, und Kili würgte seine Opfer auf der Erde. Das ewige Zittern veranlaßte schließlich den Hahn zu dem Befehl: Wir gehen aus dem Röhricht überhaupt nicht mehr hinaus! Das Rebhuhnvolk piepste zustimmend, und von nun an hatte der Habicht das Nachsehen; schoß er herbei, verschwanden alle rasch im Dickicht. Und Kili darbte wie die anderen. Es hungerten die Bussarde, die Krähen, die Meisen, die Spatzen, die Hasen, die Rehe, die Hirsche. Sogar die Eule hungerte; sie hockte fröstelnd am Eingang ihrer Höhle und war so mager geworden, daß ihr die Röcke heruntergefallen wären, wenn sie welche getragen hätte.

„Huhuhu!“ schrie sie heiser und prophezeite allen den Tod.

„Arme Hu! Arme alte Hu! Du siehst miserabel aus!“ sagte Karak mit einem schiefen Blick zum Baum hinauf. „Warum mußt du aber dein Leid in die Welt hinausschreien?“

„Mein Leid ist das Leid von uns allen!“ erklärte der pessimistische Vogel und zog sich in seine Nisthöhle zurück. So nahm er Karak die Möglichkeit, ihm noch ein paar Taktlosigkeiten zuzurufen.

Und doch stimmte es nicht, daß jeder fror und jeder hungerte.

Lutra zum Beispiel tat weder das eine noch das andere. Er praßte nicht etwa im Überfluß, beschaffte sich aber seine tägliche Mahlzeit, mochte der Winter noch so streng sein.

Niemand denke jedoch, daß Lutra seinen Nahrungsbedarf mit dem Zuchtfischbestand der Brutstation deckte; am Tag nach seiner Bluttat fand er dort die Zeichen der abschreckenden Gegenwart des Menschen. Fest entschlossen und nichts Böses ahnend, schlich der große Otter auf das entdeckte Schlaraffenland zu; doch hundert Meter davor verlangsamte er sein Tempo. Ein Lufthauch brachte aus dem Tal nicht nur die kalte und gefährliche Witterung des Hauses, sondern auch einen schwachen lauwarmen Menschen- und Hundegeruch. Lutra machte Rast auf einem flachen Stein; er konnte sich nicht entscheiden, denn die Witterung wurde zwar nicht stärker, verschwand aber nicht. Wie hätte sie auch, da sich in der Nähe der Teiche zwischen den Bäumen, in Stroh und Tannenreisig gut getarnt, Ferkó versteckte, mit ihm Csutak. Der kleine Hund saß zwischen den Filzstiefeln des Mannes, glücklich im Bewußtsein seiner Wichtigkeit. Diese Witterung hatte Lutra aufgenommen und schwamm auf das andere Ufer zu, dort verlor sich der Geruch, und er ließ sich geräuschlos und vorsichtig zum Teich hinab. Was er aber nun entdeckte, sah so abschreckend aus, daß er beinahe davongelaufen wäre. In der Luft über den Teichen bewegten sich sonderbare Schlangen – die in Stücke geschnittenen Farbbänder –, zuweilen standen sie still, dann wurden sie wieder lebendig, wenn der Wind blies.

Sein Instinkt warnte Lutra, und er ging keinen Schritt weiter. Zum Überfluß begann Csutak leise zu knurren; er hörte zwar auf eine energische Ermahnung seines Jagdgefährten gleich damit auf, aber das nervöse Zucken seines Schweifes verriet deutlich, daß er etwas bemerkt hatte.

Lutra genügten diese kaum wahrnehmbaren Zeichen. Und wenn ihm auch die Gefahr nicht unmittelbar zu drohen schien, trat er doch so vorsichtig, wie er gekommen war, den Rückzug an.

Wie der kleine Csutak Lutras Nähe wahrnehmen konnte, bleibt ungewiß. Als Lutra sich auf dem flachen Stein niedergelassen hatte, richtete sich Csutak auf und starrte zwischen den beiden Zipfeln des Pelzmantels und zwischen den Zweigen hinaus aufs Wasser. Gewittert hatte er den schwarzen Schatten erst, als Lutra ans Ufer geschlichen war, und dann hatte er zu knurren begonnen.

Wen er da entdeckte, wußte er wohl nicht. Aber er erkannte,

daß es ein Feind war und er seinen Herrn aufmerksam machen mußte. „Dort! Dort! Sieh doch!"

Was der Hund nicht wissen konnte, war, daß die Flinte seines Herrn nicht einmal auf die halbe Entfernung mit Sicherheit trug, und darum schwieg er jetzt, halb schuldbewußt, halb beleidigt, weil ihm energisch abgewinkt worden war. Nun gab er seinem Herrn auch nicht zu verstehen, daß der andere verschwunden sei und sie nun getrost nach Hause gehen könnten. So blieb Ferkó noch eine ganze Weile sitzen und verließ seinen Platz erst, als die Kälte unerträglich wurde und der Morgen schon nahe war.

Das mit dem nahenden Morgen stimmte übrigens nicht; das merkte Ferkó, als er hinter dem Hund, der ihm taktvoll den Weg wies und immer wieder zurückblickte, ob der Mensch mit seiner schlechten Nase und den schlechten Ohren nicht etwa fehltrat, zum Großen Wagen am Himmel hinaufblickte. Die Deichsel hatte sich kaum gesenkt, ein Zeichen, daß es erst kurz nach Mitternacht war.

„Dumm sind wir, Csutak, wir hätten noch warten müssen."

Der Bach rauschte gleichmäßig, die kleinen Teiche waren aber erstarrt. Ihre Vierecke hatte der Winter mit seinen Fensterscheiben verglast. In diese Fensterscheiben bohrte Ferkó jeden Morgen Löcher, damit die Fische genügend Sauerstoff bekamen. Und wenn Schnee auf dem Eis lag, fegte er ihn weg, denn die Wasserpflanzen brauchten Sonnenlicht, um Sauerstoff produzieren zu können.

Ferkó blickte auf die Reihe der kleinen erstarrten Teiche und hoffte auf den Morgen, an dem er, aus dem Fenster blickend, in einem der Tellereisen den großen Otter erblicken würde.

Ferkós Zimmer lag im Obergeschoß, die Treppe führte von der Veranda aus hinauf. In der offenen Tür blieb er länger als nötig stehen und blickte auf den kleinen Hund, dessen Schwanz voller Erwartung wedelte. Csutak wußte, daß Ferkó ihn im nächsten Augenblick in das tiefste Unglück stürzen oder in die vollendetste Glückseligkeit erheben konnte. Sagte dann Ferkó: „Komm, Csutak, heut schläfst du bei mir", wurde der Kleine schier irrsinnig vor Freude, rannte die steile Treppe hinauf und wieder hinunter und kratzte im nächsten Augenblick schon an der Tür, weil er das Wiedersehen mit der einfach eingerichteten Stube, den Stuhlbeinen, dem Schrank, dem Ofen, dem abgewetzten Dachsfell, auf dem er schlafen durfte, nicht erwarten konnte.

Ferkó sagte nichts, aber er lachte, und das genügte Csutak.

Er machte einen Luftsprung und stürzte an Ferkós Füßen vorbei die Treppe hinauf.

Das Thermometer zeigte neunundzwanzig Grad Kälte, und die Uhr in der Stube wies auf eins.

Lutra machte sich nichts aus der Kälte. Er pirschte sorgsam und methodisch im tiefen Wasser hinter den Stromschnellen und ergatterte jedesmal ein Fischlein, wenn auch immer mühsamer. Die Forellen schienen den Feind zu spüren, denn beim geringsten Zeichen seiner Gegenwart verschwanden sie in den Spalten zwischen den Steinen, und dort konnte kein Otter sie herausholen. Bald hatte Lutra nur an den weiter oben gelegenen Stellen Glück, wo die Stromschnellen noch nicht so durchsucht und die Forellen infolgedessen noch nicht so verschreckt waren.

Einen Tag später kontrollierte Ferkó, wie immer vor Mitternacht, die Teiche auf der einen Seite, wenn das andere Ufer noch im Schatten lag. Csutak zappelte aufgeregt und stubste mit der Nase an die Stiefel seines Herrn: „Siehst du ihn? Siehst du ihn nicht?"

Ferkó wußte, daß der Hund etwas bemerkte, konnte aber den Otter nicht einmal mit seinem Nachtglas erspähen.

Lutra hatte sich inzwischen an die bald stillstehenden, bald flatternden Bänder gewöhnt, und auch die innere Mahnung klang nicht mehr so streng. Dennoch blieb er im Schatten. Es sah ganz so aus, als schützten Fallen und die Bänder die Versuchsteiche ziemlich gut.

„Vielleicht ist er weitergewandert", sagte Ferkó zu seinem alten Chef. Der zuckte die Schultern. „Geh mal die Ufer entlang, es sollte mich wundern, wenn du keine Tritte findest."

Ferkó legte Skier an und frage Csutak, den treuen Gefährten, ob er mitkommen wolle. Die Antwort war ein freudiges Bellen. Die beiden brachen auf; Csutak war glücklich, dabei war es für ihn wahrhaftig nicht leicht, im tiefen Schnee mitzuhalten. Lutras Spuren waren sehr deutlich auszumachen am Ufer, zuweilen auch auf dem Eis. Das Eis hatte auch hier schon begonnen, die beiden Ufer zu vereinen; das grünlichschwarze Wasser floß nur noch in der Mitte des Baches und sprang in den Stromschnellen oft zwei bis drei Meter hoch.

Csutak war mit dem Ausflug sehr zufrieden, obgleich der verharschte Schnee seine Pfoten mißhandelte, sie sahen rosig aus und waren weich wie Frauenhände nach der großen Wäsche. Dafür bekam er wiederholt ein Frühstück aus den reichen Brosamen von Lutras Tisch. Ferkó ermunterte ihn zwar zum Fressen, wurde aber immer mißmutiger. Schließlich hörten die Otterspuren auf, allerdings erst weit oben am Oberlauf des Baches, und Ferkó machte kehrt.

„Genug gesehen, Csutak", sagte er leise, denn er hatte das Gefühl, ein lautes Wort würde die feierliche Stille des Waldes stören. Die Skier glitten leicht dahin, und Csutak blieb nun ständig in den Skispuren, seinen wunden Pfoten zuliebe. Sooft Ferkó anhielt, etwa um einen Riemen festzuziehen, hob Csutak bald das eine, bald das andere seiner vier Beine hoch.

„Gleich sind wir zu Hause, und ich schmier' dir die Pfoten ein", tröstete Ferkó den Hund und streichelte ihn. Tatsächlich versäumte er zu Hause nicht, Csutaks Pfoten mit Vaseline einzuschmieren, und Csutak versäumte nicht, das Zeug sofort abzulecken, als sein Freund das Zimmer verlassen hatte.

„Ja, Chef, Sie haben wieder mal recht gehabt, der Otter ist da. Sogar sehr. An sechs Stellen haben wir Fischreste, an einer einen Krebs gefunden. Einer von den Fischen war eine Äsche. Wenn wir nichts tun, gibt's im Frühling keine Fische mehr im Bach."

„Was kannst du machen?"

„Nichts", gestand Ferkó. „Csutak gibt jede Nacht Laut, und er irrt sich nicht. Ich hab' schon daran gedacht, die Bänder wieder abzunehmen, denn die halten den Otter zurück, und er kommt nicht in Schußweite."

„Das kann leicht sein. Aber dann wird er eben mit seinem Raubzug warten, bis du deinen Anstand verlassen hast. Ich selbst bin zu alt, und dir erlaube ich auch nicht, die ganze Nacht draußen zu bleiben, du darfst keine Lungenentzündung bekommen. Einstweilen müssen wir uns wohl damit begnügen, daß wir die Zuchtfische schützen, das Weitere wollen wir sehen."

Ferkó blickte nachdenklich ins Feuer und bemerkte dabei den Raben, der auf einer Schachtel saß und schlummerte. Mit strenger Stimme sprach er ihn an: „Wachtmeister, wo ist meine Pinzette?"

Karl der Rabe horchte auf, antwortete aber nicht. Die strenge Stimme mochte er nicht.

„Wachtmeister, hier ist Fisch für dich", Ferkó zeigte ihm den Fraß im Zeitungspapier, „aber du kriegst ihn erst, wenn du mir meine Pinzette zurückgibst."

Ferkó packte die Fischreste wieder ein, der Rabe sah ihn flehentlich an.

„Karl Uzsárdi heiß ich", sagte er und spazierte zu Ferkó hin.

„Das ist ganz gleich, von mir aus kannst du Napoleon heißen. Erst die Pinzette, dann der Fisch."

Der Rabe Karl war nämlich ein leidenschaftlicher Sammler von allem, was glänzte, seien es nun Glasscherben oder Nickelpinzetten. Von Zeit zu Zeit mußte man seine Schlupfwinkel absuchen und den verschwundenen Uhrenschlüssel, die Krawattennadel, den Handspiegel zurückstehlen. Karl verteidigte jedesmal aufgeregt seine Sammlung und schimpfte ausschließlich in der Rabensprache. Da man ihm aber die nicht benötigten Schätze ließ, beruhigte er sich, versäumte aber nie, sobald man ihn allein ließ, sie anderswo zu verstecken.

„Jetzt hat er die Sammlung hinter der Schachtel", sagte Peter Uzsárdi, „immer thront er dort oben, als bewache er etwas."

Ferkó ging hin, schob Bücher beiseite und rückte die Schachtel ab, aber da war auch Karl schon zur Stelle und, Fisch hin, Freundschaft her, klopfte Ferkó gehörig auf die Finger. „Du Biest!" rief Ferkó und stieß den Raben weg, der entrüstet zu seinem Beschützer hüpfte und eine Anklagerede hielt.

Der Alte lachte Tränen. „Komm, mein Sohn", sagte er zu Karl, der ihm aufs Knie hüpfte. „Ich werd's ihm schon geben. Weg dort, Ferkó!" Karl trippelte aufgeregt.

„Hast du's? Dann schieb die Bücher auf ihren Platz zurück", sagte der Alte, und Karl nahm sofort wieder seinen Platz auf der Schachtel ein. Er sah Ferkó böse an. Der raschelte mit dem Zeitungspapier, und der Blick des Raben wurde milder. Er blickte sich um, ob auch seine Schatzkammer gut versteckt sei, und hüpfte dann zu Ferkó hin. „Wachtmeister bin ich!"

„Ein ganz gewöhnlicher Dieb bist du! Na, da hast du deinen Fisch."

Der Mond nahm zu, aber es war nicht kälter. Der Himmel wurde grau, und die Sterne blinkten matt.

Die kahlen Hügelrücken erinnerten an die Buckel verkrümmter Zugtiere. Die Bäume rüttelten ihre Äste zurecht, nachdem der Wind sie von ihrer Schneelast befreit hatte.

Auf dem Eis des Flusses fegte der Schnee dahin; wenn er aber ans Ufer stieß, blieb er liegen und staute sich. Das Wasser floß stumm unter dem Eis, und je höher die Schneebarrikaden sich türmten, desto dunkler wurde es.

Unter dem Schnee wurde das Eis nicht mehr dicker, und der Fluß tröstete seine Bewohner: „Habt Geduld, bald seid ihr frei. Der Winter wird alt, aber ich bleibe jung."

Ferkó blies sich zitternd auf die Hände, er fror erbärmlich und mit ihm sein Gehilfe Csutak. Der Wind hob das Dach von der Jagdhütte, und Ferkó beschloß wohl schon zum zwanzigsten Mal, den Platz zu räumen: er hatte weder etwas Verdächtiges gesehen noch gehört. Da sprang plötzlich Csutak auf; aber auch Ferkó spitzte die Ohren, denn der Wind hatte ihm einen sonderbaren Ton zugetragen, der etwa geklungen hatte, als ob jemand einmal in die Hände klatschte.

„Was war das?"

Csutak trippelte aufgeregt.

„Nein, ein Zweig kann das nicht gewesen sein ... Auch das Eis birst nicht in dem Ton. Und wenn ein Stein ins Rutschen kommt, klingt das auch anders. Dieser leise Knall ...", Ferkó fror nicht mehr, als er den Satz zu Ende dachte, „könnte ein Tellereisen gewesen sein."

Er blieb noch ein paar Minuten lang sitzen und wartete, ob sich das Geräusch wiederhole, was zugleich seine Hoffnungen zerstört hätte, denn eine Falle knallt nur einmal. Aber es war nichts mehr zu hören, nur der Wind brauste in den Bäumen.

„Komm, Csutak, wenn es das ist, was ich mir denke, kriegst du ein Butterbrot mit Wurst."

Als sie aus dem Versteck hervortraten, hätte sie ein Windstoß beinahe umgeworfen.

„Zurück, Csutak!" Der Hund gehorchte sofort und lief nun hinter seinem Freund her. Ferkó war um den kleinen Hund besorgt, denn sollte der Otter im Eisen sein und noch leben, könnte er den Hund arg zurichten, wenn nicht gar töten.

„Ruhe!" ermahnte er den hinter ihm trottenden Gehilfen, doch er hätte sich besser selbst ermahnen sollen, denn er konnte kaum an sich halten, als er im mittleren Eisen ein großes dunkles Tier erblickte, das jetzt gerade hinter einer wirbelnden Schneewolke verschwand.

„Zurück! Csutak!" Ferkó entsicherte die Flinte und blieb fünf Schritt vor der Falle stehen. Das gefangene Tier rührte sich aber nicht, es sah sehr dunkel aus.

„Es ist nur ein Iltis", sagte Ferkó und bemühte sich, enttäuscht zu sein, war aber in Wirklichkeit recht froh. Nun konnte er seinem Chef beweisen, daß die Falle an der richtigen Stelle aufgestellt worden war.

Er mühte sich nicht erst mit dem Öffnen des Eisens ab; seine Hände waren steif vor Frost. Er hob das Gerät samt Kette und Beute auf und trug es zum Haus. Csutak sorgte für das Ehrengeleit.

„Ein großer Iltis! Einen so großen haben wir noch nicht gesehen, Csutak, was? Aber das war nicht gemeint, und so gilt auch das belegte Brot nicht."

Sie stiegen die steile Treppe hinauf, Ferkó machte Licht und nahm den großen Iltis aus dem Eisen. Dann drehte er das Tier hin und her, und sein Gesicht wurde rot vor Freude.

„Nerz! Das ist ein Nerz!" sagte er vor sich hin und rief dann ganz laut: „Csutak, weißt du, was wir gefangen haben? Du bekommst das Butterbrot!" Und schon rannte er die Treppe hinunter, und Csutak, angesteckt von der Aufregung seines Herrn, lief hinter ihm her.

Der alte Uzsárdi empfing den Besuch im Pyjama.

„Stimmt", sagte er, das wunderbare Fell des Tieres streichelnd. „Das ist ein Nerz! Fast tut es mir leid um ihn, sie sind ja so selten geworden. Hoffen wir, daß es nicht der letzte war, zum Glück ist es ein Männchen."

„Der erste Nerz, den ich in der Hand habe", sagte Ferkó.

„Siehst du, die Kehle ist immer weiß. Die Wollhaare sind gelblich, die Deckhaare braun und glänzend, der Schwanz fast schwarz. Sieh dir die Pfoten an. Sie haben Schwimmhäute. Der Nerz lebt fast so wie ein Otter, und oft wird er ‚Otteriltis' genannt. Nur daß er lieber Krebse und Frösche frißt. Hol das Zentimetermaß, Ferkó, und miß ihn. Nimm das stählerne Bandmaß – vorausgesetzt, daß mein Söhnchen es nicht gestohlen hat."

Karl saß auf der Schachtel und stellte sich schlafend.

„Mit Schwanz zweiundsechzig Zentimeter."

„Ein Prachtexemplar. Du hast ihn gefangen, kannst also über ihn verfügen. Aber das Naturhistorische Museum wäre glücklich . . ."

„Morgen früh geh' ich ins Dorf und gebe ihn expreß auf. Bei dieser Kälte wird ihm nichts passieren."

„Recht so, Ferkó. Hast mehr von dem seltenen Tier, als wenn du es ausstopfen und von den Motten zerfressen ließest."

„Ja, ich weiß; eine unvergeßliche Nacht war das. Aber den Otter den Riesenotter, habe ich doch nicht gefangen, und ich werde mit dem Fallenstellen nicht aufhören. Der Teufel soll den verdammten Otter holen.“

Ferkós frommer Wunsch ging nicht in Erfüllung, es fand sich kein Teufel, der sich in Lutras Höhle gewagt hätte. Der so oft verfluchte Otter lag in seiner Behausung, beobachtete dösend den Wechsel des Tageslichts in der Höhle, schnaufte mißmutig und spürte mit jedem einzelnen Haar seines herrlichen Pelzes irgendeine ungute Wandlung. Sein Instinkt tastete zögernd in alle Richtungen, und er rührte sich erst, als ihn der Hunger zur Tat trieb.

Er verließ die sichere Höhle, und was er draußen vorfand, rief eine ungewisse, geballte Erwartung hervor, die ihn bedrückte.

Nur für die Forellen galt das nicht. Die waren im Gegenteil besonders munter. Lutra ließ sich bereits in das dritte Wasserloch hinab, aber wie blitzartig er sich auch bewegte, die Fische waren flinker.

Lutra änderte seine Pläne. Er schwamm, ohne anzuhalten, den Bach hinab und an den Teichen vorbei. Dort deckte ihn das Ufer, so daß nicht einmal Csutak Laut gab. Lutra steckte nur die Nase aus dem Wasser, die empfindliche Nase, die sehr wohl den konzentrierten Fischgeruch der Teiche wahrnahm und die entsprechende Reaktion in Lutras Magen auslöste.

Hüte dich! sagte ihm sein gesunder Instinkt, denn die Schreibmaschinenbänder hingen noch immer auf den Drähten, ebenso nutzlos und matt wie alles an diesem Abend.

Lutra schwamm weiter als je, fing aber keinen einzigen Fisch. Nicht daß er beim Jagen Fehler gemacht hätte! Es kam gar nicht zur Jagd; alle schienen sich von vornherein vor ihm gerettet zu haben. Er machte kehrt, und auf dem Rückweg fing er schließlich eine Äsche mit großer Flügelflosse, leider aber war nur der Flügel groß, der Körper nicht. Der Otter fraß die Äsche sozusagen im Vorbeigehen und wurde nur noch hungriger. Unvermittelt war er auf der Pirsch wieder bei den Teichen angelangt, jetzt zum erstenmal von unten kommend. Der Deich bog hier vom Bach ab, die Teiche lagen noch ein Stück weiter oben. Hier flatterten keine Bänder, diese schwarzen Schlangen, Abwehrsignale des Menschen, und außer kaltem Rauch lag nichts in der Luft.

Der Hunger trieb Lutra an, die warnende Stimme, die zur Vorsicht rief, rührte sich kaum noch in ihm. Ganz langsam zog er sich aufs Eis hinauf und vom Eis auf den Deich. Von dort sah er die schlapp hängenden Bänder, die dunklen Fensteraugen des Hauses, das Loch im Eis, doch nichts sprach in ihm an. Die Luft stand still, war schwer wie Blei und enthielt keine Drohung.

Es wäre falsch zu sagen, Lutra hätte keinerlei Gefahr gespürt, doch war die feindliche Witterung so unbestimmt wie meistens in der Nähe menschlicher Siedlungen, sie deutete keine klare Richtung, keinen genauen Ort an.

Der Otter schlich im Schatten den Fußpfad entlang, doch als er rechts ein Plantschen hörte, kroch er in den Schnee hinaus.

Da rührte sich Csutak in der Jagdhütte.

„Dort! Dort!" Er zitterte am ganzen Körper.

Ferkó sah nichts; sobald er jedoch das Fernglas angesetzt hatte, wäre es ihm fast aus der Hand gefallen. Jetzt zitterte er ebenso wie sein Hund und fühlte sein Herz bis zum Hals schlagen. Aber als Lutra in seiner ganzen verblüffenden Größe im Schnee sichtbar wurde, hatte er die Flinte doch schon im Anschlag.

Etwas zu weit, sagte eine innere Stimme, aber die Schrotladung streut ja. Noch einige endlose Sekunden, und der Schuß fiel. Stille!

Der Otter warf sich rücklings hin und rührte sich nicht. Ferkó war es, als liege er unversehens in einem warmen Bad von Glückseligkeit.

„Ich hab' ihn, Csutak, ich hab' ihn!"

Er ließ alles in der Jagdhütte stehen und liegen, stieß die Tür auf und stürzte hinaus. „Zurück, Csutak!" schrie er den Kleinen an und eilte, die Flinte in der Hand, auf die Beute zu.

Der Otter scheint im Schnee versunken zu sein, dachte Ferkó. Ich hab's doch gesehen, mit welcher Wucht es ihn hingeschleudert hat. Er war seiner Sache so sicher gewesen, und jetzt griff eine eisige Hand ihm an den Magen.

Langsam, ganz langsam ging er weiter, schwere Eisberge des Zweifels auf den Schultern tragend, dann blieb er stehen. Der Otter war nirgends zu erblicken.

Zornig wehrte sich Ferkó gegen die Gewißheit des Verlustes, den er nicht wahrhaben wollte. Ich habe ihn doch fallen sehen! Es fehlte gar nicht viel und Ferkó wäre in Tränen ausgebrochen, denn eine kühle Stimme sagte ihm jetzt, er hätte dem fallenden Otter noch einen Schuß nachschicken müssen. Ein blitzschnelles Zusammenbrechen zeigt in der Regel eine Rückgratverletzung an, die Lähmung dauert jedoch nur Augenblicke.

In Uzsárdis Zimmer brannte Licht. Der Schuß hatte ihn geweckt, nun wartete er auf Ferkó, der wie ein flügellahmer Vogel ins Zimmer taumelte.

„Ist er weg?" fragte der Alte.

„Er ist weg!" Ferkó seufzte schwer. Er war todunglücklich. Und Csutak stand neben ihm, niedergeschlagen, den Blick auf die Erde gerichtet, ein Zeuge der Tragödie.

„Ich habe ihn getroffen. Er warf sich rücklings hin, wie vom Blitz gefällt. Und blieb liegen. Als ich hinkam, war er nicht mehr da. Nur die Spur, wo er sich zum Wasser geschleppt hat."

„Rückgratverletzung", sagte der alte Uzsárdi.

„Wenn es ein Leopard gewesen wäre, hätte er uns durch meinen Fehler angegriffen . . ."

„Gut, gut, mein Sohn, ich verstehe dich. Bei allem ist es doch sehr tröstlich, daß du die Fische gerettet hast. Denn dieser Otter wird hier nicht noch mal fischen, das ist sicher."

„Ich weiß."

„Und darauf kommt es uns an. Jetzt geh schlafen."

„Auf deinen Platz, Csutak!" sagte Ferkó draußen zu dem kleinen Hund, der tief bekümmert zu seiner Hütte trabte. Eine Weile horchte er noch, aber die sich entfernenden Schritte zertraten all seine Hoffnungen, die die zufallende Tür endgültig zerstörte.

So sicher wie für Peter Uzsárdi war es auch für Lutra, daß er in diesen Teichen niemals mehr fischen würde; Forellen, die so bewacht werden, sind keine Leckerbissen. Den Knall hatte er noch nicht vernommen, als ihn mit dem Aufblitzen der Flinte zugleich ein fürchterlicher Schlag traf und ihn rücklings niederwarf. Einige Sekunden blieb er gelähmt und bewußtlos liegen. Dann regten sich seine Lebensgeister wieder. Der fast unerträgliche Schmerz im Rücken hinderte ihn nicht daran zu fliehen. Er erreichte den Bach, ließ sich fallen und schwamm unter Wasser, solange es seine Lunge aushielt. Als er die Nase heraussteckte, war er weit weg von den Teichen. Er blickte sehnsüchtig nach den flachen Steinen, die zum Rasten einluden, widerstand aber, gehorchte dem Gebot: Nach Hause, nur nach Hause!

Vor seiner Höhle zwängte er sich mühevoll durch die reißende Strömung und kletterte mit letzter Kraft zum Eingang hinauf. Endlich war er in Sicherheit – doch der ihn quälende Höcker auf dem Rücken blieb.

Der Schmerz saß weit hinten. Lutra brachte unter Qualen den

Kopf bis zu der blutigen Stelle und beleckte sie. Es half nicht. Völlig außer sich vor Schmerz, biß er in wildem Zorn in die Wunde, worauf der spannende Schmerz wunderbarerweise aufhörte. In der Öffnung der Wunde erschien ein flachgedrücktes Schrotkorn. Der Otter schob es angewidert weg, und als das Stück Blei in den Sand fiel, war ihm, als wäre das Unheil von ihm gewichen. Er schloß die Augen und sank bei nachlassenden Schmerzen in eine Art Betäubung, in der ihn die überstandenen Schrecknisse noch weiter verfolgten.

Der nächste Tag brach nur zögernd an. Die Sterne waren längst erloschen, ein blasser Schimmer ließ nur ahnen, daß der Mond noch am Himmel stand. In den Tälern lag dicker Nebel, der sich nicht rührte, alles mit Feuchtigkeit verschmierte und sich auf das Eis im Bach legte, das unter ihm breiig wurde. Der Bach bekam eine andere wärmere Stimme, er rauschte tiefer und voller.

Die Sonne ging zwar auf, ihr rotes Licht beleuchtete aber nur die Gipfel der Berge, die Wipfel der höchsten Bäume; darunter herrschte Dämmerung. Die Sonne trieb auf einem erstarrten Meer, das ihr Licht aufsog. Nebel . . .

Lutra betrachtete den trüben Tag, der sich seit dem Morgen nicht verändert hatte, aber er rührte sich nicht.

Der Hunger tat nicht mehr weh – oder waren es das verletzte Rückgrat und die wunden Muskeln, die so schmerzten, daß dadurch alles andere zum Schweigen gebracht wurde? Das Fieber verschleierte ihm den Blick, und wenn er für Minuten einschlief, war das unendlich wohltuend, weil er alles vergaß, nur von fernher den Fluß brausen hörte, den alten vertrauten Fluß mit dem lauwarmen Wasser. Auf der Landkarte seiner Erinnerung erschien wieder ein einladend leuchtender Punkt, der ihm nun keine Ruhe lassen würde, bis er seine alte Höhle wiederfand.

Das schwache Licht im Höhlenspalt verschwand, es kam erst nach langer Zeit am andern Morgen wieder und zeichnete einen blassen Schein auf die Höhlendecke.

Lutra behagte dieser Platz nicht mehr, Qual und Hunger klebten an diesen Wänden. Der Schmerz war allerdings im Vergehen, aber der Magen forderte jetzt übermächtig sein Recht, er rumorte ebenso beständig, wie die Wunde im Rücken pochte.

Der große Otter rührte sich vorsichtig, stand auf und schlich in der Höhle herum. Er reckte sich, prüfte, wie weit er sich bewegen durfte, und dabei erblickte er etwas an der Wand. Eine graue Spinne auf dem grauen Fels. Lutra fraß die Spinne. Seit drei Tagen hatte er nichts zu sich genommen, und der mächtige Otter fand die Spinne ausgesprochen wohlschmeckend.

Bis zum Abend ruhte er sich wieder aus, damit die Wunde heilte. Aber dann war der Hunger nicht mehr zu bändigen. Als das Licht im Felsspalt erlosch, ließ er sich behutsam ins Wasser gleiten.

Das Pochen der Wunde verging mit einemmal. Im reißenden Wasser vor der Höhle ließ er sich treiben, stellenweise auch unter Eis, und machte die Erfahrung, daß er geradeaus so gut schwimmen konnte wie eh und je, jede Wendung aber schmerzte fürchterlich.

Nach langem Lauern griff er endlich eine mittlere Forelle, die geradezu zerschmolz in seinem Maul. Keine Gräte und keine Flosse blieb da übrig. Er saß auf einem großen flachen Stein, und da tauchte die Landkarte in seinem Kopf erneut auf. Lutra rutschte ins Wasser und begann die Reise südwestwärts. Nach Hause? Dieses Gefühl kannte er nicht. Es war kein Heimweh, kein bestimmter Wunsch in ihm, er mußte nur einfach fort von hier, da dieser Ort gefährlich und schlecht und der alte friedlich und gut gewesen war.

Das eisige Wasser kühlte und reinigte die Wunde, und als Lutra wieder an Land ging, fühlte er keine Schmerzen mehr. Trotzdem beeilte er sich nicht. Er wäre auch nicht schnell vorangekommen, dazu war der Schnee zu weich und zu tief, und im Wald stand der undurchsichtige Nebel.

Noch schwieg der Fluß unter dem Eis, doch er hob schon seinen Rücken und ließ die Eisdecke zerspringen. Nur beim Wehr der Mühle erlaubte er sich, laut über den Winter zu schimpfen. Zwischendurch horchte er auf, denn in der Mühle und um die Mühle war die Nacht ruhelos, die Fenster schlossen die Augen nicht, blickten in den Nebel, und wenn die Tür aufging, sprangen Musik und Lärm hinaus in den Schnee, als wäre es ihnen drinnen zu eng geworden.

„Was gibt es, altes Mühlrad, was ist hier los?"

„Ich weiß nicht. Leute kommen und gehen. Das ist immer so gewesen. Sie weinen und lachen, und für mich bedeutet das keinen Unterschied. Nach dem Winter kommt der Sommer, nach dem Sommer der Winter. Mir persönlich ist der Winter lieber, dann habe ich meine Ruhe."

„Unerhört!" schmetterte der Fluß. „Unerhört! Na, ich werde dir schon zeigen, was das Wasser noch kann." Wieder stemmte er seinen Rücken gegen die Eisdecke, und jetzt lief mit schallendem Peitschenknall der Riß im Eis bis zum anderen Ufer. Und aus dem Riß spritzte Wasser über den glatten Eisrücken.

Tief im Strohschober lagen die beiden Hunde, Betyár und seine schwerfällig gewordene Ehefrau.

„Wenn wir immer soviel fressen dürften, was hätten wir für kräftige Jungen! Wenn nur dieses abscheuliche Heulen nicht wäre, geradezu ohrenzerreißend!"

„Ich mag's auch nicht", erwiderte Betyár und schüttelte den Kopf, offenbar in der Absicht, das Gejammer der Geigen und das Pfeifen der Klarinette aus den Ohren zu treiben. „Aber soviel gefressen habe ich in meinem ganzen Leben noch nicht."

„Und nicht einmal bellen dürfen wir!"

„Bei einer solchen Gelegenheit darf man das nicht tun. Alle sind jetzt brave und ordentliche Leute, weil sie einen vollen Bauch haben, genauso wie wir."

Betyár hatte recht. Satte und gute Menschen befanden sich im Hause, sie hatten sich zu Estis und Miklós' Hochzeitsfest eingefunden.

Miklós, der Bräutigam, war einmal hier, einmal dort. Er suchte in sich den neuen Menschen, die große Veränderung, und mußte dabei dummerweise an seine Handschuhe denken, die er irgendwo verlegt oder verloren hatte.

Viel zu selten kam Esti aus der Küche.

„Miklós, ich hab' den Wolfspelz in den Schlitten gelegt, ins Stroh."

„Komm doch lieber zu mir, Esti!"

„Gleich, Liebster, aber ich muß doch an so vieles denken, und bald fahren wir los."

Niemand achtete auf die beiden. Esti lief wieder hinaus, ihre Brautkleider hatte sie schon mit warmer Reisebekleidung vertauscht. Miklós sah ihr nach. Meine Frau! dachte er. Meine Frau!

Niemand kümmerte sich um ihn.

Die Nacht schritt fort, und durch die lauteste Musik drang manchmal das Ticken der Uhr, die unentwegt die Zeit maß. Der Geigenklang würde verstummen, der fröhliche Lärm verklingen, die Zeit aber mit jedem Ticken der Uhr einen Schritt weitergehen.

In der Nacht schlug das Wetter um. An den Baumstämmen rann der Nebel wie Wasser herab. In den Zweigspitzen hielten sich großbäuchige Tropfen eine Weile fest, dann klatschten sie in den Schnee, der labbrigem Milchbrei glich. Lutra war das gleich, ihn hätte auch ein noch so feiner Grießbrei nicht interessiert, als er den Hügel hinaufstieg. Die Wunde schmerzte zwar nicht mehr, aber er mußte doch sehr vorsichtig sein, denn bei einer plötzlichen Drehung durchzuckte ihn der Schmerz wieder, und dabei fiel ihm sogleich der Knall des Schusses ein.

Stumm war der Wald, nur das Tropfen war zu hören. Lutra blieb von Zeit zu Zeit stehen, witterte und stellte beruhigt fest, daß keine Gefahr in der Nähe war. Er ging nach der in seinem Kopf eingezeichneten Karte und wäre sehr überrascht gewesen, wenn er die Fledermaushöhle nicht dort vorgefunden hätte, wo sie sein mußte, überrascht wie ein Wanderer, der einen seit hundert Jahren bestehenden Gasthof nicht mehr vorfindet.

Der große Otter hatte keinen festen Plan, sein Instinkt wußte um den Schutz, den die alte Höhle gewährt hatte, um reichliche Nahrung und die Geborgenheit, in der die Wunde heilen würde.

Er lief in einem dunklen Hochwald bergauf, in dem nicht einmal die dichten Sträucher ihn von der Südwestrichtung abbrachten. Der Nebel kroch am Boden entlang, und so sah Lutra eigentlich wenig, doch Ohren und Nase ersetzten die Augen.

Es war lange nach Mitternacht, als er nicht mehr das geschlossene Zelt der Tannen über sich fühlte und die Bewegung des Nebels ihm verriet, daß er unter dem großen Felsen angekommen war. Auch die Luft war hier anders, freier. Es roch nach bitterem Wacholdergesträuch, der feuchte Harzgeruch war verschwunden, und das bröckelnde Gestein duftete fast wie Erde.

Lutra verharrte. Das Laufen im kalten Schneebrei war mühsam, er schnupperte vorsichtig an der Steinbank unter dem vorspringenden Felsen und ging dann in die Höhle wie der Wanderer in die alte Herberge, in der schon der Großvater seinen gewohnten Tisch gehabt hatte.

Im Innern war es viel finsterer, und doch konnte er besser sehen, weil hier kein Nebel war. Lutra beroch das Lager, das seinen Geruch bewahrt hatte. Er versuchte, sich auf die Hinterbeine zu erheben, denn ihm war noch die Bewegung geläufig, mit der er die eine oder andere Fledermaus herunterschlagen konnte. Jetzt aber besah er sich des längeren die kleinen mageren Regenschirme, denn er wußte, daß er nach dem Griff hinfallen und Schmerzen erleiden würde. Da aber der Hunger der mächtigere Herr war, fegte er schnell zwei der Fledermäuse herab. Schon im Fallen wußte er, daß er das nicht hätte tun dürfen. Der Schmerz stach wild. Die Fledermäuse versuchten wegzukriechen, doch da hatte sich Lutra wieder aufgerappelt.

Nach einer Weile war es wieder still. Lutra schlief, seine Augen waren jedenfalls geschlossen. Die Fledermäuse schliefen ebenfalls, und draußen leckte der Nebel am Felsen.

Wann aus dieser Nacht ein Morgen und wann aus dem Morgen der Tag wurde, hätte niemand sagen können. Noch immer hüllte der Nebel alles ein, verschlang fröhliche Jauchzer, Abschiedsgrüße, Musik genauso wie Seufzer.

Grau war dieser Nebel, ein träger Riese, der sich nicht rühren wollte oder konnte.

Lutra schlief in seiner Höhle. Er schlief fest, denn er war müde und satt. Er rührte sich den ganzen Tag nicht aus dem Bau und ließ sich auch von den Fledermäusen, die tagsüber schon zu piepsen begannen, nicht aus der Ruhe bringen.

Seine Ohren zuckten zuweilen, aber er bewegte sich nicht. Der Schmerz hatte sich beruhigt, und keiner Fledermaus zuliebe wollte er ihn nochmals spüren. Er würdigte sie keines Blickes mehr, auch dann nicht, als er am Abend die Höhle verließ. Jetzt hatte er einen leichteren Weg, der Schnee war dünner geworden, und es ging ständig bergab. Von den Bäumen tropfte es, und unter dem Schnee flossen kleine Bäche hervor, aber der alte Otter wich nur beim Försterhaus vom Weg ab. Keine noch so große Gans hätte ihn aufgehalten, dabei wären ihm ein paar gute Bissen lieb gewesen. Einen großen Bogen machte er um das Haus, und als er wieder seine Richtung einschlug, wurde der Wald lichter, kahle Hügelrücken ragten aus dem Forst.

Hier schnupperte Lutra schon ein wenig, verharrte, lauschte, und eine große Erleichterung zog in ihn ein, denn weit hinter dem Nebel hörte er es rauschen, und das klang so bekannt, als hätte er keinen Tag die Stimme des großen Flusses vermißt.

Dann war auf einmal alles da: die sumpfige Wiese, das Uferröhricht, die alten Weiden mit den Krausköpfen, das brüchige Eis, das immer lauter vernehmbare Brausen des Flusses.

Lutra blieb stehen. Er schob sich bis an den Rand der Eisschollen vor, beroch das Wasser, und ihm war zumute, als hätte er erst jetzt den engen Gebirgsbach endgültig hinter sich gelassen. Die Landkarte war aus seinen Sinnen verschwunden, und ihren Platz nahm in weiter Grenzenlosigkeit der große Fluß ein.

Lutra glitt ins Wasser und tauchte vorsichtig in das ihm vertraute Element, in dem sich die Fische bereits zaghaft zu rühren begannen. Unter Wasser war noch besser zu hören, wo das Eis schon aufgebrochen war, wo man sich mit der Beute auf eine Eisscholle oder ans Ufer setzen konnte.

Und hier hatte es Lutra nicht mit schwirrenden Forellen in reißendem Gewässer zu tun, mit Wasserlöchern hinter schmetternden Stromschnellen, sondern mit verschlafenen Karpfen und einem gemächlich fließenden Strom. Er strengte sich gewiß nicht an, schwamm von einem Schlupfwinkel zum anderen, und sooft er aus dem Wasser kletterte, hatte er einen Fisch im Maul, einen größeren oder kleineren, einen Weißfisch oder einen Hecht. Und je mehr er dem unbändigen Hunger in sich das gefräßige Maul stopfte, um so lebhafter verspürte er die Sehnsucht nach der alten Höhle.

Irgend etwas Unangenehmes war mit dem alten Nest verbunden – aber die Erinnerung daran hatten die lange Wanderschaft, die fremde Gegend,die Forellenteiche, der Flintenschuß, der feine Sand in der Fledermaushöhle verdeckt, dicht übersponnen. Jetzt entstand in ihm die Höhle wieder als eine Wirklichkeit, die nicht gewesen war, sondern ist. An der Sommerunterkunft schwamm er unter dem Eis vorbei, ohne sie zu beachten. Erst das Fehlen der alten Espe gemahnte ihn zur Vorsicht, und er bezog einen Beobachtungsposten am anderen Ufer.

Lange konnte er aber nicht warten, denn der Fluß wurde immer unruhiger, die großen Eisschollen auf seinem bewegten Rücken zersplitterten, türmten sich übereinander oder fielen auseinander, tauchten unter, kamen wieder hoch und schlugen Purzelbäume im Wasser. Lutra dachte an seine Wunde, an die unberechenbaren Eisstücke, er durfte nicht länger zögern.

Tief unter Wasser durchquerte er den Fluß und kletterte in den Tunnel vor der Höhle. Dort witterte und lauschte er lange, sehr lange. Dann verschwand er im Tunnel und wunderte sich gar nicht mehr, daß die alte Höhle völlig unverändert war. Auf dem Boden lagen ein paar Erdklumpen, und mehr Wurzeln als früher hingen herein – sonst war alles, wie er es kannte.

Ein unaussprechliches Wohlgefühl erfüllte den alten Otter; er ließ sich in der gewohnten Ecke nieder und schloß die Augen – als wäre er nie fortgewesen, als wäre in der Zwischenzeit nicht das geringste geschehen.

Und an diesem Vormittag räumte der Fluß im großen und ganzen mit dem Eis auf. Er zerbrach die Schollen, drehte sie um und schmolz den Eispanzer. Die größeren Stücke stieß er ans Ufer, wo sie sogleich zu zerfließen begannen, weil sie zuviel von den Sonnenstrahlen verschlungen hatten. Der milde südliche Luftstrom hobelte sie einfach weg.

Die Hügelrücken hatten schon ihre braunen Farben wieder, in den Radspuren der Wege rieselten kleine Bäche, das Röhricht ertrank im Schmelzwasser. Die Mäuselöcher blubberten wie Feldflaschen, und die große Sippschaft der Mäuse trocknete den Winterpelz an der Sonne zur wahren Freude der kommenden und gehenden Bussarde.

„Hiöö-kiöö!" schrien die ankommenden Mäusefänger, während sie hoch oben kreisten, worauf die Rauhfüßer nichts erwiderten, nur die Flügel spannten und nordwärts flogen. Sie wären auch schon früher aufgebrochen, aber da war ein Volk Gänse nach dem anderen über sie hinweggezogen und hatte nicht versäumt, spitze Bemerkungen herunterzurufen: „Liliklilik, ihr Behosten! Ist euch das Beinkleid nicht zu warm? Sollen wir zu Hause was bestellen?"

Die Rauhfußbussarde schwiegen vornehm. Als aber die Mäusefänger kamen, schlugen sie ohne Abschied die Millionen Jahre alte Flugroute ein, die sie im Herbst und im Frühling zogen.

Die Erde dampfte, und die Sonne schien so warm, daß sich die vom Schnee niedergedrückten Saaten auf einmal hochreckten und in einem so wundervollen Grün prangten, wie es sich nur unter der Schneehülle entwickeln konnte.

Die schwarzen Flecken auf dem Acker wurden immer größer, aus Inseln wurden Kontinente, zwischen denen verschämte Schneestreifen die Verbindung hielten.

Die Luft war dunstig, aber warm und voller Bewegung. Ein Schwarm Stare zog über die Felder und ging an der Stelle nieder, an der im Herbst noch das Schilf gestanden hatte, ihr Einfall klang wie Peitschenknall. Aber nur wenige blieben im Dickicht der Büschel zurück, die anderen stiegen wieder hoch. Das waren die hiesigen, die Bescheid wußten und nicht mit dem Schilf vorliebnehmen wollten, sie hatten ja ihre Baumhöhlen vom Vorjahr im Auenwald.

Auch die Rötelfalken waren angekommen. Zwei von ihnen kreisten kreischend über dem Stumpf der Espe, sie suchten den alten Rastbaum und protestierten entrüstet, als sie ihn nicht fanden.

„Wo ist sie?“ kreischte das Weibchen, beunruhigt über jede Veränderung. „Da stand sie doch! Wo ist sie hin?“

Das böse Geschrei war geradezu eine Herausforderung zur Balgerei. Eine zerlumpte Nebelkrähe stieg blitzschnell aus dem Auenwald auf und fiel über die Falken her: „Krahkrah! Wer hat euch zurückgerufen? Ihr kommt ja nur, um euch satt zu fressen! Schert euch davon!“

Doch Frau Rötelfalke war gereizt, von den Aufregungen der langen Reise noch in Fahrt und nicht geneigt, das Krakeelen der Nebelkrähe zu dulden, obgleich sie sonst ein friedlicher und nützlicher Vogel ist. Sie besann sich, daß sie ein Falke war, und versetzte der Grauen einen Stoß, der diese fast zu Fall brachte. Dann flog sie mit dem Gatten befriedigt weiter.

„Krahkrahrahrah!“ schrie die Graue voller Entrüstung, zog sich aber eilig in den Wald zurück, wo ihr zukünftiger Gatte sich gerade den Schnabel wetzte.

„Recht geschieht dir's!“ krächzte er. „Fressen sollst du und nicht stänkern!“

Der Waldrand war noch schwammig feucht, doch das Grün des Mooses trank schon das Licht. Wie trunken taumelte Finkenschlag von einem Baum zum andern, und selbst die knickrigen Eichen stießen ihre Blätter vom Vorjahr ab.

Und auch die Abenddämmerung war nicht wie sonst. Sie war keine Vorbereitung auf die Nacht, sondern ein Warten auf den nächsten Morgen.

Der Wind schwieg, doch strömte langsam der warme Ozean der Luft heran, den der Süden aushauchte, er schmolz den Schnee, ließ das Wasser verdampfen, trocknete die Erde, lockerte die Gefieder und die Pelze, so daß sich der Hase sogar in der Nacht kratzte, was er sonst nicht tat. Auch Karak setzte sich mitten bei der Jagd einen Augenblick hin, um sich ausgiebig hinter dem Ohr zu kratzen, denn das Winterhaar juckte angenehm, aber fordernd.

Ein paar Tage sind nur wie ein paar Augenaufschläge.

Der Fluß floß ruhig südwärts, die Steilufer waren bereits trocken, und immer wieder stürzte eine vom Frost zermürbte Scholle ins Flußbett.

Das Röhricht war schon längst ein grünes Meer, und der Ginster winkte mit silbernen Kätzchen. Aus den zwei Hundekadavern und dem toten Ferkel sollten Schilf und Wasserrosen werden.

Die Mühle schurrte wie eine Riesenkatze in der Sonne, und das große Rad, dieses alte Rad, spielte mit dem Regenbogen, den es selbst fabrizierte.

Neben dem Strohschober lag die Hündin und ließ ihren dicken Bauch von der Sonne bescheinen, offenbar wollten die Jungen es so haben, die noch nicht da waren und trotzdem das Kommando führten.

Die Mühle brummte, als mahle sie Licht, ringsum zitterte die Wärme, legte sich aufs Wasser, breitete sich auf dem Hof aus, strömte in den Wald hinaus und heilte die Frostwunden der Bäume.

Der Müller mahlte in diesen Tagen ungewöhnlich still den Weizen. In der Stille lag auch ein wenig die Sorge um den Frieden der jungen Leute. Seine Frau hatte es zwei Tage ertragen, die Tochter nicht zu besuchen, dann aber sprang sie auf, als hätte man ein Feuer unter ihr angezündet.

„Ich gehe!" erklärte sie. „Ich habe dort dringend zu tun! Die Wohnung muß in Ordnung gebracht, der Garten angelegt werden. Soll ich denn warten, bis sie sagen, wir kümmerten uns nicht um sie?"

„Laß sie in Frieden.“

„Sie werden über uns reden. Denk an die großmäulige Julie! Denk an das ganze Dorf! Morgen wird es schon heißen, wir sorgten uns um unser einziges Kind nicht soviel wie eine Hündin um ihr Junges.“

Der Müller zuckte die Schultern und wandte sich zur Mühle.

Die Landschaft wurde von Tag zu Tag strahlender wie eine sich zur Hochzeit schmückende Braut. Und jeden Morgen erklang ein neues Instrument im Orchester der Wälder und Felder.

Den anbrechenden Tag leitete das Flötensolo der Amsel ein, und wenn die Sonne aufging, übernahm die Lerche den Solopart und entbot ihren Gruß.

Über den morastigen Wiesen kreisten Kiebitze, und neben dem Röhricht schritten, die roten Stiefel vornehm hebend, zwei Störche.

Der Fluß gab sich samtweich und floß so sacht zwischen den Ufern, daß man weder ihn noch die Ruderschläge hören konnte. Allerdings tauchte nicht irgendein Jäger die Riemen ins Wasser, sondern Jani Petrás selbst, und damit ist alles gesagt. Man hätte glauben können, das schwere Boot schwimme in der Luft. Als es zum Stumpf der alten Espe kam, verlangsamte es die Fahrt.

Soll ich nachsehen? fragte sich Jani. Doch, ich sehe nach.

Die Sonne schoß ihre Pfeile noch flach ins Wasser, und Jani blieb der Mund offen, als er vor dem dunklen Eingang im Lehm Lutras Tritte entdeckte, die fast so groß waren wie eine Menschenhand. Der Fischer nickte nur, aber Röte stieg ihm ins Gesicht, und in seinen Augen leuchtete Jagdleidenschaft auf. Leise ließ er das Boot aus der Nähe der Höhle wegtreiben, dann aber riß er an den Riemen, daß das alte Boot entrüstet krachte.

Er fand Miklós zu Hause.

„Was gibt's?“ fragte der Jäger, doch der Fischer antwortete nicht gleich, sondern lächelte geheimnisvoll und stieß mit dem Fuß spielerisch gegen eine Erdscholle. Noch hatte er kein Wort verraten, aber Miklós faßte ihn schon am Arm, und sein Herz schlug heftig.

„Ist es wirklich wahr, Jani?“

„Ich hab's gesehen. Ganz frische Tritte, groß wie meine Hand.“

„Esti, ich muß fort!“

Esti beobachtete schon mißtrauisch das Geflüster der beiden Männer und war eifersüchtig. Nicht eben auf Jani, nur so im allgemeinen.

„Jetzt?"

„Jetzt gleich. Du wirst schon erfahren, warum."

„Du solltest lieber helfen."

„Nicht doch!" wies die Müllerin ihre Tochter zurecht. „Misch dich nicht in die Sachen deines Mannes, mein Kind. Geh nur, Miklós!"

„Ich bin bald wieder da. Komm, Jani!"

Estis Augen blitzten. Sie blitzten zornig und unter Tränen, aber Blitz und Regen gehören meistens zusammen.

Lutras Wunde heilte zusehends und hinderte ihn kaum noch beim Schwimmen. Nachts hatte er leichtes Jagen, da die Fische sich zu rühren begannen. Der große Otter konnte sich weidlich amüsieren: Er fraß, soviel er fressen wollte, und dann – mordete und mordete er zum bloßen Vergnügen.

Einmal traf er die kleine Otterin, die sich ihm vertraulich näherte, zeigte ihr aber die Zähne. „Wir haben nichts miteinander zu tun, scher dich weg, oder ich zause dich!" Das Weibchen flüchtete erschrocken.

Lutra hatte kein Interesse für seine Kinder und überhaupt für niemanden außer sich selbst. Er achtete nur seine eigene Persönlichkeit und wurde immer mehr zum ungeselligen Einzelgänger.

Im Morgengrauen stieg er in seine Höhle, leckte sich die blutigen Lefzen und schnaufte zufrieden. Er hörte Janis Boot kommen und gehen, kümmerte sich jedoch nicht darum. Als aber das Boot zurückkam, anhielt und das Wasser im Tunnel verräterisch plätscherte, wurde Lutra unruhig. Etwas ging da vor... Das Geräusch verstummte bald wieder, und Lutra ahnte nicht, daß der Ausgang jetzt durch drei in die Erde gerammte Heugabeln verschlossen war. Das Boot fuhr wieder ab, und Lutras Spannung ließ nach. Nur für Augenblicke, denn kurz darauf hörte er vom Notausgang her Lärm, Schritte und sogar menschliche Stimmen.

„Hier, Jani!"

Miklós stand mit entsicherter Flinte am Ufer, als Jani den Spaten in die Erde stach. Jetzt spannten sich alle Nerven in Lutra. Ein Erdkrümel fiel ihm auf den Rücken, aber er verlor noch nicht den Kopf. Er warf einen Blick hinauf zur Decke, die sich bewegte, und ließ sich dann leise ins Wasser des Tunnels gleiten, er würde ans andere Ufer schwimmen, tief unter Wasser!

Der Schreck fuhr ihm erst ins Herz, als er das Gitter vor seinem Ausgang, die Eisengabeln, erblickte. Er sprang blitzschnell zurück: Keine Zeit verlieren! Jetzt muß der Notausgang helfen!

„Sachte, Jani! Wenn das Loch groß genug ist, dann hämmere hier auf die Gabel!"

Lutra preßte sich mühsam in den nie benutzten Notausgang, und als er fast an der Oberfläche war, schrak er zurück. Auch dort sah er das verfluchte Gitter vor sich.

„Aufgepaßt, Jani!"

Lutra rührte sich nicht, denn hinter seinem Rücken fiel Licht in die Höhle, drangen die Menschenstimmen ein.

„Schon gut, jetzt geh nach hinten und schlag fest auf den Griff der Gabel."

Lutra hörte die Schritte über sich, er schob sich ganz leise zurück und drehte sich gequält um. Die Gefahr hatte sich nach hinten verzogen, die obere verdächtige Öffnung schien frei zu sein. Er näherte sich ihr, auf dem Bauch rutschend. Die neue Öffnung schien groß genug, verhieß eine Fluchtmöglichkeit.

In diesem Augenblick schlug der Fischer hinter Lutras Rücken heftig auf den Gabelstiel. Die bis zum äußersten gespannten Muskeln stießen Lutras Körper hinaus durch die Öffnung, doch genau im selben Augenblick knallte die Flinte, und Lutra taumelte hinein in die große Finsternis.

Mit der letzten Bewegung seines Körpers streckte er sich aus, wie um eine Ruhelage zu finden, und rührte sich nicht mehr.

Der Wind folgte dem Frühling und flüsterte leise. Die Luft war leicht dunstig, wurde aber immer reiner, als sie zusammen die Buchen und Eichen zurückließen und dann auch das Revier der Tannen. Nun bewegten sie sich schon in Höhe der Almweiden, wo kahle zentnerschwere Steine aus dem Boden ragten und das Waldlerchenmännchen seinem brütenden Weibchen ein Ständchen brachte.

Die ferne Landschaft war näher gerückt, und die Zeit stand still.

Der Wind und der Frühling sahen alles, sie sahen auch, wie Miklós Lutra aufhob und daß dabei seine Hand zitterte. Sie sahen Esti und hörten ihren verwunderten Ausruf beim Anblick des Otters.

Sie sahen die alte Mühle und ihr Rad, welches Wasser, Zeit und Arbeit schaufelte, Arbeit, ohne die es nichts gibt. Sie sahen den Hund Betyár auf dem Hof herumstehen, weil die kleinen Betyáren in der Nacht geboren worden waren und Maros ihren Gatten einfach vor die Tür setzte.

In der Mühlenstube blickte der Müller dem Pfeifenrauch nach und lauschte dem kraftvollen Brummen der Mühlsteine.

Sie sahen die Pflüge und die Drillmaschinen, die Leben säten, und die Krähen und Bussarde, die Leben fraßen.

Sie sahen die kleine Otterin auf ihrem mit Gras und Federn gefütterten Bett, wie sie die noch blinden Jungen säugte, deren Augen erst in zehn Tagen aufgehen, doch niemals erblicken würden, wie ihr Vater an der Höhle vorbeischwamm in dem verwitterten Boot, seinem Sarg.

Die vier Welpen, noch formlose, unbeholfene Körperchen, besaßen jedoch alle Vorbedingungen, um den Weg weiterzugehen, der sich führ ihren Vater im Nichts verloren hatte.

Das Weibchen hob nicht einmal den Kopf, als das Boot an der Höhle vorbeifuhr, und sie würde es auch nicht getan haben, wenn sie gewußt hätte, daß dort die Vergangenheit vorbeizog. Für sie gab es nichts auf der Welt als das Wohl ihrer Kinder.

Sie sahen die Mäuse sorgenschwer herumlaufen, die Zieselmäuse die Köpfe aus dem Loch herausstecken, den Hamster, der verschlafen in weiten schlotternden Hosen aus seinem unterirdischen Schloß hervorkam und mißmutig dreinschaute wie jeder, der einen Speicher voller Korn hat.

Sie sahen Meister Karak in seinem abgewetzten Pelz, mit seinem kummervoll herabhängenden Schwanz. Er dachte gerade an seine fröhliche Junggesellenzeit zurück, an Gänse und anderes fabelhaftes Geflügel, das es gegeben hatte, jetzt gerade aber doch nicht gab, wo seine sieben Kinder – sage und schreibe sieben Welpen – selbst Schuhsohlen fressen würden und mit den paar kranken Vögeln und Mäuschen, die mit Ach und Krach den Winter überstanden hatten, nicht viel anzufangen wußten. Doch die Atzung mußte her, und wenn er sie unter der Erde ausgraben mußte. Auch Ini, das vor kurzem noch dralle Weibchen, fraß nur noch Maikäfer zum Frühstück, da das Huhn, das sie unter Einsatz ihres Lebens am hellen Tag vom Mühlenhof raubte, für den Nachwuchs kaum reichte. Karak ließ vor Ratlosigkeit die Nase bis zum Boden hängen, als er den entsetzten Schrei einer Amsel hörte und scharfsinnig sogleich begriff, daß eine Schlange dem vortrefflichen Sänger nachstellte. Alles Weitere war eine Frage der Tüchtigkeit, und daran mangelte es – wie wir wissen – bei Karak nicht. Einige Minuten später spielten bereits die teuren Welpen Tauziehen mit der Schlange.

Ini blickte Karak an: „Wo gibt es noch solche Prachtkinder!“

„Sie sind eben nach der Mutter geraten!" Karak nickte höflich, wie es seine Art war.

Der Wind und der Frühling sahen auch den greisen Peter Uzsárdi mit seinen Steinen und Fischen; sie sahen Csutak und Karl, den Wachtmeister, die in der Sonne dösten, nachdem Karl dem Hund den allerletzten Floh aus dem Fell geholt hatte, eine bemerkenswerte Dienstleistung von einem Wachtmeister.

Sie sahen Ferkó beim Brutkasten mit den hunderttausend Forellenlarven, die sich seit drei Tagen bemühten, richtige Fische zu werden, eine Verwandlung, die an diesem Tag gelingen sollte. Und die beiden sahen auch das grüne Schilfmeer, das keine Spur mehr von dem Brand aufwies, und die Wiese mit ihren unzähligen Bewohnern.

All das sahen sie, aber eines wußten sie nicht: wo der Anfang lag und wo das Ende sein wird.